职业教育市场营销专业精品教材

网络营销操作实务

（第3版）

主　编　李亮怀

副主编　曾　永　原拴双　王　昕

参　编　徐小玲　梁小莉　陈慧青　吴明霞
　　　　蔡汉敏　杜　慧　熊炜凤　罗楚灵

電子工業出版社
Publishing House of Electronics Industry
北京 • BEIJING

内 容 简 介

本书通过典型的营销案例和清晰易懂的操作步骤，介绍了网络营销的基础知识和操作技能，系统地帮助读者熟悉网络营销的工作任务和操作方法，快速掌握网络营销的应用技能。全书主要内容包括：网络营销概述、网络营销调研、网络营销策略、网络广告营销、搜索引擎营销、软文营销、电子邮件营销、移动营销、O2O营销和其他营销。每章均以“引例”导入，由“问题”“任务”“练一练”“想一想”“探究”“拓展”“技能训练”“测一测”等构成学习模块，以丰富的课堂活动引导知识的学习，以配套的实操习题满足读者的学习需求。

本书可读性强，具有较好的实用性和可操作性，可作为职业院校电子商务专业的教材，也可作为其他商贸类专业和信息类专业的教学用书，同时还可供企业员工培训和网络营销爱好者、创业者自学使用。

图书在版编目（CIP）数据

网络营销操作实务/李亮怀主编. --3版. --北京：电子工业出版社，2020.1
ISBN 978-7-121-34494-7
Ⅰ. ①网… Ⅱ. ①李… Ⅲ. ①网络营销－职业教育－教材 Ⅳ. ①F713.365.2

中国版本图书馆CIP数据核字（2018）第123580号

责任编辑：陈　虹
印　　刷：北京虎彩文化传播有限公司
装　　订：北京虎彩文化传播有限公司
出版发行：电子工业出版社
　　　　　北京市海淀区万寿路173信箱　邮编　100036
开　　本：787×1 092　1/16　印张：16　字数：410千字
版　　次：2006年9月第1版
　　　　　2020年1月第3版
印　　次：2021年6月第3次印刷
定　　价：39.50元

凡所购买电子工业出版社图书有缺损问题，请向购买书店调换。若书店售缺，请与本社发行部联系，联系及邮购电话：（010）88254888，88258888。

质量投诉请发邮件至zlts@phei.com.cn，盗版侵权举报请发邮件至dbqq@phei.com.cn。

本书咨询联系方式：chitty@phei.com.cn，010-88254470。

前　言

进入“互联网+”时代后，人们的生活方式发生了巨大改变，市场营销环境也发生了极大的变化。消费者的需求变得越来越个性化和多样化，为了更好地迎合消费者的需求和适应市场的发展，企业就必须做出营销理念上的转变，顺应互联网时代的发展潮流，开展各种营销活动。网络营销是企业的一种营销活动，是以互联网为基础，通过网络媒体来辅助企业实现营销目标的一种营销方式。企业通过网络营销，能最大限度地满足顾客需求，降低企业成本费用，提高市场占有率。

网络营销的优势是传统营销无法比拟的，无论是大型企业还是中小型企业都可以利用网络营销方式来发掘商机，在为企业提供公平竞争的同时创造更大的效益。在我国，网络营销已进入高速发展阶段，但在使用过程中还有许多亟待解决的问题，限制了企业网络营销功能的发挥。因此，企业更要全面认真地分析网络市场，提高网络营销人才的专业水平，提升企业营销能力，不断完善并提升自身产品的竞争力，以更好地满足消费者的需求。

本书依据电子商务专业教学标准，参照电子商务行业标准，结合网络营销的相关工作岗位要求编写，具有以下特色：

（1）文字精练，通俗易懂。本书按照教学的基本要求，针对职业教育的特点，以通俗易懂的语言和精练的文字介绍了网络营销的知识体系，使学习者更易于理解知识点。

（2）理论联系实际，注重实操。本书除理论讲述外，还以丰富的课堂活动引导知识的学习，并配有实操习题，可以满足读者的各种需求。本书实践性强，可以让学生在掌握必要的网络营销理论和专业知识的基础上，掌握网络营销领域的实际操作和职业技能。

（3）知识更新紧跟网络市场的发展。本书力求实现内容上的先进性和适用性、技术上的前沿性和代表性，加入了网络营销的最新模式和技术讲解。

（4）方便教师授课和学生学习。本书每章均以“引例”导入，由“问题”“任务”“练一练”“想一想”“探究”“拓展”“技能训练”“测一测”等构成学习模块。本书还配有相应的学习资源，便于教师备课和组织教学，适合学习者自主学习。

本书由李亮怀任主编，曾永、原拴双、王昕任副主编。具体编写分工如下：第 1 章由徐小玲编写，第 2 章由梁小莉编写，第 3 章由陈慧青编写，第 4 章由吴明霞编写，第 5 章由蔡汉敏编写，第 6 章由原拴双、杜慧编写，第 7 章由李亮怀、熊炜凤编写，第 8 章由曾永编写，第 9 章由罗楚灵编写，第 10 章由王昕编写。

本书在编写过程中参阅、借鉴和引用了大量国内外网络营销、电子商务等方面的书刊资料和研究成果，参考了相关网站，并得到了有关学校和企业的支持，在此一并表示感谢。

由于编写时间仓促，编者水平有限，书中疏漏在所难免，恳请广大读者批评指正。

编　者

目　录

第 1 章 网络营销概述

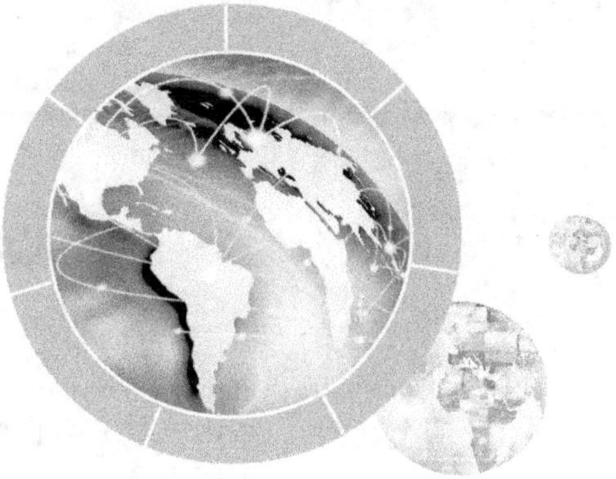

知识要点

（1）网络营销的含义（产生、定义、特征、功能、与传统营销的区别、发展）。
（2）网络营销的技术基础（计算机设备、有线互联网、移动互联网、营销平台）。
（3）网络营销岗位（网络市场调查专员、运营专员、推广专员、网络编辑、网络客服）。
（4）网络营销职业准则（诚信、守法、敬业、团结）。

能力要点

（1）能叙述网络营销的产生和发展、特征和功能，能区分传统营销和网络营销，能阐明网络营销的内涵，能检索和分享企业开展网络营销的案例。
（2）能列举开展网络营销需要具备的技术基础条件。
（3）能识别网络营销行业的岗位群，能根据各个岗位的职责和技能要求，判断自己的职业能力和求职意向。
（4）能认同网络营销的职业准则，愿意培养诚信、守法、敬业、团结等基本职业素养。

引例

百年国货品牌——百雀羚的网络营销之路

2017年5月，百雀羚联合微博大号“局部气候”发布了一则名为“一九三一”的长图广告。广告中呈现了老上海、黄包车、小笼包、旧报纸等民国时期的景象，构成了一幅民国版“清明上河图”。图中，着一身青色旗袍的女地下党员接受组织的任务，杀死了目标对象——“时间”，最终点出广告的主题“百雀羚，始于1931年，陪你与时间作对”。该广告凭借长镜头的广告图形式和引人入胜的故事，很快刷爆朋友圈，获得超过3000万的点击量。“一九三一”就这样成为2017年品牌营销的爆款。

百雀羚品牌虽然“年龄”已近百岁，但是一直将主要目标客户锁定在“80后”“90后”群体上，他们既是化妆品目标消费群体，又是伴随互联网成长起来的两代人。在网络营销时代，百雀羚与时俱进，在营销推广活动中，巧妙运用微博、微信等新媒体营销方式，达成品牌传播与促销信息的传递，让百年护肤品牌焕发了少女般的生命力。

1.1 网络营销的含义

问题

什么是网络营销？列举你所知道的企业开展网络营销的例子。

进入21世纪以来，随着互联网信息技术的发展，市场营销进入了一个崭新的时代——网络营销时代。互联网改变了企业开展营销的模式，也改变了消费者接收信息和购物的模式。企业通过互联网传播品牌形象，开展产品营销。铺天盖地的企业营销信息通过计算机、手机等各种网络终端推送到消费者面前。消费者可以足不出户地购买到自己需要的各类商品。

任务

请通过互联网搜索以下信息：① 网络营销产生的标志性事件；② 网络营销在西方国家的发展历程和现状。

一、网络营销的产生

网络营销产生于20世纪90年代，并在21世纪得到迅猛发展。

在互联网技术未普及和推广之前，大多数企业采用传统的市场营销理念开展营销活动，通过传统媒体渠道宣传品牌及产品，交易基本在线下完成。随着20世纪90年代互联网媒体的产生和兴起，越来越多的企业尝试以互联网这一新的媒体形式发布企业信息，进行企业品牌和产品宣传，并通过策划、实施一系列网络营销活动来促进企业的产品销售，于是形成了网络营销这一新型的营销模式。

在中国，网络营销相对国外发达国家起步较晚。1996年，我国企业开始尝试通过互联网开展企业营销活动；1997—2000 年是我国网络营销的初始阶段，越来越多的企业开始注重网络营销；2000 年至今，网络营销进入应用和发展阶段，网络营销服务市场初步形成，企业网站建设迅速发展，电商营销平台快速崛起，网络广告不断创新，新的营销工具与手段不断涌现和发展。

二、网络营销的概念

网络营销又称线上营销（On-line Marketing）或电子营销（E-Marketing），是指企业为实现经营目标，借助互联网手段开展的各种营销活动。

网络营销是企业整体营销战略的一个组成部分，它贯穿企业整体营销的全过程，包括利用互联网技术开展市场调研、进行消费者分析、市场及产品定位、经营流程管理和改进、开展网络推广和促销等。

根据网络消费者接触和使用互联网方式的不同，网络营销也有多种不同的手段和方式，如 E-mail 营销、博客与微博营销、论坛营销、网络广告营销、视频营销、竞价推广、SEO 优化排名营销、软文营销、自媒体营销、微信营销、移动营销等。

网络营销是以现代营销理论为基础，以计算机网络、现代通信技术和信息技术为支撑，重组或创新营销活动全过程而形成的崭新营销方式，它标志着企业营销全过程的信息化。

1. 网络营销不同于电子商务

网络营销与电子商务是两个既有紧密联系又有明显区别的概念。

（1）两者的区别。首先，两者的范畴不同，电子商务的范畴更广，涵盖了电子交易过程中售前的营销推广、售中的电子支付和售后的物流配送服务等各个环节，而网络营销注重的是以互联网为主要手段的企业营销活动。网络营销是电子商务活动中的一个组成部分。其次，两者的侧重点不同，电子商务的重点是电子交易，网络营销的重点是营销推广。

（2）两者的联系。网络营销是电子商务的重要组成部分，电子交易的实现离不开前期的网络营销活动；网络营销为促成网络交易奠定了基础。开展网络营销不等于一定实现了电子商务，但实现电子商务一定以开展网络营销为前提。

2. 网络营销不同于网上销售

网络营销不同于网上销售，网络营销的作用是多重性的，如提升企业知名度、树立企业品牌形象、加强企业与客户之间的沟通、促进产品销售等。网上销售是电子商务的主要形式，为了促进网上销售，企业可以借助网络营销的网络广告方式开展宣传，也可以根据目标消费群的特点，采用其他现代营销的传统宣传方式，如电视广告、户外广告、纸质宣传广告等。

三、网络营销的特征

① 跨时空性。在互联网上，信息的发布和交换突破了时间和空间的限制，基于互联网的网络营销拥有跨时空的特征。开展网络营销，让企业能够随时随地发布供求信息，也能在不同地区、不同国度提供 7×24 小时的全球性营销服务。

② 交互性。企业可以通过互联网对消费者实施互动式的市场需求调研，进行产品测试和消费者满意度调查；企业也可以借助网络平台发布商品信息、展示商品资料、为顾客提供商

品信息查询，实现供需互动与双向沟通。

③ 便捷性。企业开展网络营销突破了传统营销的限制，可以方便、快捷地实施企业的各种营销活动。通过网络调研平台便捷地发布调研问卷，了解顾客需求；通过自建网站或者第三方营销平台快捷地发布企业产品信息；通过网络开展直销或提供客户服务等，都给企业开展营销活动带来了极大的便利。

④ 经济性。企业开展网络营销，在很大程度上能节省人力成本和营销费用，从而提高企业利润。具体来说，首先，企业通过网络发布企业和产品信息，开展广告宣传和推广所花费的费用比传统广告的宣传推广费用低，实效性更高；其次，网络营销使交易双方通过互联网进行贸易往来的信息交换，代替传统的面对面的交易方式，可以减少印刷与交通、差旅成本；再次，企业开展无店面销售可以免除店铺租金，节约水电与人工等销售成本，同时也可以减少由于多次交换带来的损耗，提高交易效率。因此，网络营销的经济性是显而易见的。

⑤ 整合性。网络营销既是对企业营销过程的整合，也是对企业营销资源的整合。一方面，企业可以借助互联网将不同的传播营销活动进行统一的设计规划和协调实施，以完成从商品信息发布到交易收款和售后服务的全过程的整合；另一方面，企业通过对有形资产和无形资产的交叉运作进行整合，对多种营销手段和营销方法进行整合，为企业的品牌形象塑造、营销渠道开拓和产品销售促进提供更有效的方式。

⑥ 富媒体。互联网的信息传播媒体丰富多样，如文字、声音、图像、视频等信息，因此网络营销的开展也可以借助各种媒体，针对不同消费群体的信息接收习惯，设计出符合目标消费群体消费心理的媒体宣传信息和资料。

⑦ 变化性。网络营销的方式和手段随着互联网技术的不断变革和人们消费习惯的不断发展而不断变化。网络营销的信息发布从最初的形式营销向内容营销转变。网络营销的用户终端也从原来的PC端转向移动端。

四、网络营销的功能

1. 信息搜索功能

在网络营销中，企业可以利用多种搜索方法，积极主动地获取有用的信息和商业情报，进行决策研究。企业通过网络信息检索，可以了解市场概况，进行价格比较，了解对手的竞争态势。通过信息搜索获取商业信息，已经成为营销主体主观能动性的一种表现，也是一种提升网络经营能力的竞争手段。

2. 信息发布功能

发布信息是网络营销的主要功能之一，也是网络营销的一种基本职能。无论采用哪种营销方式，都要将一定的信息传递给目标人群。但是网络营销所具有的强大信息发布功能，是古往今来任何一种营销方式都无法比拟的。企业可以通过自建网站或者第三方网络平台发布企业宣传信息、产品信息和供求信息，为企业赢得更多商业机会。

3. 商情调查功能

网络营销中的商情调查具有重要的商业价值。例如，企业通过在线调查或者电子询问调查表等方式对消费者信息进行收集和分析，不仅省去了大量的人力、物力成本，而且还可以在线生成网上市场调研的分析报告、趋势分析图表和综合调查报告。高效快捷、成本低廉的网络市场调研为提高企业的市场反应能力及企业的科学决策能力奠定了基础。

4. 销售渠道功能

企业开展网络营销的一个重要目的就是开拓网络销售渠道。企业可以通过建立网站，或者通过第三方的网络平台建立网络商城，或者与其他电子商务网站合作实现在线销售，拓宽企业的产品销售渠道。

5. 品牌塑造功能

网络的跨时空性和经济性为企业通过互联网建立品牌形象提供了有利的条件。企业可以通过一系列的网络宣传推广和品牌策划等措施，树立良好的企业形象和品牌形象，提高网络公众对品牌的认可度，从而使企业品牌知名度在网络上得到延伸和拓展。

6. 产品推广功能

企业利用网络进行产品宣传推广，使企业网站或网络店铺获得较大的访问量，从而实现销售转化，是网络营销的主要功能之一，也是网络营销的目标之一。通过获得较大的网络访问量，企业可以更好地宣传自己的产品和品牌，从而加深顾客对产品和服务的理解，培养客户好感，进而实现销售转化。网络推广的方式灵活多样，企业可以通过搜索引擎、网络社区、网络广告等方式实现推广目标。

7. 客户关系管理功能

企业可以通过 FAQ、论坛、邮件列表、各种即时通信软件等网络营销工具，为顾客提供各种在线服务，从而增强与顾客之间的联系，解决顾客的各种问题，提升顾客的满意度，对顾客进行有效管理。

五、网络营销与传统营销的关系

网络营销与传统营销既有联系又有区别。传统营销是网络营销的基础，网络营销手段和传统营销手段之间并不矛盾，相反网络营销与传统营销相互促进和相互补充。在很多情况下，网络营销是传统营销理论在互联网环境中的延伸和发展，网络营销是互联网时代市场营销中必不可少的内容。

1. 网络营销和传统营销的相同点

（1）营销本质一致。两者的本质都是营销，都需要渗透到产品售前的市场调研、产品研发、设计制造、产品定价、渠道开拓，售中的交易活动以及售后服务的销售活动全过程。

（2）营销目标一致。两者的目标都是通过促进企业产品和服务的宣传和推广，提升企业品牌形象，促进产品的销售，改良顾客服务流程，提升顾客满意度，从而实现企业的经营目标。

（3）出发点一致。两者都将满足消费者需求作为一切经营活动的出发点；两者都希望通过对消费者现实需求的满足和潜在需求的挖掘，不断提高企业满足市场需求的能力。

2. 网络营销与传统营销的不同点

（1）产品范畴不同。传统营销以实体产品和服务为主，网络营销的产品范畴比传统销售领域更广。通过网络开展营销的产品可以是实体产品，也可以是虚拟产品或各种服务项目，这在传统营销领域中很难做到。

（2）成本价格不同。传统营销往往要消耗更多的人力和物力成本，而网络营销的成本比传统营销成本低得多。一般来说，网络平台所售产品的售价比传统线下销售的产品售价要低。

（3）销售渠道不同。网络营销突破了时间、空间的限制，比传统销售更灵活、更便捷。

企业采用网络直销方式，可以实现零库存、无分销商的高效运作。

（4）促销方式不同。网络营销比传统营销具有更灵活多样的促销方式，并且促销成本更低。通过网络商家可以方便、快捷地向目标客户发布促销信息，顾客对促销的敏感度更高，反应更迅速，促销效果的评估也会更准确。

（5）决策速度不同。传统营销的决策信息和数据来源大多需要通过复杂的消费者调研和分销商调研，信息收集效率低，从而影响决策速度；网络营销采用的网络数据收集和网络调研方式更为方便快捷，提供的决策信息更丰富，促使企业决策响应的速度也更快。

（6）营销策略不同。传统营销的营销策略是基于 4P 组合的营销策略，注重产品（Product）、定价（Price）、渠道（Place）和促销（Promotion），通过营销策略组合在传统市场上发挥作用，组织生产和销售。网络营销的营销策略是基于 4C 组合的营销策略，注重消费者的需求（Consumer）、消费者的价格接受程度（Cost）、为消费者提供便利（Convenience），以及注重与消费者的沟通（Communication）。

3. 网络营销与传统营销的整合

网络营销虽然具有各种优势，但是网络营销无法代替传统营销。企业营销更科学合理的发展方向应该是实现网络营销与传统营销的整合。网络营销与传统营销的整合，就是利用整合营销策略实现以消费者为中心的信息传播和双向沟通，拓宽企业产品的销售渠道，根据企业业务特点，充分整合网络营销和传统营销的优势，灵活运用网络营销和传统营销的营销手段和方法，最大限度地实现企业的营销目标。

整合营销已从理论上由在传统营销理论中占中心地位的 4P 理论，逐渐转向以 4C 理论为主导。整合营销主张的观念如下。

（1）以研究消费者的需求和欲望（Consumer）为中心，卖消费者想购买的产品，基于顾客需求制定产品策略（Product）。

（2）着重研究消费者为满足其需求所愿付出的成本（Cost），再制定价格策略（Price）。

（3）着重考虑为消费者购买商品提供便利（Convenience），再整合销售渠道，制定策略（Place）。

（4）注重加强企业与消费者的沟通和交流（Communication），在此基础上，研究如何应用促销策略（Promotion）。

六、网络营销的发展

根据中国互联网络信息中心（CNNIC）发布的《第 43 次中国互联网络发展状况统计报告》显示，截至 2018 年 12 月，我国网民规模为 8.29 亿，全年新增网民 5 653 万，互联网普及率达 59.6%，较 2017 年底提升 3.8%。中国网民规模和互联网普及率如图 1-1 所示。

目前，我国网民规模增长趋于稳定，互联网行业持续稳健发展，互联网已成为推动我国经济社会发展的重要力量。以互联网为代表的数字技术正在加速与经济社会各领域的深度融合，成为促进我国消费升级、经济社会转型、构建国家竞争新优势的重要推动力。

总体来说，网络营销的方式和手段是随着互联网技术的不断变革和人们消费习惯的不断发展而不断变化的。近年来，网络营销呈现出以下发展趋势。

1. 内容营销受重视

内容营销指以图片、文字、动画等介质传递企业品牌或产品等相关内容，通过建立消

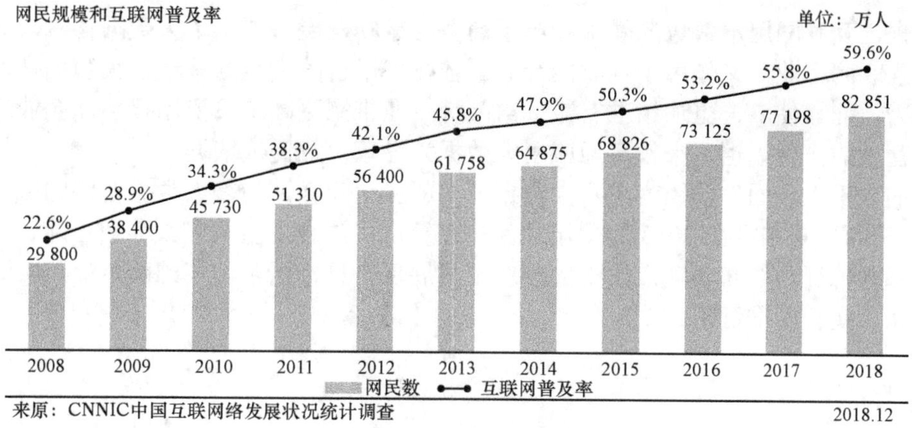

图 1-1 中国网民规模和互联网普及率

费者的信心促进销售的营销形式。也就是说，企业通过合理的内容创建、发布及传播，向用户传递有价值的信息，从而实现网络营销目的。内容营销越来越受到企业的重视，企业在内容营销方面的投入也越来越多。部分企业甚至组建专门的内容营销团队，根据目标顾客的消费习惯和消费喜好，选择恰当的传播媒体，充分融合图片、文字、视频等内容要素，精心制作有针对性、有吸引力的营销内容传递给顾客，力争通过内容营销吸引顾客关注，实现销售转化。

2. 社交媒体露锋芒

互联网和移动通信技术的发展，使得人们越来越依赖社交媒体去建立人际关系、开展社交活动。因此，社交媒体将被视为所有内容营销的必要传播工具。越来越多的企业和商家意识到采取移动版社交媒体战略的必要性，也越发意识到社交媒体的其他重要益处，包括品牌辨识度和品牌号召力的扩大，以及顾客眼光的提升和转化率的增加。因此，企业开展网络社区论坛、社交平台和社交软件的营销力度越来越大。不少企业通过开通微博公号、微信公众号进行营销，以吸引和维护客户。

3. 移动端营销发力

近年来，随着 4G 移动通信技术和 Wi-Fi 网络技术的成熟及移动智能终端的普及，消费者越来越习惯于使用手机等移动终端上网、社交及购物。2018 年，淘宝天猫“双十一”的交易数据显示，通过移动终端下单成交的金额占交易总额的 90%以上。因此，企业和商家越来越关注移动端的营销，探索移动终端用户的消费模式及与社交媒体推送内容的互动方式。

企业在移动端内容营销上的投入预计将会越来越大，包括理解目标用户的移动设备使用习惯，制作在移动设备上易于阅读的短小内容，并将更多的重心放在可以借助移动设备轻松消费的视频和可视化内容上。

4. 大数据营销显威力

大数据营销是依托大数据技术的基础，基于对多平台用户和营销数据的采集和分析，为企业提供精准营销的新型营销方式。大数据技术主要应用于互联网广告的投放和推广方面。行业大数据营销的核心在于让网络广告在合适的时间、通过合适的载体、以合适的方式、投放给合适的人。

近年来，互联网用户数量的暴涨和电子商务的蓬勃发展，催生了大数据技术。大数据营销衍生于互联网行业，又作用于互联网行业。依托多平台的大数据采集及大数据技术的分析与预测能力，能够使广告更加精准有效，给品牌企业带来更高的投资回报率。企业越来越关注大数据营销的作用，也越来越多地应用大数据为经营决策提供依据。

淘宝的“千人千面”营销就是对大数据营销的生动阐释，使得大数据营销的威力不断显现。“千人千面”是淘宝在 2013 年提出的新排名算法，结合淘宝网庞大的数据库，从细分类目中抓取那些特征与买家兴趣点匹配的推广宝贝展现在目标买家浏览的网页上，帮助卖家锁定潜在买家，实现精准营销。

探究

目前网络营销有哪些新的发展变化趋势？哪些是与人们的生活息息相关的？请通过网络搜索，调研网络营销与生活方式的影响，并写下你对未来网络营销发展趋势的看法。

拓展

网络营销新趋势——自媒体营销

自媒体营销也称社会化营销，又称自媒体营销、社交媒体营销、社交媒体整合营销、大众弱关系营销，是利用社会化网络、在线社区、博客、百科、贴吧、微博、微信公众号、媒体开放平台或者其他互联网协作平台媒体传播和发布资讯，进行营销、公共关系和客户服务维护开拓的一种方式。

一般自媒体营销工具包括论坛、微博、微信、博客、微信公众号、SNS 社区、图片和视频，营销内容通过自媒体平台或者组织媒体平台进行发布和传播。

自媒体传播的特点：内容量大且形式多样；每时每刻都处在营销状态、与消费者互动的状态，强调内容性与互动技巧；需要对营销过程进行实时监测、分析、总结与管理；需要根据市场与消费者的实时反馈调整营销目标等。

自媒体的崛起是近年来互联网的一个发展趋势。不管是国外的 Facebook 和 Twitter，还是国内的微博和微信，都极大地改变了人们的生活，将人们带入了一个社交网络的时代。社交网络属于网络媒体的一种，而营销人员在社交网络时代迅速来临之际，也不可避免地要面对社交化媒体给营销带来的深刻变革。

1.2　网络营销的技术基础

问题

企业开展网络营销需要哪些设备？网络营销人员需要掌握哪些技术？

网络营销的发展离不开网络信息技术的支撑。网络信息技术的日新月异及不断创新发展，推动网络营销手段和方式不断革新。

任务

列举你熟悉的网络营销平台，并分析每个网络营销平台的准入条件和营销方式有何不同。

在互联网高速发展的今天，网络已不仅仅是一种工具，而是已经成为人们生活、工作中密不可分的伙伴，利用网络进行商务活动的网络营销因此应运而生。网络营销的产生有其特定的基础，综合来看，它是由科学技术的发展、消费者价值观念的变革和商业竞争等因素促成的。下面主要介绍与网络营销密切相关的计算机设备、互联网和移动互联网，以及主要的网络营销平台。

一、计算机设备

开展网络营销需要相应的计算机设备支持。搭建企业网络所需要的计算机设备主要包括硬件和软件两部分。

1. 硬件设备

搭建计算机网络的主要硬件设备包括：计算机主机、交换机、路由器、服务器等。

2. 软件系统

搭建计算机网络所需的主要软件系统包括：操作系统、数据库、Web 服务等。

二、有线互联网

1. 互联网的含义

互联网的全称为“国际互联网络”，简称“互联网”，又称“因特网”，因特网是英文 Internet 的译称。它是一个基于 TCP/IP 协议的网络，通过 TCP/IP 协议，实现不同品牌、不同性能、使用不同操作系统的计算机之间的通信，是由成千上万个网络和上亿台计算机相互连接而成的，是提供信息资源查询和信息资源共享的全球最大的信息资源平台。它是全球最大的、开放的、由众多网络连接而成的计算机网络。

网络营销的技术基础主要是以互联网技术为代表的信息技术。互联网是现代通信技术与计算机技术相结合的产物，它把分布在不同地理区域的计算机与专门的外部设备用通信线路连成一个规模大、功能强的网络，从而使众多的计算机可以方便地互相传递信息，共享硬件、软件、数据信息等资源。

2. 常用的互联网服务

（1）电子邮件（E-mail）。

电子邮件（Electronic Mail），亦称 E-mail，它是用户或用户组之间通过计算机网络收发信息的服务。目前，电子邮件已经成为网络用户之间快速、简便、可靠且成本低廉的现代通信手段，也是 Internet 上使用最广泛、最受欢迎的服务之一。

（2）文件传输（FTP）。

文件传输协议（File Transfer Protocol，FTP）是在互联网上传送文件的一个重要协议。FTP 是互联网中广为使用的一种服务，这种服务主要用于两个主机之间的文件传输：用户可以把远程主机上的文件下载到自己的主机上，也可以把文件上传到远程主机上。目前，个人用户常常利用 FTP 服务从互联网上下载各种资料、软件、电影、MP3 等。

（3）BBS。

BBS是“Bulletin Board System”的首字母缩写，其中文意思是“电子布告栏系统”，又叫“论坛”。BBS最初是为了使用计算机通过电话线远程传送文件和信息。之后，由于用户的需求不断提高，BBS已经不再是一个简单的“电子布告栏”了，它包括很多服务，包括讨论区、信件区、聊天区、文件共享区等。国内较大的网络社区论坛BBS有天涯社区、百度帖吧、网易论坛、新浪论坛等。

（4）博客。

博客最初的名称是Weblog，由web和log两个单词组成，字面意思是网络日记，又译为部落格或部落阁等，是一种通常由个人管理、不定期发布（或张贴）新文章的网站。典型的博客一般结合文字、图像、其他博客或网站的链接及其他与主题相关的媒体，读者可以以互动的方式留下各种评论及意见。大部分博客的内容以文字为主，也有一些博客专注于艺术、摄影、视频、音乐、播客等各种主题。博客是社会媒体网络的一部分，比较著名的有新浪、网易等博客。

（5）微博。

微型博客（micro-bloging）是一种非正式的迷你型博客，是目前全球最受欢迎的博客形式之一。博客作者不需要撰写很复杂的文章，而只需要书写140字内的心情文字即可，也可以发布图片，是网民分享交流的重要社交媒体。如新浪微博、网易微博、腾讯微博、叽歪、Twitter、随心微博等。

（6）网络即时通信。

网络即时通信是Instant Messaging（IM）的中文译名，是一种可以让使用者在网络上建立某种聊天室（chatroom）的实时通信服务。它囊括了E-mail的所有功能，如文字、文件、图片的传输等，并且实现了信息的实时交互，在安装麦克风和摄像头之后还可以实现语音、视频聊天。目前，主流的网络通信工具有QQ、微信、MSN、阿里旺旺等。

三、移动互联网

1. 移动互联网的概念

移动互联网相对于互联网而言是新鲜的事物，移动互联网的定义有广义和狭义之分。广义的移动互联网是指用户可以使用手机、笔记本等移动终端通过协议接入互联网，狭义的移动互联网则是指用户使用手机终端通过无线通信的方式访问采用WAP的网站。

移动互联网就是将移动通信和互联网二者结合起来，成为一体，是互联网的技术、平台、商业模式和应用与移动通信技术结合并实践的活动的总称。4G时代的开启以及移动终端设备的凸显必将为移动互联网的发展注入巨大的能量。

2. 移动互联网的发展背景

（1）智能手持终端产品盛行。

智能手持终端主要包括手机、平板电脑、电子书等。根据中国互联网络信息中心（CNNIC）发布的《第43次中国互联网络发展状况统计报告》，截至2018年12月，我国手机网民规模达8.17亿，全年新增手机网民6 433万；网民中使用手机上网的比例由2017年底的97.5%提升至2018年底的98.6%。中国手机网民规模及其占整体网民比例如图1-2所示。手机稳坐上网终端的第一把交椅，我国移动互联网发展进入了全民时代。

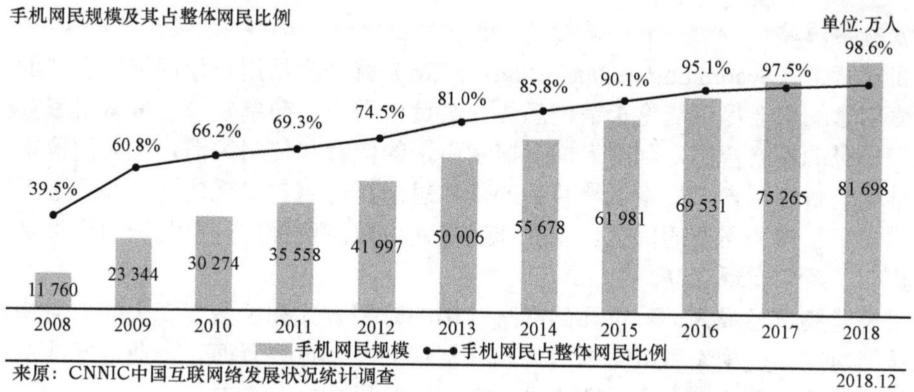

图 1-2 中国手机网民规模及其占整体网民比例

（2）移动 4G 技术日趋成熟。

4G 是第四代移动通信技术的简称。中国移动采用的是 4G LTE 标准中的 TD-LTE。TD-LTE 是由中国主导的 4G 网络标准，技术成熟，具有信号稳定、干扰少等优势。4G 技术的日趋成熟，促使越来越多的网民通过移动终端接入互联网，从而使移动互联网的应用越来越普及。

3. *移动互联网的应用模式*

移动互联网的应用与企业和消费者的联系越来越紧密，其应用模式也越来越多元化：移动社交将成为客户数字化生存的平台，手机广告等移动广告将成为移动互联网的主要盈利来源，手机游戏将成为娱乐化先锋，手机电视也将成为时尚人士新宠，移动电子阅读正在成为一种流行的阅读形式，市场对移动定位服务需求将快速增加，手机搜索将成为移动互联网发展的助推器，手机内容共享服务已被认为是未来手机业务的重要应用。此外，移动行业与金融行业深入融合，移动支付蕴藏着巨大商机。电子商务的交易业务向手机移动端的倾斜，预示着移动电子商务的春天即将到来。

随着我国移动互联网进入稳健发展期，行业整体向内容品质化、平台一体化和模式创新化方向发展。第一，各移动应用平台进一步深化内容，提升品质，专注细分寻求差异化竞争优势；第二，各类综合应用不断融合社交、信息服务、交通出行及民生服务等功能，打造一体化服务平台，扩大服务范围和影响力；第三，移动互联网行业从业务改造转向模式创新，引领智能社会发展，从智能制造到共享经济，移动互联网的海量数据及大数据技术的应用，为优化社会生产提供更多可能。

四、网络营销平台

网络营销平台指企业用于推广、销售产品或服务的网站平台。根据营销内容和性质的不同，网络营销平台主要有门户类网站、搜索引擎网站、电商平台、网络社区、网络视频直播平台、即时通信工具等几种类型。

1. *门户类网站*

门户类网站不仅是公司信息、产品和服务的传播载体，也是大众了解企业的窗口。目前，企业通过门户类平台开展营销的主要形式是网络广告。国内知名门户网站有新浪、网易、搜狐、腾讯等。

2. 搜索引擎网站

搜索引擎营销（Search Engine Marketing，SEM）就是根据用户使用搜索引擎的方式，利用用户检索信息的机会尽可能将营销信息传递给目标用户。简单来说，搜索引擎营销就是基于搜索引擎平台的网络营销，利用人们对搜索引擎的依赖和使用习惯，在人们检索信息的时候将信息推送给目标用户。搜索引擎营销的基本思想是让用户发现信息，并通过点击链接进入网页，进一步了解所需要的信息。企业通过搜索引擎付费推广，有利于用户直接与公司客服进行交流、了解，实现交易。

搜索引擎营销已经成为一种重要的网络营销的营销方式和手段。庞大的信息搜索量和快速的信息传播速度，使搜索引擎营销成为网络营销的一个重要资源。企业进行搜索引擎优化设计的目标主要有两个：被搜索引擎收录、在搜索结果中排名靠前。

搜索引擎营销的方法包括：搜索引擎优化（SEO）、付费排名、精准广告及付费收录。

国内主要的搜索引擎平台有：百度、360搜索、搜狗搜索、神马等；国外主要的搜索引擎平台有：Google、Yahoo、Bing、Yandex等。

3. 电子商务平台

电子商务平台是一个为企业或个人提供网上交易服务的平台。如果企业和商家充分利用电子商务平台提供的网络基础设施、支付平台、安全平台、管理平台等共享资源，就可有效地、低成本地开展自己的商业贸易活动。电子商务平台可提供网上交易和管理等全过程的服务，因此它具有广告宣传、虚拟展会、咨询洽谈、网上订购、网上支付、电子账户、服务传递、意见征询、交易管理等各项功能。主流的电子商务平台包括以下几种类型。

（1）B2B平台。B2B是Business-to-Business的缩写，即商业对商业，或者说是企业间的电子商务，即企业与企业之间通过互联网进行产品、服务及信息的交换。B2B平台是企业间开展贸易的首选，主流的B2B平台有阿里巴巴、中国制造网、慧聪网等。

（2）B2C平台。B2C是Business-to-Customer的缩写，而其中文简称为“商对客”。“商对客”是电子商务的一种模式，即通常所说的直接面向消费者销售产品和服务的商业零售模式。B2C平台是目前电子商务平台的主力军，是众多企业开展网络零售的第一选择。主流B2C平台有天猫、京东、当当网等。近年来，B2C发展的趋势是品牌化经营，即越来越多的线下品牌进军线上，开设品牌旗舰店。

（3）C2C平台。C2C是Customer-to-Customer的缩写，是消费者个人间的电子商务行为。C2C平台是个人网络创业者的首选，原因是门槛低，操作简便，成本低。国内主流的C2C平台主要有淘宝、云集微店、闲鱼等。但是随着B2C发展的不断强大，C2C模式受到了巨大的冲击。天猫频道独立后，淘宝个人开店的差距逐渐拉开，网店经营崇尚“小而美”成了淘宝C2C创业者的突围之路。

（4）独立商城。独立商城就是凭借商城系统打造的含有顶级域名的独立网店。开设独立网店的好处有：顶级域名、自有品牌、企业形象、节约成本、自主管理、不受约束等，如唯品会、麦包包等。

（5）O2O平台。O2O即Online to Offline，即在线上交易，在线下消费。商家通过免费开网店将商家信息、商品信息等展现给消费者，消费者在线上进行筛选服务，并支付，线下进行消费验证和消费体验。典型的O2O平台如大众点评网、饿了吗外卖网等。O2O平台由于其高性价比受到越来越多的用户青睐。

4. 网络社区

网络社区是指包括BBS/论坛、贴吧、公告栏、个人知识发布、群组讨论、个人空间、无线增值服务等形式在内的网上交流空间，同一主题的网络社区集中了具有共同兴趣的访问者。在2019年2月由中国互联网络信息中心（CNNIC）发布的《第43次中国互联网络发展状况统计报告》中提到，截至2018年12月中国网民规模为8.29亿，随着网民数量的快速增长和网民知识水平的普遍提高，网络社区爆发出不可抵挡的、强大的营销力量，已成为网络营销中的一个重要资源集聚地。

5. 网络视频直播平台

在网络营销的发展历程中，从静态文字、图片到动态视频是网络广告的一个大进步。从此网络营销又进入了一个全新的、更加需要创意的、更有营销力的新时代。网络直播平台是网络视频营销的重要阵地，目前国内主流的直播平台有斗鱼直播、熊猫直播、虎牙直播等，直播平台的兴起，也催生了“网红经济”效应。

6. 即时通信工具

据调查，在8.29亿的中国网民中有90%的人使用过即时通信工具，面对如此庞大的市场，品牌和即时通信商的合作成为市场焦点。其中，微信通过广告推广、公众号营销等多种方式，开创了即时通信营销的新模式。

拓展

跨境电子商务平台

跨境电子商务是指分属不同环境的交易主体，通过电子商务平台达成交易、进行支付结算，并通过跨境物流配送商品、完成交易的一种国际商业活动。

我国跨境电子商务主要分为企业对企业（B2B）和企业对消费者（B2C）的贸易模式。在B2B模式下，企业运用电子商务以广告和信息发布为主，成交流程基本在线下完成，本质上仍属传统贸易，并已纳入海关一般贸易统计。在B2C模式下，我国企业直接面对国外消费者，以销售个人消费品为主，物流方面主要采用航空小包、邮寄、快递等方式。

跨境电子商务分为出口跨境电子商务和进口跨境电子商务，跨境电子商务平台主要有以下几类。

（1）国际B2C跨境电子商务平台有：速卖通、亚马逊、eBay、Wish、兰亭集势、敦煌等。

（2）进口跨境电子商务平台有：洋码头、蜜芽、天猫国际、苏宁云商海外购、网易考拉海购、顺丰海淘等。

（3）本土化跨境电子商务平台：印度Flipkart，沃尔玛Walmart，俄罗斯Yandex，美国新蛋网New Egg，新西兰Trademe，美兰卡巴西Mercado Livre，Ali，Dhgate，Ipros等。

1.3 网络营销岗位

问题

你对与网络营销相关的哪个岗位感兴趣？谈谈该岗位的工作内容和你自己的能力特

长是否匹配？

网络营销作为一种具有强劲发展态势的企业营销模式，深受个人创业者和企业组织的推崇。网络营销的兴起创造了许多新的就业岗位，越来越多的年轻从业者投身网络营销相关岗位。近年来，网络营销人才的需求量不断扩大，人才缺口依然较大。

任务

登录网络招聘平台淘工作（http://www.alizhaopin.com），了解网络营销的招聘岗位主要有哪些？列出5个主要岗位的招聘要求和岗位职责。

一、网络营销岗位群

企业的网络营销岗位群主要分为技术类、市场类、运营类三大类。随着网络技术和营销方式的不断发展，网络营销的岗位在不断变化，因此网络营销的岗位群也随之不断发展壮大。具体的网络营销岗位群划分如图1-3所示。

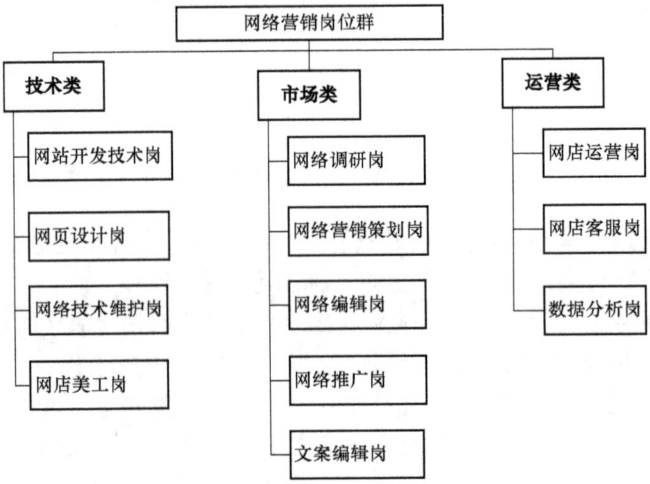

图1-3 网络营销岗位群划分

二、网络营销基础性岗位

每个开展网络营销业务的企业或组织，因其业务性质和发展方向不同，而衍生出许多不同的岗位。在企业众多网络营销岗位中，网络调研岗、网络推广岗、网络编辑岗、网店运营岗及网店客服岗是比较常见的基础性岗位。

1. 网络调研岗

职位名称：市场调研员、信息调研员、市场信息采集员等。

岗位概述：该岗位的主要职责是根据企业的调研需求，通过互联网平台收集、整理、分析相关市场数据，了解行业竞争状况，为企业营销提供决策依据。网络调研岗的岗位职责和任职要求如表1-1所示。

表 1-1　网络调研岗的岗位职责和任职要求

岗位职责	任职要求
1. 制订、实施各项市场调研计划及市场调研项目； 2. 持续的市场趋势及消费者需求洞察调研； 3. 竞争对手及竞争产品发展状况信息情报搜集及调研分析； 4. 产品生命周期内涉及开发过程中的各项调研； 5. 协助完成包括新产品概念测试、品牌健康度跟踪调查等各项目工作； 6. 制作综合调研报告档案，向管理层提供客观建议，支持上级及相关职能的商业及营销决策； 7. 协助市场经理统筹各个职能岗位的工作，监督和记录各职能岗位的工作进度，及时收集问题、反馈问题、解决问题； 8. 其他调研相关工作	1. 具备信息收集能力、市场洞察能力，熟悉市场调研的方法及流程，熟悉使用各种调研工具； 2. 熟练使用各类办公软件，性格沉稳，做事有细心及耐心，具有较强的责任感和上进心； 3. 善于思考，具备良好的应变能力、沟通协调能力和文字组织能力； 4. 接受过完整的市场调研项目设计、访问执行、数据分析、撰写报告等培训，接受过市场营销方面的基本培训； 5. 熟练掌握各种定量、定性研究方法，熟练掌握 SPSS 或 SAS 等统计软件的操作方法； 6. 具有敏锐的市场判断分析能力，具有良好的市场规划管理能力； 7. 善于协调、沟通，责任心强； 8. 具有互联网、营销市场调研工作经验

2. 网络推广岗

职位名称：网络推广专员、网店推广员、渠道推广员、搜索引擎优化（SEO）专员、推广总监/经理等。

岗位概述：该岗位的主要职责是根据企业的推广目标，运用多种网络推广手段和方式，对企业品牌、网店或产品进行网络推广，提高企业品牌的知名度，促进网店点击率和产品销售量的提高。网络推广岗的岗位职责和任职要求如表 1-2 所示。

表 1-2　网络推广岗的岗位职责和任职要求

岗位职责	任职要求
1. 根据推广对象的特点，拟订推广方案； 2. 策划、执行在线推广活动，收集推广反馈数据，不断改进推广效果； 3. 维护优化网站的结构，以提升搜索引擎的排名； 4. 利用微信、微博发布软文； 5. 负责公司产品文案、软文的撰写，擅长微信的日常操作及运营； 6. 熟悉淘宝网店/京东商城的各类推广方式，开展店铺内的各类营销推广活动； 7. 负责店铺各类促销活动及淘宝官方或京东商城各类活动的申报、争取、策划和实施； 8. 负责公司在淘宝网或京东的广告投放计划的确定与实施，确保广告投放效果最大化； 9. 实时观察店铺的 PV、UV、销售量、跳失率、地域分布、转化率等，做出专业的数据分析，及时做好竞争对手网站的数据采集、评估与分析； 10. 依据客户行为分析报告，制订最优投放方案并主导实施，并及时对实施效果进行总结； 11. 其他营销推广相关工作	1. 市场营销、电子商务、经济管理等相关专业，熟悉互联网行业；非相关专业有经验的也可以； 2. 有网络推广的经验，了解互联网的特质，熟悉网络平台运作和推广的各种方式； 3. 熟悉软文、Blog、论坛、社区、群、图片、视频及其他新兴网络推广媒介； 4. 工作认真，细致，敬业，注重团队合作；善于沟通，语言表达能力强，富有创意，具有较强的学习能力； 5. 熟悉站内外不同的推广技术（包括但不限于微信、微博、百度、360、广点通、新闻源、今日头条等主流推广方式）； 6. 熟悉多种网络推广手段，如 BBS、微信、微博、博客、软文、贴吧、社区推广、问答平台及其他推广方式

3. 网络编辑（网络文案）岗

职位名称：网站编辑、文案专员、网店编辑。

岗位概述：负责企业网站的产品与资讯内容的采集、编辑、发布、管理工作和推广文案的撰写与执行工作，对网站销售力和传播力负责。网络编辑（网络文案）岗的岗位职责和任职要求如表 1-3 所示。

表 1-3 网络编辑岗的岗位职责和任职要求

岗位职责	任职要求
1. 负责定期对网站内容及产品进行编辑、更新和维护； 2. 负责网站专题、栏目、频道的策划及实施，能对线上产品进行有效整合，配合策划执行带动销售的活动方案，从而达到销售目的，适时对网站频道提出可行性规划、设计需求报告； 3. 编写网站各宣传资料，收集、研究和处理网络读者的意见和反馈信息； 4. 制订频道管理与栏目的发展规划，促进网站知名度的提高； 5. 负责新闻活动的外联工作及各活动的及时报道与回顾，重要活动及人物的采访； 6. 对各网站的相关内容进行质量把控，以提升网站内容质量； 7. 设计公司网店的海报文案、产品详情页文案等	1. 熟悉互联网，了解网络营销，有较强的频道维护和专题制作的经验和能力，对客户体验有极深了解； 2. 具备扎实的营销知识和丰富的实践经验，能有效提升网站的销售力和传播力； 3. 通过相关信息的搜集与分析，善于捕捉频道消费者心理。具有较强的栏目、选题、文案策划能力，有宽阔的知识面； 4. 熟练进行信息采集与编辑，能够独立撰写文章，有较好的文字功底； 5. 对频道内各项数据进行及时监控并分析效果，同时针对发现的问题能及时找到解决方案； 6. 熟悉网站的建立与维护，熟悉 Photoshop、Dreamweaver、Office 等网页编辑软件，懂得网页的图文混排； 7. 熟悉产品，能根据消费者需求，撰写提炼出产品卖点； 8. 拥有出色的工作责任心、良好的团队合作精神，能够承受一定的工作压力

4. 网店运营岗

职位名称：网店运营经理、网店运营专员、网店运营助理等。

岗位概述：该岗位主要负责网店业务的规划、产品营销、营销活动策划、申报、执行及店铺日常维护和管理工作。网店运营岗的岗位职责和任职要求如表 1-4 所示。

表 1-4 网店运营岗的岗位职责和任职要求

岗位职责	任职要求
1. 根据公司产品及行业特征进行旗舰店（淘宝、天猫、京东）业务规划、运行和管理，如提高流量、点击率、转化率、重复购买率、客单价等，完成销售目标； 2. 对整个店铺的经营状况负责，包括选品、定价、营销策划等工作； 3. 店铺整体运营活动文案策划，商城及淘宝活动地点申报、项目跟进，活动的优化与反馈；对店铺日常运营进行维护和管理； 4. 对竞争对手的品牌、价位、活动进行研究，提出应对措施； 5. 建立和优化全网的客户服务和管理体系，按照公司的品牌服务承诺和客服手册为客户提供全面的服务体验； 6. 负责网上营销方案的实施，促进销售转化，提升品牌知名度，确保服务质量和客户满意度； 7. 制订营运活动的推广计划、推广目标、实施评估与监控，确定宣传内容，并采取多种方式和渠道推广产品； 8. 深入研究消费者行为，结合当前以及未来的网络环境发展趋势，不断提高电子商务平台转化率； 9. 整理数据，统计分析，及时提出营销改进方案	1. 精通电子商务平台店铺的运营和盈利模式，能利用平台进行有效推广和宣传；熟悉淘宝、天猫及京东的各项规定与操作流程，以及实际销售运营管理经验； 2. 熟悉网络商城运营规则及后台管理，具备一定的数据分析能力； 3. 具有良好的市场销售策略和能力，有出众的数据分析能力，敏锐的市场洞察力与反应力； 4. 具有良好的沟通协调能力及创新意识，逻辑思维强，具有良好的学习能力； 5. 勤奋、踏实、上进，有良好的抗压能力

5. 网店客服岗

职位名称：客服总监、客服主管、网店客服专员、售前客服、售后客服等。

岗位概述：该岗位主要负责通过网络通信工具与客户沟通，在线为客户提供咨询服务，解答客户疑问，处理售后事宜，做好销售数据的统计和汇报工作。网店客服岗的岗位职责和任职要求如表 1-5 所示。

表 1–5 网店客服岗的岗位职责和任职要求

岗位职责	任职要求
1. 及时、热情回答客户咨询，接待顾客订单，处理销售中产生的问题； 2. 能独立完成专业推荐与导购，耐心并细致地销售商品； 3. 负责解答客户咨询，通过淘宝、天猫店铺对公司进行宣传，提升公司宣传度及客户数量； 4. 妥善处理售后及客户投诉，保证客户满意； 5. 及时回复网络留言、处理订单以及货物跟踪	1. 熟练运用 Word、Office 等办公软件； 2. 反应迅速，具备良好的语言表达能力和沟通技巧； 3. 具有良好的服务意识和团队精神； 4. 对淘宝、天猫电子商务平台有一定了解，熟悉淘宝、天猫电子商务平台销售模式，熟练运用旺旺等聊天工具； 5. 为人诚实、有耐心、做事认真、工作严谨、勤奋好学； 6. 打字速度快，平均每分钟 50 个字以上

以上是对网络营销基础性岗位的简要介绍，在实际工作中，企业应根据自身业务量和业务范围来进行岗位人员的配置，不应局限于上述岗位。有些大企业营销业务量大，需要大量的人员支撑某一个岗位的工作。如某著名淘宝女装品牌企业，网店客服岗位设有 100 多名常驻客服人员，在“双十一”大促时，还临时聘用了几百名网店客服人员进行支援。而同时，部分小企业网上销售的业务量小，可能会出现一人身兼数职的情况。

企业开展网络营销活动时会涉及许多不同岗位的分工与合作。例如，开展网络营销项目前需要市场调研人员通过调研为企业提供市场信息，需要营销策划人员制订营销项目计划；企业开通网店时，需要聘请产品拍摄和网店美工专员拍摄并制作商品图片，进行网店装修设计；需要网页编辑和文案专员撰写商品描述文案和推广文案；需要网络推广人员有计划地运用多种推广手段对企业品牌或网店进行宣传和推广；需要网店客服处理销售订单，并为网店买家提供销售咨询、售后服务；需要网店运营人员监控、分析网店运营数据，申报和开展促销活动，对网店进行总体的运维管理。

探究

你了解招聘网络营销岗位的网站吗？尝试登录一个招聘网站，如“智联招聘”网，搜索一个你感兴趣的网络营销岗位，如“网店客服”，了解该招聘平台关于这个岗位的招聘数量、薪资待遇水平和招聘要求，将调查的结果填写在表 1-6 中。

表 1–6 网络营销岗位招聘调查

招聘网站	
搜索职位	
招聘数量	
招聘企业	
薪资待遇	
招聘要求	

拓展

网络营销时代的新职业——网红

“网红”一般指网络红人。“网络红人”是指在现实或者网络生活中因为某个事件或者某个行为而被网民关注从而走红的人或长期持续输出专业知识而走红的人。他们的走红皆因为自身的某种特质在网络作用下被放大，与网民的审美、审丑、娱乐、刺激、偷窥、臆想、品位及看客等心理相契合，有意或无意间受到网络世界的追捧，成为“网络红人”。因此，“网络红人”的产生不是自发的，而是在网络媒介环境下，网络红人、网络推手、传统媒体及受众心理需求等利益共同体综合作用产生的结果。

在“网红”经济渐渐兴起时，淘宝平台上出现了以莉家和榴莲家为代表的网红孵化公司。这些孵化公司原本是比较成功的淘宝商家，在与网红的合作中，网红们负责和粉丝沟通、推荐货品，于是孵化公司将精力集中在店铺日常运营和供应链建设及设计上。

这种强强联手的模式，已经体现出了威力。例如，手握“呛口小辣椒”“管阿姨”等知名“网红”的莉家，除了打造出一个个皇冠淘宝店铺外，还吸引到了风投的关注。

1.4 网络营销职业准则

问题

请说出你对当前某个岗位的网络营销从业人员（如网店客服）的职业素养的评价。在你心目中，优秀的员工应该具备哪些职业素养？

网络营销作为新兴的热门行业，是互联网电子商务中重要的组成部分。随着大量传统企业开始开展网络营销业务，越来越多的中小企业逐渐进入互联网营销的领域，促使企业需要大量具有专业能力的网络营销人才。同时，企业对网络营销岗位应聘者的职业能力和职业素养的要求也越来越高。

任务

通过资料查找，搜集一个关于介绍网络营销从业人员职业道德的案例，并在班内与同学进行交流分享。

一、网络营销人员的职业准则

所谓职业准则，就是从业者应该遵循的标准原则或行为准则。那么，网络营销人员应该遵循什么样的职业准则呢？

网络营销人员除了要遵守社会主义核心价值观中“爱国、敬业、诚信、友善”这些公民个人层面的价值准则外，还要根据网络销售工作的职业特点，遵守岗位工作要求的行为准则，具体如下所述。

1. 诚信服务

所谓诚信，是指以真诚之心，行信义之事。诚信乃商家和企业安身立命的根本。作为网络营销人员，“诚信”是从事网络营销业务根本的个人品质和职业行为准则，具体主要表现在以下几方面：

（1）为人诚实正直，忠诚于企业，时刻维护企业形象和声誉；

（2）不泄露客户信息，不追求虚假业绩；

（3）真诚为客户服务，信守承诺；

（4）勇于承认错误、改正错误；

（5）敢于承担责任、负责到底。

2. 守法依规

互联网技术的飞速发展，引领了电子商务时代的发展浪潮，作为网络营销从业人员，正处于行业发展的一个特殊时期，要求网络营销人员要有更强的法规意识，在日常工作中做到守法依规，主要体现在以下两个方面。

（1）遵守行业法规。

国务院办公厅出台了《关于加快电子商务发展的若干意见》，国家发展改革委、国务院信息办发布了《电子商务发展“十一五”规划》，工信部发布了《电子商务“十二五”发展规划》，商务部先后发布了《关于网上交易的指导意见》《关于“十二五”电子商务发展指导意见》等，国家工商总局发布了《网络商品交易及有关服务行为管理暂行办法》。近年来，电子商务立法的呼声越来越高，网络交易与服务行业将越来越规范，所以只有了解并遵守行业法规，用好行业法规，个人和企业才能健康发展。

（2）遵守电商营销平台的规则。

企业开展网络营销大多依托于国内、国际的 B2C 或 C2C 电子商务平台，如阿里巴巴、淘宝、天猫、京东、当当、亚马逊、速卖通、敦煌网等，每个平台的开发商都会制订相应的用户、商家管理规则。作为企业网络营销业务部门的员工，必须熟悉公司所使用电商平台的规则，只有依法依规地开展营销业务，才能确保公司的利益得到保障。

3. 爱岗敬业

爱岗敬业是社会主义核心价值观的要求，是专业执着、精益求精的职场精神，也是每个工作岗位上的劳动者应该遵循的职业道德。爱岗敬业具体表现在以下几方面。

（1）有热情。热爱本职工作，能以愉悦、平和的心态接受并完成工作任务。

（2）有要求。今日事今日毕，提高工作效率；服从管理，上班时间只做与工作有关的事情。

（3）有担当。工作认真负责，不断钻研业务，精益求精，提升业务水平和工作能力。

（4）有奉献。能顾全大局，服从安排，有牺牲精神，不怕苦不怕累，出业绩、出成果，为企业发展做出贡献，创造价值。

4. 团结合作

一般来说，企业的网络营销部门是一个由多个岗位、多个员工组建而成的团队。只有这个团队目标一致、团结合作，才能使一个部门良好地、高效地运转，从而为企业创造效益。团结合作具体包括以下几个方面。

（1）积极融入团队，乐于接受同事的帮助，配合团队完成工作。

（2）决策前积极发表建设性意见，充分参与团队讨论；决策后，无论个人是否有异议，必须从言行上完全予以支持。

（3）积极主动分享业务知识和经验；主动给予同事必要的帮助；善于利用团队的力量解决问题和困难。

（4）善于和不同类型的同事合作，不将个人喜好带入工作，做到“对事不对人”。

（5）有主人翁意识，以积极正面的情绪影响团队，改善团队士气和氛围。

二、网络营销人员的职业素养

1. 拥抱变化的心态

互联网时代是一个信息技术日新月异，知识快速更新换代的时代。只有保持一份拥抱变化的良好心态，才能与时代并行，在职场中游刃有余。所谓拥抱变化的心态包含两个层面：一是适应变化，即接受变化，努力适应因知识、技术的变革带来的业务内容和工作模式的变化，对因变化产生的困难和挫折能自我调整，并正面影响和带动他人；二是创造变化，即自我改变，让自己保持一颗好奇心，预见行业发展的方向，主动学习，不断更新自己的知识技能，使自己成为行业发展的引领者。

2. 持续学习的能力

学习能力是职场人的核心竞争力。网络营销岗位的从业者面临着巨大的知识更新、技术变革的挑战和压力。这意味着，网络营销人员只有具备良好的学习心态和较强的学习能力，才不会被职场淘汰。持续学习是时代的要求，也是行业的要求。培养持续学习能力的主要方法如下：

（1）树立积极的学习心态，与职业规划相结合，明确学习目标；

（2）把工作的压力转化成学习的动力；

（3）善于通过各种途径学习，如参与线下培训，通过网络课程、手机 APP 等网络途径进行学习等；

（4）在同行业中，找一个学习的榜样，如行业中的成功人物或身边比较励志的同事，向优秀的人学习。

三、网络营销人员的职业发展规划

1. 职业发展规划的意义

目前，网络营销行业发展潜力较大，企业对网络营销人才需求仍然存在较大的缺口，掌握网络营销技能和营销理念的复合型人才将成为企业争抢的对象，网络营销从业人员有着良好的职业发展前景和巨大的发展空间。作为网络营销的从业者，如果能合理地对个人的职业发展进行规划并付诸努力，便能在职场中取得更大的进步和发展。

所谓职业发展规划，就是对自己或他人未来职业生涯中如何发展的大致规划。职业规划的意义主要体现在以下几个方面：

（1）职业生涯规划可以发掘自我潜能，增强个人实力；

（2）职业生涯规划可以增强发展的目的性与计划性，提升成功的机会；

（3）职业生涯规划可以提升应对竞争的能力。

2. 网络营销人员的职业发展路径

随着社会分工的日益细化，网络营销人才参与的部门不只有技术部、市场部、运营部，根据企业规模的不同，还会融入更多部门。市场营销从传统的单一的广告模式，走向网络多元化模式，面对日益细分、需求多元化的客户，要求营销的技术和手段必须随时进行更新。尤其在微博、微信等新媒体兴起后，网络营销推广又掀起了一次浪潮。娱乐性、互动性、易于传播的网络营销向从业者提出了更高的技能要求，只有对消费者心理、经济行为、兴趣趋向等有透彻的了解，才能做出更好的营销策划。

作为网络营销行业的从业者，需要了解网络营销岗位的特点，只有了解自己感兴趣岗位的发展方向和晋升路径，给自己的职业规划出一条清晰的发展路线，才能在职场中取得更好的发展和成长。

如图 1-4 所示，网络营销从业人员的职业岗位等级一般分为四级：助理/专员级、主管级、经理级、总监级。例如，一个大学毕业生的职业晋升路径为：毕业后进入企业网络营销部门实习，担任运营助理；经过 1 年的实习期后成为运营专员；经过 3 年左右的工作锻炼，积累了一定的工作经验，业务能力增强，晋升为运营主管；再经过 3 年左右的工作实践，工作经验丰富，有了一定的运营管理能力，继而晋升为运营经理；又经过 3～5 年，工作业务能力进一步提升，进入公司决策管理层，晋升为运营总监或者公司高层管理人员。

企业网络营销岗位是一个非常有发展潜力和提升空间的岗位，只要从业者能以积极的心态投入工作中，树立职业理想，制订职业规划，不断在工作中学习，不断在实践中提升自身的工作能力和业务水平，就一定能够在职场中得到更好的成长和发展，创造更精彩的职场人生。

图 1-4 网络营销从业人员职业晋升路线

拓展

阿里巴巴集团的企业文化和价值观

阿里巴巴网络技术有限公司（简称“阿里巴巴集团”）是以马云为首的 18 人初创团队，于 1999 年在浙江杭州创立，如今已成为世界顶尖的电子商务平台企业、全球最大的零售交易平台之一、世界 500 强公司之一，拥有 4.7 万员工。

是什么引领阿里巴巴走向成功？是什么成就了中国最大的互联网公司？

答案是：阿里巴巴的企业文化和价值观！

阿里巴巴集团及其子公司基于共同的使命、愿景及价值体系，建立了强大的企业文化，作为阿里巴巴业务的基石。新员工加入阿里巴巴集团的时候，需要到杭州总部参加全面的入职培训和团队建设课程，该课程着重于公司的使命、愿景和价值观。无论公司成长发展到哪个阶段，以下的共同价值观让阿里巴巴可以维持一贯的企业文化。

阿里巴巴集团的使命：让天下没有难做的生意。

阿里巴巴集团的愿景：分享数据的第一平台；幸福指数最高的企业；“活 102 年”。

阿里巴巴集团坚持“客户第一、员工第二、股东第三”。

阿里巴巴集团有 6 个核心价值观（如图 1-5 所示），号称“六脉神剑”，是阿里巴巴集团企业文化的基石和公司 DNA 的重要部分。

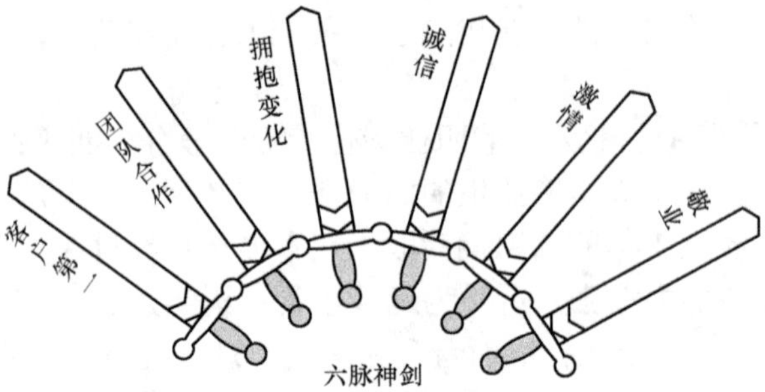

图 1-5 阿里巴巴的核心价值观

客户第一：客户是衣食父母。

团队合作：共享共担，平凡人做平凡事。

拥抱变化：迎接变化，勇于创新。

诚信：诚实正直，言行坦荡。

激情：乐观向上，永不言弃。

敬业：专业执着，精益求精。

技能训练

训练：网络营销岗位模拟招聘会

实训目的：通过参与模拟招聘会，进一步了解网络营销岗位的岗位职责、招聘要求，为将来的岗位技能学习和职业发展规划做好准备。

操作要求：分组实训，选出 5 名学生代表 5 个公司的人事部门经理成立招聘组；其余学生组成应聘组，每位学生分别到招聘组对应的意向公司进行求职应聘。

技能点拨：

1. 招聘组的招聘准备工作列表

（1）确定公司招聘岗位：确定招聘哪些网络营销岗位，列举招聘岗位的岗位职责和应聘条件。

（2）确定招聘方式：面试、笔试或技能测试。

（3）准备招聘会所需的资料：包括招聘广告、面试题目、应聘人员评价登记表等。

（4）布置面试现场。

2. 应聘组的求职准备工作列表

（1）明确求职意向：了解并筛选招聘企业和招聘职位。

（2）准备求职简历：在简历中列出个人基本资料、个人教育和工作经历、技能专长、兴趣爱好，以及对职业岗位、薪酬、发展等方面的要求等。

（3）设计面试形象：准备面试的着装、设计面试时的妆容。

（4）学习面试礼仪和技巧。

实训步骤：

（1）分组：根据上述“操作要求”，分别组建招聘组和应聘组。

（2）面试准备：招聘人员和应聘人员分别根据各自的“准备工作列表”中的指导内容，

做好模拟面试前的准备。

（3）模拟招聘面试：应聘组成员到自己有意向的公司投简历，并接受招聘人员面试，每位应聘人员至少到两家公司面试；招聘人员记录自己对求职人员的面试评价，拟订录用的名单。

（4）公布录用结果：各招聘公司向所有应聘者公布录用结果，发送“录用通知书”。

（5）总结分享：招聘组和应聘组分别派代表分享自己对本次模拟招聘面试活动的心得感受。

测一测

一、填空题

1. 网络营销产生于________世纪________年代。

2. 网络营销又称____________________或____________________，是指企业为实现经营目标，借助互联网手段开展的各种营销活动。

3. 网络营销的产生有其特定的基础，综合来看，它是由_____________、____________和_________________等因素促成的。

4. 搜索引擎优化设计的主要目标有两个：__________________、_________________。

5. 网络营销从业人员的职业岗位等级一般分为四级：_____________、_____________、_____________、____________。

二、单项选择题

1. 以下属于网络营销特征的是（　　）。

A. 跨时空性　　B. 交互性　　C. 便捷性　　D. 经济性
E. 整合性

2. 国内主流的直播平台有（　　）。

A. 优酷视频　　B. 斗鱼直播　　C. 熊猫直播　　D. 虎牙直播

3. 企业的网络营销岗位群主要分为（　　）。

A. 技术类　　B. 市场类　　C. 营销类　　D. 运营类

4. 以下不属于网络营销方式的是（　　）。

A. 博客与微博营销　　B. 软文营销　　C. 人员推销　　D. 微信营销

5. 搭建计算机网络的主要硬件设备有（　　）。

A. 计算机主机　　B. 交换机　　C. 路由器　　D. 服务器

三、判断题

1. 网络营销的重点是电子交易，电子商务的重点是营销推广。（　　）

2. 手机图片、音频、视频共享被认为是未来手机业务的重要应用。（　　）

3. 国内知名门户网站有新浪、网易、搜狐、腾讯、百度等。（　　）

4. 网络营销平台指的是企业用于推广、销售产品或服务的电子商务平台。（　　）

5. O2O 即 Online to Offline，是指在线上交易，在线下消费。（　　）

四、问答题

1. 网络营销的主要功能有哪些？
2. 网络营销平台有哪几种类型？
3. 网络营销岗位从业人员要遵守哪些职业准则？

五、案例分析题

作为中国男士护肤品牌，“欧莱雅男士”对市场的上升空间充满信心，期望进一步扩大在中国年轻男士群体的市场份额，巩固在中国男妆市场的地位。

1. 营销目标

（1）推出新品巴黎欧莱雅男士极速激活型护肤露，即欧莱雅男士 BB 霜，品牌商希望迅速占领中国男士 BB 霜市场，树立该领域的品牌地位，并希望打造成为中国年轻男性心目中人气最高的 BB 霜产品。

（2）欧莱雅男士 BB 霜目标客户定位于 18～25 岁的人群，他们是一群热爱分享、热衷于社交媒体并已有一定护肤习惯的男士群体。

2. 执行方式

面对其他男妆品牌商针对“功能性”诉求的网络传播，“欧莱雅男士”将关注点放在中国年轻男性的情感需求上，了解到年轻男士的心态在于一个“先”字，他们总想领先一步，先同龄人一步。因此，设立了“我是先型者”的创意理念。

为了打造该产品的网络知名度，“欧莱雅男”针对目标人群，同时开设了名为“@型男成长营”的微博和微信账号，开展了一轮单纯依靠社交网络和在线电子零售平台的网络营销活动。

（1）在新浪微博上引发了针对男生使用 BB 霜的接受度的讨论，发现男生与女生对于男生使用 BB 霜的接受度都大大高于人们的想象，为传播活动率先奠定了舆论基础。

（2）有了代言人“阮经天”的加入，发表属于他的先型者宣言：“我负责有型俊朗，黑管 BB 负责击退油光、毛孔、痘印，我是先型者阮经天”，号召广大网民，通过微博申请试用活动，发表属于自己的先型者宣言。微博营销产生了巨大的参与效应，更将微博参与者转化为品牌的主动传播者。

（3）在京东商城建立了欧莱雅男士 BB 霜首发专页，开展“占尽先机，万人先型”的首发抢购活动，设立了欧莱雅男士微博部部长，为 BB 霜使用者提供一对一的专属定制服务。另外，特别开通的微信专属平台，每天即时将从新品上市到使用教程、前后对比等信息通过微信推送给关注巴黎欧莱雅男士公众微信号的每位用户。

3. 营销效果

该活动通过网络营销引发了在线热潮，两个月内，在没有任何传统电视广告投放的情况下，该活动覆盖人群达到 3500 万用户，共 307 107 位用户参与互动，仅来自新浪微博的统计，微博阅读量即达到 560 万次，在整个微博试用活动中，一周内即有超过 69 136 位男性用户申请了试用，在线的预估销售库存在一周内即销售一空。

思考：

1. 在该案例中，“欧莱雅男士”运用了哪些网络营销平台开展网络营销？

2. 该案例带给你什么启示？

六、实训题

搜集企业网络营销案例

实训目的：通过本实训，了解企业应用网络营销技术和手段开展企业营销的现状，总结企业开展网络营销的经验或者启示。

操作要求：3 人一组，搜集整理企业开展网络营销的案例，制作案例分享的 PPT，并在全班进行案例分享。

技能点拨：

（1）掌握利用搜索引擎检索商务信息的方法：确立搜索关键词，筛选搜索结果。

（2）对搜寻结果进行加工整理，制作 PPT。

实训步骤：

（1）分组：根据上述“操作要求”组建多个案例搜集组。

（2）案例搜集：打开 www.baidu.com，输入搜索关键词，如“网络营销案例”“戴尔网络营销”“百雀羚营销”等，检索自己感兴趣的企业网络营销案例。

（3）制作案例分享 PPT：根据自己搜集到的案例内容，制作成 5～10 页案例分享 PPT。PPT 内容应包括封面（案例名称、组员）、目录（案例内容）、企业简介、该企业开展网络营销的历程、该企业开展网络营销的手段和方式、经验和启示等。

（4）案例分享：每组轮流上台，用 PPT 展示本组收集的企业开展网络营销的案例。

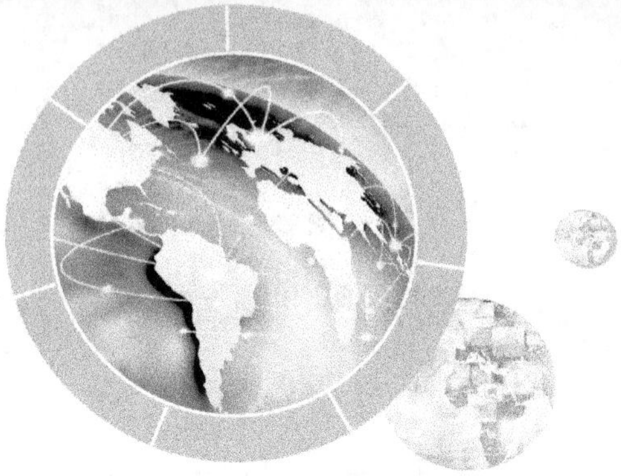

第 2 章 网络营销调研

知识要点

（1）网络营销调研的概念、特点和作用。
（2）网络营销调研的方法和策略，设计调研问卷，撰写调研报告。
（3）网络市场细分的含义、作用、标准和方法，分析客户，确定目标客户。
（4）客户关系管理的概念、作用，CRM 系统。

能力要点

（1）正确认识网络营销调研的概念，了解网络营销调研的特点和作用。
（2）懂得网络营销调研的方法和策略，学会撰写调研问卷及调研报告。
（3）能够根据网络市场细分分析和定位目标客户。
（4）认识客户关系管理的概念、作用和 CRM 系统，能初步应用 CRM 系统进行客户关系管理。

引例

某汽车公司扭亏为盈的做法

某汽车公司要重新设计它的新款汽车，它首先找的是客户，而不是自己的工程师。公司在主页设计了一个新的栏目，让客户能够在那里参与调研，并承诺，只要认真填写真实的资料，就有希望得到一份丰厚的奖品。通过这个方法，该公司得到了大量珍贵的客户需求资料。在新的汽车推出市场后，销量增长了50%。而其竞争对手在生产新款汽车时，找了一个专业设计顾问来设计，虽然这个产品获得了设计大奖，但是由于没有充分考虑到客户的需求，结果导致销量下降了50%。

2.1 网络营销调研概述

问题

你参加过网络营销调研活动吗？网络营销调研有什么作用呢？

营销调研是营销链中的一个重要环节，如果没有营销调研，就不可能把握市场。因特网作为当今信息传播媒体的主流，它的快速、高效、共享，是其他传统传播媒体所无法比拟的；它加快了世界经济结构的调整与重组，形成了数字化、网络化、智能化、专业化的经济走向；它对全球贸易环境有着重大的影响，并迅速改变了传统的市场营销方式乃至整个经济的全球面貌。

任务

认识网络营销调研，区分网络营销调研与传统营销调研的异同点。

一、认识网络营销调研

市场调研是指以正确的方法，有系统、有目的地搜集、整理和分析与市场相关的信息，特别是有关消费者的需求、购买动机和购买习惯等方面的信息，从而了解市场现状和发展趋势，有针对性地制订营销计划，以取得良好的营销效益。网络营销调研是市场调研的一种。

1. 网络营销调研的概念

基于因特网而系统地进行营销信息的搜集、整理、分析和研究，称为网络营销调研。常见的用户网络营销调研的基本手段有网络用户注册和免费服务申请表格填写等。

想一想

网络营销调研与传统营销调研有什么不同？

2. 网络营销调研与传统营销调研的异同

与传统的营销调研一样，进行网络营销调研时主要解决以下几个方面的问题：营销可行性研究、产品研究、消费者研究、市场性质变化的动态研究、广告效果研究。

从营销调研程序上来说，网络营销调研与传统的营销调研并没有本质的区别，但两者所采用的信息搜集方式有所不同，因而对营销调研设计中的部分内容，如网上调研图表的设计、发放和回收等也提出了不同的要求。

练一练

打开中国调查网（http://www.zdiao.com）首页，注册成会员后，参与某一个项目的调查，并查看调查结果，体验网络营销调研。

（1）打开中国调查网（http://www.zdiao.com）。

（2）注册会员。单击网页右上方的“免费注册”链接，进入注册页面，填写相关资料后进行会员注册。

（3）参与调查。使用注册账号和密码登录中国调查网，单击网页中的“互动调查”链接，再选择“科技财经”类的某一调查项目，选择问题答案并提交。注意在参与调查的过程中需本着真实诚恳的态度填写，如图 2-1 所示。

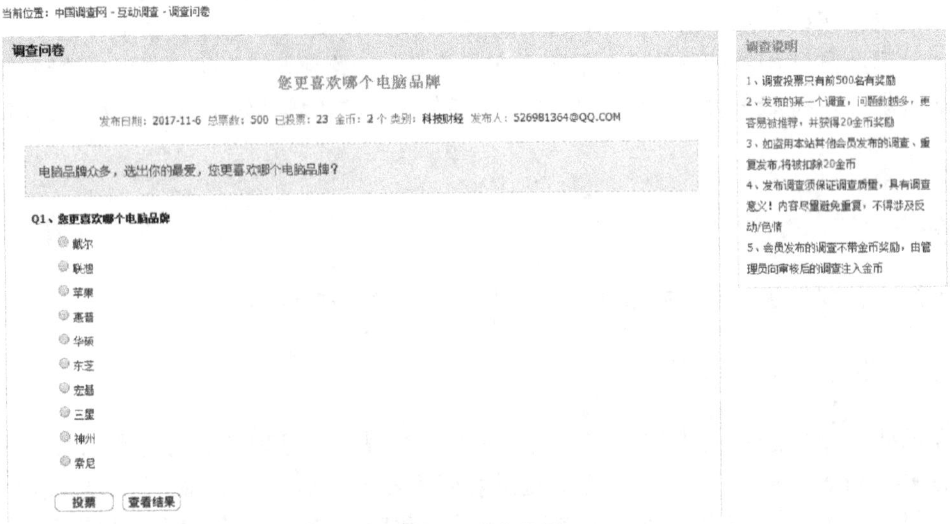

图 2-1　参与调查

（4）查看调查结果。通过查看调查结果，了解市场的消费情况及消费者的看法，明确销售情况，从而为商品在市场的销售制订良好的决策，如图 2-2 所示。

探究

网络营销调研有哪些特点？网络营销调研的优势有哪些？

二、网络营销调研的特点

网络营销调研可以充分利用因特网的开放性、随意性、公平性、广泛性和直接性等特点，开展调研工作。网络营销调研具有如下7个特点。

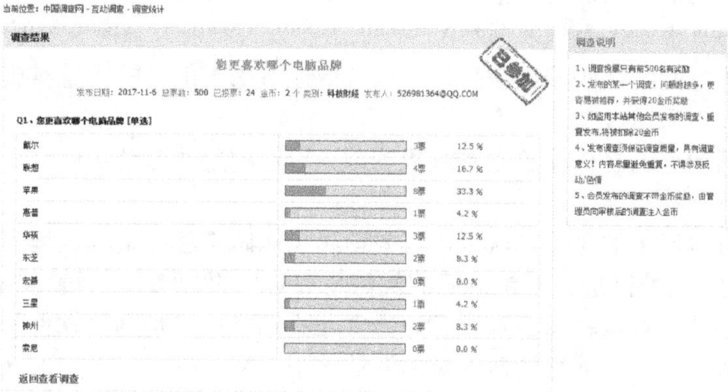

图2-2　查看调查结果

1. 网络调研信息的共享性和即时性

网络信息的传输速度非常快，能快速传递给连接上网的任何用户。网络调研一般是开放的，网民都可以参与调研，经过系统分析后，在短时间内就能得到结果，从而保证网络信息的共享性和即时性。

2. 网络调研的便捷性与经济性

网络调研可节省传统调研中所耗费的大量人力成本和物力成本。在网络上进行调研时，只需要一台能连接到因特网的计算机即可。调研者首先在相关站点上发出调研问卷，由网民填写，可省去录入成本，然后通过系统对访问者的反馈信息进行整理和分析。无须派出调研人员，也不受距离的限制，甚至连数据的录入工作都由用户代劳了。这无疑会大大减少企业的人力和物力耗费。

3. 网络调研的交互性与充分性

网络的最大优势是交互性。在进行网络调研时，被调研对象可以及时就问卷相关的问题提出自己更多的看法和建议，可减少因问卷设计不合理而导致的调研结论偏差等问题。同时，被调研者还可以自由地在网上发表自己的看法，不受时间限制。

4. 网络调研结果的客观性与可靠性

由于企业站点的访问者一般都对企业产品有一定的兴趣，所以这种基于顾客和潜在顾客的营销调研结果是客观和真实的，它在很大程度上反映了消费者的消费需求和市场发展的走向。

首先，被调研者是在完全自愿的原则下参与调研，调研的针对性更强，而且一般来说，填写者对调研内容比较感兴趣，填写的可靠性较高。

其次，网上调研可以避免传统调研中由于人为错误（如由于访问人员的原因而使访问者被错误诱导）造成调研结果的误差，被调研者可以选择相对理想的环境下接受调研，调研结果比较客观。

5. 网络调研无时空限制

因特网的特点就是不受时间和地域的制约，网络调研可以24小时全天候在任何地方进行，这与受时间制约和地域制约的传统调研方式有着很大的不同。

6. 网络调研的标准化

不少网络调研问卷都会采用一些比较专业的术语，但一般被调研者并不十分了解这些术语。网络调研问卷会附加上规范的术语解释，减少因为对术语的理解不正确或调研人员解析口径不一致而造成调研结果误差。

7. 网络调研的可检验性和可控制性

利用因特网进行网络调研搜集信息，可以有效地对采集信息的质量实施系统进行检验和控制，主要原因如下所述。

（1）网络调研问卷的复核检验由系统根据预先设定的条件自动实施，可以有效地保证对所有调研问卷进行复核检验。

（2）通过对被调研者的身份确认可以有效地防止调研信息在采集过程中的舞弊行为。

综上所述，利用因特网进行营销调研的优势是很明显的，但现在要普及还有相当的难度：一是因为企业和消费者对这种新的营销调研方式还不熟悉；二是网络软件和硬件方面的不完善使调研流程不顺畅；三是网络调研人员的专业水平有待提高。

想一想

网络营销调研有什么作用？

三、网络营销调研的作用

1. 有利于现代企业进行正确的市场定位

市场定位，是指企业根据自己的实际情况及外部环境，经过科学的决策，正确地选择自己的目标市场的过程和行为。尤其在买方市场格局下，企业能否正确地进行市场定位，具有至关重要的作用。

网络营销调研对现代企业的市场定位具有非常重要的影响。对企业外部营销环境进行分析是市场定位成功的前提，离开了网络营销调研，对现代企业外部营销环境的分析只能是一句空话。网络营销调研做得越好，越有利于现代企业进行正确的市场定位。

2. 有利于现代企业实行正确的网络营销策略

网络营销策略是现代企业为实现原来的计划，在变幻莫测的营销环境中，对网络营销中决定性的问题制订的计划。网络营销的竞争是残酷的，每个网络营销的参与者都必须有与自身相适应的营销策略，才能获得生存和发展的空间。

要正确地实行网络营销策略，就必须了解周围的营销环境和企业自身的实际条件，让企业的所有经济活动都在许可的范围内进行。因此，网络营销调研有利于现代企业实行正确的网络营销策略。

3. 有利于现代企业实行正确的产品策略和价格策略

产品策略和价格策略的实行直接关系到产品的销售情况，而产品的销售情况直接关系到现代企业的生存和发展。要实行正确的产品策略和价格策略，关键是要掌握消费者的需求和市场的供求情况。现代企业只有充分利用网络营销调研的优势，才能快速而准确地了解消费者的需求和市场的供求情况，实行正确的产品策略和价格策略。

拓展

网络营销调研的内容

网络营销调研的主要内容包括以下5个方面。

（1）市场需求调研。具体包括：市场需求量、市场规模、市场占有率，以及如何运用有效的经营策略和手段的调研。

（2）用户购买行为调研。具体包括：消费者的家庭、地区、经济等基本情况；消费者的购买动机；消费者喜欢在何时何地购买等情况的调研。

（3）网络营销因素调研。具体包括：产品、价格、分销渠道、广告策略、促销策略等因素的调研。

（4）宏观环境调研。具体包括：人口、经济、自然地理、科学技术、政治法律和社会文化等因素的调研。

（5）竞争对手调研。具体包括：竞争对手及其市场占有率情况；竞争对手在经营、产品技术等方面的特点；竞争对手的产品、新产品水平及其发展情况；竞争对手的服务水平等的调研。

2.2 网络营销调研方法和策略

问题

你知道如何进行网络营销调研吗？网络营销调研有什么方法和策略呢？

要达到网络营销调研的目的，就要吸引更多的人访问企业的网站，并使他们愿意接受网络调研，真实地反馈有关信息，网络营销调研人员必须研究调研的方法和策略，提高网络调研的质量。

网络营销调研的目的是搜索网上购物者和潜在顾客的信息，利用网络加强与消费者的沟通与理解，改善营销策略以更好地服务于顾客。为此，网络营销调研人员必须针对网络调研的特殊性来认真研究调研的方法和策略，以充分发挥网络营销调研的优势，提高网络营销调研的质量。网络营销调研的方法和策略主要包括如何识别商务网站的访问者及如何有效地在商务网站上进行营销调研。

任务

在“问卷星”网注册会员，设计一份网络营销调研问卷并发布。

一、识别访问者并激励其访问商务网站

要知道网站的访问者及访问目的，就需要搜集访问者的信息。

传统营销调研，无论是普查、重点调查，还是非随机抽样调查、随机抽样调查及固定样本持续调查，尽管调研的范围不同，但调研对象（如区域、性别、职业、年龄等）都有一定的针对性，对被调研对象的大体分类也都有一定的预期。网络营销调研则不同，它没有时空

的限制，一切都是随机的，调研人员不能预测商务网站的访问者，也不可能确定调研对象样本。即使是那些在网上购买企业产品的消费者，企业想要确切知道他们的姓名、学历、性别、生日等也是一件很困难的事情。因此，网络营销调研的关键之一是如何识别并吸引更多的访问者，使他们乐于在商务网站上进行互动交流。

1. 通过电子邮件查询访问者

电子邮件可以附有表单，访问者可以在表单上填写相关主题，并且填写附有收件人电子邮件地址的有关信息，然后反馈给企业。

通过营销调研，顾客能了解有关企业的情况。营销调研人员通过电子邮件能获得有关访问者的详细信息。如果回信的访问者人数相当多，营销人员就能通过统计，分析出销售的情况。

在因特网上，营销调研人员可以通过访问者的联系电话查询到访问者所在的区域，从而对该区域的经济状况做出估算。

2. 给予访问者奖品

如果访问者被告知有可能获得一份奖品，多数访问者会告诉营销调研人员该把奖品寄到何处、寄给何人。营销调研人员可以轻而易举地知道访问者的姓名、通信地址和电子邮件地址。它能减少因访问者担心会被骚扰而发出不准确信息的数量，从而使营销调研人员提高调研工作的效率。

二、商务网站上的营销调研

在因特网上，营销调研人员应该充分利用企业的网站来了解顾客的情况。根据商务网站的特点，调研可以采取以下方法和策略。

1. 设计科学的网络调研问卷

一份科学的网络调研问卷至少应具备两个功能：一是能将所调研的问题明确地传达给访问者；二是设法取得访问者的合作，使访问者能乐意、准确地回复。

设计一份科学的网络调研问卷，一般应遵循以下几个原则。

（1）目的性原则。询问的问题与调研主题密切相关，重点突出。

（2）可接受性原则。回复哪一项、是否回复，由被调研者自己决定，故问卷设计要容易被调研者接受。

（3）简明性原则。询问的问题要简明扼要，使被调研者易读、易懂，而且回复的内容也应简短、省时。

（4）匹配性原则。要使被调研者回复的问题便于检查，便于进行数据处理，便于进行统计和分析，提高市场调研工作的效率。

问卷星（https://www.wjx.cn）是一个专注于构建专业在线问卷调查的平台之一，为企业提供功能强大、人性化的在线设计问卷、发送问卷、自定义报告，进行调查结果分析等系列服务，如图 2-3 所示。使用该平台设计并发布问卷需注册会员并登录，或使用 QQ 登录。

操作步骤如下：

（1）进入问卷星网站（https://www.wjx.cn）。

（2）注册会员。单击网页右上方的“注册”链接，进入注册页面，填写相关资料进行会员注册。

（3）以会员身份登录网站，单击“创建问卷”链接，进入“选择创建问卷类型”页面，再单击“问卷调查”类型中的“创建”按钮，如图 2-4 和图 2-5 所示。

（4）输入调查名称，单击“立即创建”按钮，如图 2-6 所示。

图 2-3 问卷星首页

图 2-4 登录问卷星创建问卷

图 2-5 选择问卷调查类型创建问卷

图 2-6　输入调查名称创建问卷

（5）按网页提示添加问卷说明和相应题目，编辑问卷完成后单击“完成编辑”按钮保存问卷，如图 2-7 所示。

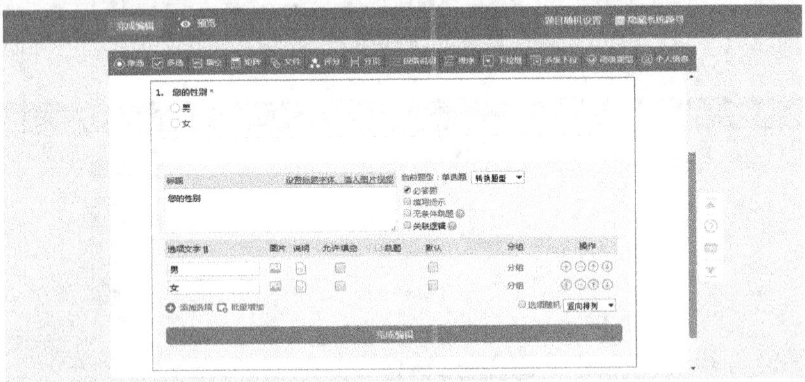

图 2-7　按网页提示添加题目

（6）单击“发布此问卷”按钮发布问卷，如图 2-8 所示。

图 2-8　发布问卷

2. 监控在线服务

商务网站的营销调研人员能利用因特网监控在线服务。营销调研人员可通过监控在线服务，了解访问者主要浏览哪类产品的主页、挑选和购买何种产品等基本情况。通过对这些数据的研究分析，营销调研人员可对顾客的地域分布、产品偏好、购买时间及行业内产品竞争态势做出初步的判断和估计。

3. 适当地更改测试内容

在因特网上，修改调研问卷内容是很方便的。因此，营销调研人员可方便地测试不同调研内容的组合。像产品的性能、款式、价格、名称和广告页等顾客比较敏感的因素，是营销调研中应重点涉及的内容。通过不同因素组合的测试，营销调研人员能分析出哪些因素对产品销售是比较重要的，哪些因素的组合对顾客是最有吸引力的。

4. 有针对性地跟踪目标顾客

营销调研人员在因特网上或通过其他途径获得顾客或潜在顾客的电子邮件地址后，就可以直接使用电子邮件向他们发出有关产品和服务的询问，并请求他们回复，也可以在电子调研表单中设置让顾客自由发表意见和建议的板块，请他们发表对企业、产品、服务等各方面的见解和期望。通过这些信息，调研人员可以把握产品的市场潮流及消费者消费心理、消费爱好、消费倾向的变化，并根据这些变化来调整企业的产品结构和市场营销策略。

5. 以产品特色、网页内容的差别化赢得访问者

如果营销调研人员跟踪到访问者浏览过其他企业的站点，或阅读过有关杂志的产品广告主页，那么应及时发送适当的信息给目标访问者，使其充分注意到本企业站点的主页，并对产品做进一步的比较和选择。

6. 传统营销调研和电子邮件相结合

营销调研人员也可以在各种传播媒体上，如报纸、电视或有关杂志上刊登相关的调研问卷，并公告企业的电子邮箱和网址，让消费者通过电子邮件回答所要调研的问题，以此搜集市场信息。采用这种方法，调研的范围比较广，同时可以减少现代企业营销调研中相应的人力和物力的消耗。

7. 通过产品的网上竞买掌握市场信息

企业推出的新产品，可以通过网上竞买，了解消费者的消费倾向和消费心理，把握市场态势，从而制定相应的市场营销策略。

练一练

为了了解营销环境，杨帆手机公司设计了如表 2-1 所示的网络调研问卷，请到问卷星网站发布该调研问卷。

表 2-1　杨帆手机公司网络调研问卷

我是：	
真实姓名：	
E-mail 地址：	
所在城市：	
工作单位：	

续表

我选：
1. 您的性别
○ 男
○ 女
2. 您的年龄
○ 18 岁以内
○ 18～30 岁
○ 30～60 岁
○ 60 岁以上
3. 移动电话拥有情况
○ 有手机
○ 没有手机
4. 您近期打算购买手机吗？
○ 不买
○ 买
○ 不确定
5. 您过去使用的手机是双模手机吗？
○ 有
○ 没有
6. 如果您再挑选手机时，会挑选双模手机吗？
○ 一定会
○ 不一定
○ 无所谓
投票　查看 说明：感谢您表达了真实的想法，您有机会获得精美礼品一份。

练一练

某出版社为调研读者对某书的销售价格和内容质量是否感兴趣，而需要进行网络营销调研，请帮助该出版社确定开展网络营销调研的步骤。

三、网络营销调研的步骤

网络营销调研与传统营销调研一样，应遵循一定的方法与步骤，以保证营销调研过程的质量。

1. 选取适合的搜索引擎

搜索引擎是能够及时帮助营销调研人员查找所需对象内容的电子指针。

在网络上进行市场调研之前要选择方便、适用的搜索引擎。搜索引擎能阅读、分析且储存从该搜索网站数据库中、网页上获得的信息，这些信息可以借助一系列的关键词和其他参数进行识别。利用搜索引擎，可以进入有关的主题搜索。每个搜索引擎都有相对的优势，选择哪个搜索引擎，要根据市场调研的对象和内容而定。主要的搜索引擎一般通过输入关键词就可以找到和企业相关的信息。

不同的搜索引擎有各自的特点，应根据企业市场调研对象和内容的不同选择搜索引擎。营销调研人员利用搜索引擎搜寻信息的两种主要途径如下。

（1）输入市场调研对象的名称，搜索引擎就会搜索到因特网上的有关信息。搜索引擎的界面上会出现一系列调研对象的主题图标和简称，营销调研人员只需单击有关图标就可进入相关主题检索。

（2）通过搜索引擎上出现界面的菜单结构一直浏览下去，就会发现有关企业的情况和营销调研人员以前不熟悉的产品介绍。

2. 确定合适的调研对象

调研对象不能只针对产品最终用户，还应考虑产品的购买者和参谋者。例如，某时尚品牌休闲女装的目标对象应当是年轻女性，但实际客户市场还应该包括她们的父亲、丈夫、男友甚至同事等。这就要求调研时要对调研市场对象进行角色细分，从而使调研结果更有针对性和客观性。

3. 调查调研对象

网络营销调研的对象主要分为企业产品的消费者、企业的竞争者和企业合作者与行业内的中立者三大类。

（1）企业产品的消费者。

消费者通过网上购物的方式来访问商务网站。营销人员可以通过某些软件在商务网站上跟踪消费者，了解他们对产品的看法及对企业的建议。

营销调研人员通过对访问商务网站的人数进行统计，分析访问者的 IP 地址分布范围和潜在消费市场的区域（一般可以通过访问者的 IP 地址得知访问者上网的大概位置），依此制定相应的网络营销策略。

（2）企业的竞争者。

营销调研人员可以登录竞争者的网站来查询面向公众的所有信息，如年终报告、年中评估、管理层个人简历、产品信息、公司计划及公开招聘人员等。通过搜集并分析这些信息，营销人员可以准确地了解竞争公司的优势和劣势，并及时调整网络营销策略。

（3）企业合作者与行业内的中立者。

要调研企业合作者与行业内中立者的原因是：企业合作者与行业内的中立者能站在第三方比较客观的立场上提供一些比较有价值的资料。

营销调研人员在营销调研过程中应兼顾到所有对象，但又必须有所侧重。特别是在市场竞争如此残酷的今天，对企业竞争者的调研显得尤为重要。企业竞争者的一举一动都应引起营销调研人员的高度重视。

4. 选取有用的信息

（1）信息搜集。

利用因特网做网络营销调研，可以同时在全球进行，搜集的方法并不复杂，只需要在网上递交或下载即可，这种调研方式与受区域限制的传统调研方式有很大的不同。

（2）信息整理。

信息整理是指对调研所获得的资料进行归类、整理，去粗取精，去伪存真，对资料进行科学加工。

（3）信息分析。

信息分析是指对经过整理的信息，运用定量、定性的方法进行分析、研究，以掌握市场动态，探索解决问题的措施和方法。

5. 撰写网络调研报告

（1）撰写网络调研报告的原因。

营销调研人员从因特网上搜集了大量的信息后，必须对这些信息进行整理和分析，写出一份科学的网络调研报告，直观地反映市场的动态，以便企业决策者针对企业的情况及时调整网络营销策略。

（2）网络调研报告的分类。

① 专门性报告，是专供网络营销调研人员和网络营销人员使用的内容详尽、具体的报告。

② 一般性报告，是专供职能部门管理者、企业决策者使用的内容简明扼要而重点突出的报告。

（3）网络调研报告的填写。

网络调研报告的填写是整个调研活动的最后阶段，也是网络营销调研成果的最终体现。网络调研报告不是信息的简单堆砌，调研人员不能把大量的信息和复杂的统计技术摆到决策者面前，而应在对所有信息进行分析的基础上，把与网络营销关键决策有关的网络调研结果写出来，提出具有建设性的建议，供决策者参考，并按网络调研报告的正规格式进行书写。

练一练

上网查阅资料，明确撰写网络调研报告的格式。

拓展

问卷设计技术

问卷设计是一项十分细致的工作，一份好的问卷应该做到：内容简明扼要，信息包含全面；问题安排合理，通俗易懂；便于对资料进行分析处理。

一份问卷通常由三部分组成：问卷前言、问卷主体和问卷结束语。

问卷前言主要是对调研目的、意义及填表要求等进行说明，包括问卷标题、调研说明及填表要求。前言部分文字须简明易懂，能激发被调研者的兴趣。

问卷主体是营销调研所要搜集的主要信息，它由若干问题及相应的选择项目组成。通过主体部分问题的设计和被调研者的答复，营销调研者可以对被调研者的个人基本情况和对某一特定事物的态度、意见倾向及行为有较充分的了解。

问卷结束语主要表示对被调研者合作的感谢，记录下调研人员姓名、调研地点和调研时间等。结束语要简短明了，有的问卷也可以省略。

2.3 分析和定位目标客户

问题

什么是目标客户？如何分析和定位目标客户？

随着我国经济市场化程度的不断加深及买方需求的多样化趋势，构成产业链的元素进一步分裂，市场细分成为21世纪中国经济成熟的标志，为满足消费者日益细化的需求而衍生出许多细分行业使单元产业的价值链条越来越长，通吃产业链的产品已经成为过去时，针对部分消费者（目标客户群体）的细分需求制定产品定位方可打造企业的核心竞争力。

任务

了解网络市场细分的含义和作用，懂得市场细分的方法，能按市场细分的标准细分市场。

一、认识网络市场细分

19世纪50年代，美国著名的市场学家温德尔·史密斯（Wendell R. Smith）提出市场细分的概念，基于市场"多元异质性"论的市场细分理论为企业选择目标市场提供了基础。

网络营销市场可以分成若干个细分市场，每个细分市场都由需求和愿望大体相同的消费者组成。在同一细分市场内部，消费者需求大致相同，不同细分市场之间则存在明显差异性。

1. 网络市场细分的含义

网络市场细分是指企业在调查研究的基础上，依据网络消费者的购买欲望、购买动机与习惯爱好的差异性，把网络营销市场划分成不同类型的群体，每个消费群体构成企业的一个细分市场。

2. 网络市场细分的作用

市场是一个综合体，是多层次、多元化的消费需求的集合体，任何企业都不可能满足所有消费者的需求。企业网络营销要取得理想的效果，就得定义自己的目标市场，为自己定义的目标市场中的客户提供服务。网络营销市场细分是企业进行网络营销的一个非常重要的战略步骤，是企业认识网络营销市场、研究网络营销市场，进而选择网络目标市场的基础和前提。具体来说，网络营销市场细分有以下几个方面的作用。

（1）有利于企业发掘和开拓新市场。

网络消费者尚未加以满足的需求，对企业而言往往是潜在的，一般不易发现。在调查基础上的市场细分，可以使企业深入了解网络市场顾客的不同需求，并根据各子市场的潜在购买数量、竞争状况及本企业实力的综合分析，发掘新的市场机会，开拓新市场。

（2）有利于制定和调整市场营销组合策略。

网络市场细分是网络营销策略运用的前提。企业在对网络营销市场细分后，细分市场的规模、特点显而易见，消费者的需求清晰明了，企业才可以针对各细分市场制定和实施网络营销组合策略，做到有的放矢。

（3）有利于集中使用企业资源，取得最佳营销效果。

不管企业在网络营销中试图开展什么工作或者最后的目标是什么，都将面对网络营销中主要的和次要的目标市场。在网络营销中，企业不仅要确定自己的目标市场在哪里，还要确定哪些是主要的，哪些是次要的，从而选择对自己最有利的目标市场，合理地使用企业有限的资源，以取得最理想的经济效益。

探究

常用的市场细分因素有哪些？小米手机模仿苹果公司的公关模式，与苹果手机进行比较，满足了消费者的比较心理，其应采用哪一种因素进行网络市场细分？

3. 网络市场细分的标准

（1）B to C 的市场细分标准。

一种产品的整体市场之所以可以细分，是由于消费者或用户的需求存在差异性。在 B to C 市场上，市场是由以满足生活消费为目的的消费者构成的，消费者的需求和购买行为等具有许多不同的特性，这些不同的需求差异性因素，便是 B to C 市场细分的基础。由于引起消费者需求差异性的因素很多，在实际操作中，企业一般综合运用有关标准来细分市场，而不单一采用某一标准。概括起来，B to C 市场细分的标准主要有 4 类，即地理因素、人口因素、心理因素、行为因素。以这些因素为标准来细分市场就会产生出地理细分、人口细分、心理细分和行为细分 4 种市场细分的基本形式。

① 按地理因素细分市场。Internet 是全球性的网络，虽然打破了常规地理区域的限制，但是不同地理区域之间的人口、文化、经济等差异将会长期存在。就目前我国区域经济的不平衡性，在上网人口的分布上明显呈现出东部沿海地区和中西部地区的不平衡性，这一特点也就构成了企业在网络市场细分过程中需要考虑的一个重要因素。

地理细分是指按照消费者所处的地理位置、自然环境来细分市场，例如，根据国家、地区、城市规模、气候、人口密度、地形地貌等方面的差异将整体市场分为不同的细分市场。

地理因素之所以作为市场细分的标准，是因为处在不同地理环境下的消费者对于同一类产品往往有不同的需求与偏好，他们对企业采取的营销策略与措施会有不同的反应。例如，在我国南方沿海一些省份，某些海产品被视为上等佳肴，而北方的许多消费者则觉得味道平常。又如，由于居住环境的差异，城市居民与农村消费者在室内装饰用品的需求上大相径庭。

地理变量易于识别，是细分市场应予以考虑的重要因素，但处于同一地理位置的消费者需求仍会有很大差异。例如，在我国的一些大城市，像北京、上海，流动人口逾百万，这些流动人口本身就构成一个很大的市场，很显然，这一市场有许多不同于常住人口市场的需求特点。所以，简单地以某一地理特征区分市场，不一定能真实地反映消费者的需求共性与差异，企业在选择目标市场时，还需结合其他细分变量予以综合考虑。

② 按人口因素细分市场。按人口统计因素，如年龄、性别、家庭规模、家庭生命周期、收入、职业、教育程度、宗教、种族、国籍等为基础细分市场。消费者需求、偏好与人口统计变量有很密切的关系，例如，只有收入水平很高的消费者才可能成为高档服装、名贵化妆品、高级珠宝等的经常买主。人口统计变量较容易衡量，有关数据也相对较容易获取，由此构成了企业经常以它作为市场细分标准的重要原因。

③ 按心理因素细分市场。根据购买者所处的社会阶层、生活方式、个性特点等心理因素细分市场称为心理细分。

④ 按行为因素细分市场。根据购买者对产品的了解程度、态度、使用情况及反应等将他们划分成不同的群体，称为行为细分。一般情况下，行为变数能更直接地反映消费者的需求差异，因而成为市场细分的最佳起点。

（2）B to B 的市场细分标准。

许多用来细分 B to C 市场的标准，同样适用于细分 B to B 市场。但由于生产者与消费者在购买动机与行为上存在差别，所以，除了运用前述 B to C 市场细分标准外，还可用其他标准来细分 B to B 市场。

① 用户规模。在 B to B 市场中，大客户数量少，但每次购买量往往很大；中小客户数量多，但每次购买量很小。用户规模不同，企业的营销组合方案也应该有所区别。网络营销中，借助顾客数据库，可以对企业的用户按照采购数量实行分类管理，制定不同的营销策略。

② 最终用户。在 B to B 市场上，依据产品的最终用户细分企业用户群，主要强调某个产品在某个行业的最终用途。不同的最终用户（或产品不同的最终用途）对同一种产品追求的利益不同。企业分析产品的最终用户，就可以针对不同用户的不同需求制定不同的营销策略。

③ 企业购买状况。根据企业购买方式来细分市场。企业购买的主要方式包括直接重复购买、重复购买及新任务购买。不同购买方式的采购程度、决策过程等不相同，因而可将整体市场细分为不同的子市场。

想一想

日本资生堂公司根据顾客的年龄、收入、购买心理对女性市场进行了细分，其采用的是哪一种市场细分方法？

4. 网络市场细分的方法

根据细分程度的不同，网络市场细分有以下 3 种方法。

（1）完全细分。

假如购买者的需求完全不同，那么每个购买者都可能是一个单独的市场，完全可以按照这个市场所包括的购买者数目进行最大限度的细分，即这个市场细分后的小市场数目也就是构成此市场的购买数目。在实际营销中，有少数产品确实具有适于按照这种方法细分的特性。但在大多数情况下，要把每个购买者都当成一个市场，并分别生产符合这些单个购买者需要的各种产品，从经济效益上看是不可取的，而且实际上也是行不通的。因此，大多数企业还是按照购买者对产品的要求或对市场营销手段的不同反应，将他们做概括性的分类。

（2）按一个影响需求的因素细分。

对某些通用性比较大，挑选性不太强的产品，往往可按其中一个影响购买者需求最强的因素进行细分，如可按收入不同划分，或按不同年龄范围划分。

（3）按两个以上影响需求的因素细分。

大多数产品的销售受购买者多种需求因素的影响，如不同年龄范围的消费者，因生理或心理的原因对许多消费品都有不同要求；同一年龄范围的消费者，因收入情况不同，也会产生需求的差异；同一年龄范围和同一收入阶层的消费者，更会因性别、居住地区及许多情况不同而有纷繁复杂、互不相同的需求。因此，大多数产品都需按照两个或两个以上的因素进行细分。

5. 网络市场细分的程序

网络市场细分作为一个过程，一般要经过一定的程序，如图 2-9 所示。

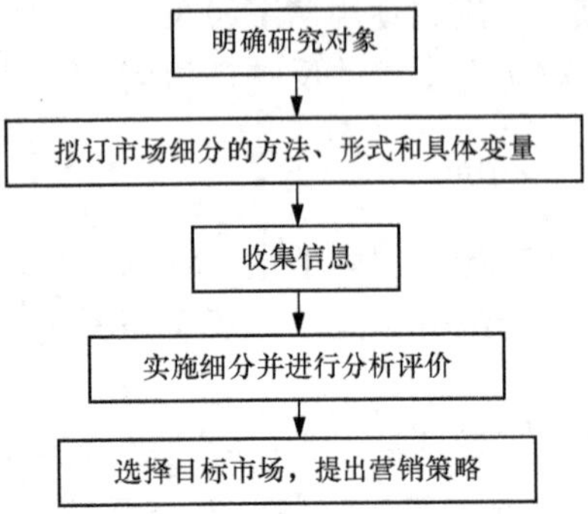

图 2-9　网络市场细分的程序

（1）明确研究对象。

企业首先要根据战略计划规定的任务、目标及选定的市场机会等，决定将要分析的产品市场，进而确定是将这一产品的整体市场还是从中划分出来的局部市场作为细分和考察的对象。

（2）拟订市场细分的方法、形式和具体变量。

企业首先根据实际需要拟订采用哪一种市场细分的方法，然后选择市场细分的形式，即决定从哪个或哪些方面对市场进行细分。最后还要确定具体的细分变量，将其作为有关的细分形式的基本分析单位。

（3）收集信息。

企业对将要细分的市场进行调查，以便取得与已选细分方法、细分形式及细分变量有关的数据和必要的资料。

（4）实施细分并进行分析评价。

企业运用科学的定性和定量方法分析数据，合并相关性高的变量，找出有明显差异的细分市场，进而对各个细分市场的规模、竞争状况及变化趋势等方面加以分析、测量和评价。

（5）选择目标市场，提出营销策略。

一个企业要根据市场细分结果来决定营销策略。这里要区分以下两种情况：

① 如果分析细分市场后，发现市场情况不理想，企业可能放弃这一市场；

② 如果市场营销机会多，需求和潜在利润满意，企业可根据细分结果提出不同的目标市场营销策略。

想一想

分析客户的目的是什么？如何分析客户？

二、分析客户

消费者是形成市场营销战略的基础，其对营销战略的反应决定企业经营的成败。有效的客户细分是深度分析客户需求、应对客户需求变化的重要手段。通过合理、系统地客户分析，企业可以了解不同的客户各有什么样的需求，分析客户消费特征与商务效益的关系，使运营策略得到最优的调整；更为重要的是可以发现潜在客户，从而进一步扩大商业规模，使企业得到快速的发展。

1. 分析客户的含义

分析客户就是根据各种关于客户的信息和数据来了解客户需要，分析客户特征，评估客户价值，从而为客户制订相应的营销策略与资源配置计划。

2. 分析客户的内容

具体来说，客户关系管理（CRM）中的客户分析可以包含以下6个方面的内容。

（1）商业行为分析。商业行为分析通过对客户的资金分布情况、流量情况、历史记录等方面的数据来分析客户的综合利用状况。主要包括：

① 产品分布情况。分析客户在不同地区、不同时段所购买的不同类型的产品数量，可以获取当前营销系统的状态，各个地区的市场状况，以及客户的运转情况。

② 消费者保持力分析。通过分析详细的交易数据，细分出那些企业希望保持的客户，并将这些客户名单发布到各个分支机构以确保这些客户能够享受到最好的服务和优惠。细分标准可以是单位时间交易次数、交易金额、结账周期等指标。

③ 消费者损失率分析。通过分析详细的交易数据来判断客户是否准备结束商业关系，或正在转向另外一个竞争者企业。其目的在于对那些已经被识别结束了交易的客户进行评价，寻找他们结束交易过程的原因。

④ 升级/交叉销售分析。对那些即将结束交易周期或有良好贷款信用的客户，或者有其他需求的客户进行分类，便于企业识别不同的目标对象。

（2）客户特征分析。

① 客户行为习惯分析。根据客户购买记录识别客户的价值，主要用于根据价值来对客户进行分类。

② 客户产品意见分析。根据不同的客户对各种产品所提出的各种意见，以及当各种新产品或服务推出时的不同态度来确定客户对新事物的接受程度。

（3）客户忠诚分析。客户忠诚是基于对企业的信任度、来往频率、服务效果、满意程度及继续接受同一企业服务可能性的综合评估值，可根据具体的指标进行量化。保持老客户要比寻求新客户更加经济，保持与客户之间的不断沟通、长期联系、维持和增强消费者的感情纽带，是企业间新的竞争手段。而且巩固这种客户忠诚度的竞争具有隐蔽性，竞争者看不到任何策略变化。

（4）客户注意力分析。

① 客户意见分析。根据客户提出的意见类型、意见产品、日期、发生和解决问题的时间、销售代表和区域等指标来识别与分析一定时期内的客户意见，并指出哪些问题能够成功解决，而哪些问题不能解决，分析其原因。

② 客户咨询分析。根据客户咨询产品、服务和受理咨询的部门，以及发生和解决咨询的时间来分析一定时期内的客户咨询活动，并跟踪这些建议的执行情况。

③ 客户接触评价。根据企业部门、产品、时间区段来评价一定时期内各个部门主动接触客户的数量，并了解客户是否在每个星期都受到多个组织单位的多种信息。

④ 客户满意度分析与评价。根据产品、区域来识别一定时期内感到满意的20%的客户和感到不满意的20%的客户，并分别描述这些客户的特征。

（5）客户营销分析。为了对潜在的趋势和销售数据模型有比较清楚的理解，需要对整个营销过程有一个全面的观察。

（6）客户收益率分析。对每个客户的成本和收益进行分析，可以判断出哪些客户能为企业带来利润。

在CRM中，企业的生产、营销、服务及市场都是围绕客户进行的。客户分析将成为成功实施CRM的关键，帮助企业最大限度地提高客户满意度，同时也能降低企业的运作成本，提高企业的运作效率。

3. 分析客户的流程

第一步：收集客户资料。

第二步：对照要素分类，将各种资料整理归纳，获得各要素准确信息。

第三步：采取适当的办法加以分析。

第四步：考虑并总结媒体切合点 。

第五步：得出客户分析结论，撰写媒体推荐或谈判要点大纲。

探究

日本资生堂公司根据客户的年龄、收入、购买心理对女性市场进行了细分后应怎样确定其目标客户？

三、确定目标客户

网络营销要如何定位目标客户？在哪里可以寻找到目标人群？如何去推广产品？只有确定好目标人群并拟订营销方案，才能按计划去执行推广。必须有产品、用户、渠道和方案，才能有效地实施网络营销。

1. 目标客户的概念

目标客户是指需要企业或商家的产品或服务，并且有购买能力的客户，是企业或商家提供产品、服务的对象。目标客户是市场营销工作的前端，销售人员只有确立了消费群体中的某类目标客户，才能展开有效且具有针对性的营销事务。

2. 确定目标客户的方法

在开展网络营销工作之前，网络推广人员首先要问问自己，企业的目标客户是谁？在思考这个问题的时候，其中包含了几个关联性极强的问题：首先要确定目标客户在哪里，客户的规模如何，年龄层次、职业分布情况怎么样，收入水平如何等多方面，这可为即将开展的网络营销指明一个方向——只有找准目标客户，才能有效地开展营销攻势，投放广告，并且客户的自身条件也非常重要，要从不同方面全方位地去了解每一位客户，这对网络营销很重要。那么网络营销人员如何选择与确定目标客户呢？主要有以下几种方法。

（1）确定客户对产品是否有使用能力。

客户对产品是否有使用能力，就是客户是否懂得正确使用产品。有的产品在使用上需要特殊技术，必须考虑目标客户是否具有使用这种产品的能力，可否施以援助服务加以解决等。如果客户实在没有使用能力，援助服务也不能解决，销售就难以达到。

（2）确定客户是否真正需要产品。

客户对产品的购买取决于客户的需求，客户对产品是否真正有需求及需求的强烈程度在很大程度上决定着销售人员销售的难易程度甚至成功与否。因此，在选择与确定目标客户时，销售人员应该学会探测客户的需求，搞清楚自己的产品是否真正适合客户的需求。

一般来说，客户会购买自己需要的产品，而不是自己想要的产品。推销过程中，客户的理性比感性更能有效促使其购买，如今理性购买已在更大范围内被公开承认。

（3）确定客户是否有接近的可能性。

如果选择的目标客户根本无法接近，那么选择就是失败的。只有客户有接近的可能性，才能有成功销售的机会。也就是说，销售人员能否接近自己所设定的目标客户，是一个值得考虑的问题。例如年轻的销售人员，以社会地位而言，确实很难接近一些大人物。遇到这种情形，销售人员就不宜亲自求见那些大人物，最好是请自己公司里地位相当的人物先去推销。总之，不能接近的对象就不能当作目标客户来看待。

（4）确定客户是否具有决定权。

对于有些客户，销售人员苦口婆心地花了很多工夫对其推销产品，但到头来却发现他“不当家”，只好以失败告终。如果客户无决定权，销售将很难成功。有决定权的客户才有希望购买产品，一个无决定权的客户，即使他再有需求，再想购买你的产品，也不可能实现交易。因此，销售人员选择目标客户时，还应了解决定权掌握在谁手上。例如，决定权若是操纵在总公司，即使离分公司再近，来往再方便，若以分公司为对象进行推销，则没有任何意义，无异于浪费时间。这时销售人员应以总公司为对象，把分公司设定为援助机构。选择目标客户时这一点必须要注意，否则就可能白费精力。

（5）确定客户是否具有支付能力。

可能人人都对私人飞机和豪华轿车、别墅有需求，但并不是每个人都能买得起飞机、豪华轿车和别墅。因此，销售人员准备向客户销售产品前，需要考虑一下客户是否具有支付能力。拜访客户前，了解客户的支付能力很关键，一方面，客户的支付能力影响着产品销售的难易程度，决定着销售成果及销售额实现的可能性，甚至可以使销售人员避免陷入可能的经济欺诈；另一方面，客户只有具备了付款能力，销售人员才能够在生意成交之后顺利收回货款。许多销售人员发生过货款难以收回的情形，这就是因为其当初未能留意到这一点。

拓展

网络目标市场定位策略

网络目标市场定位是企业对网络目标消费者或者说网络目标消费市场的选择。其具体策略主要有以下几个。

（1）针锋相对式定位策略。把企业的产品或服务定位在与竞争者相似或相近的位置上，同竞争者争夺同一细分市场的策略。

（2）填空补缺式定位策略。企业寻找市场上尚无人重视或未被竞争对手控制的位置，使自己推出的产品能适应这一潜在目标市场需要的策略。

（3）另辟蹊径式定位策略。当企业意识到自己无力与强大的竞争者相抗衡时，根据自己的条件取得相对优势，突出宣传自己与众不同的特色，在某些有价值的产品和服务上取得领先地位、避其竞争者锋芒的策略。

（4）比附定位策略。比拟名牌、攀附名牌来给自己的产品定位，以借名牌之光而使自己的品牌生辉的策略。

（5）属性定位策略。根据特定的产品属性来定位的策略。

（6）利益定位策略。根据产品所能满足的需求或所提供的利益、解决问题的程度来定位的策略。

2.4 管理目标客户关系

问题

什么是 CRM？CRM 系统的主要工作是什么？

随着经济全球化和网络时代的到来，产品同质化成为日益困扰企业经营者的大问题。许多企业开始重视产品的直接物质承担者——客户的关系管理，建立与客户之间长期的良好关系成为企业在发展的大浪潮中奋勇前进的风向标，客户关系管理也因此应运而生。

任务

认识客户关系管理，使用 CRM 系统管理客户。

一、认识客户关系管理

随着 Internet 的迅速发展，电子商务使企业竞争日趋全球化，企业对客户的争夺日趋白热化。同时，客户对产品和服务的满意程度，成为企业电子商务发展的决定性因素，客户资源已成为企业最宝贵的财富。因此，客户关系管理具有极其重要的意义，从而成为企业发展的推动力。

1. 客户关系管理的概念

客户关系管理（Customer Relationship Management，CRM）是企业树立以客户为中心的发展战略，利用信息技术和数据库技术加强与客户的交流，并在此基础上开展的包括判断、选择、争取、发展和保持客户所需要实施的全部商业过程。

想一想

客户关系管理对网络营销有哪些积极的作用？试举例说明。

2. 客户关系管理的作用

近年来，客户关系管理成为国内外企业关注的热点话题。一些大型企业已率先实施客户关系管理系统 CRM，在改善客户关系、降低成本、扩大销售、提高盈利等方面获得令人满意的效果。客户关系管理的作用主要体现在以下几个方面。

（1）改善企业与客户的关系，提高客户的满意度、忠诚度。

客户关系管理提供多种与客户相互交流的方式：电话、网络、传真等形式，保证及时、有效地为客户解决问题，且不受时间、空间的限制。同时，客户关系管理为客户提供更多的选择，多种购买方式、多种支付方式、多种咨询和服务方式。通过对客户数据信息的分析，识别客户的价值和偏好，为不同的客户提供不同的个性化服务。客户关系管理使得市场营销、销售、客户服务等部门拥有统一的、最新的客户信息，改变过去部门之间的信息矛盾、相互推诿、各自为政的现象，使各部门协调运作，为客户提供全方位、高效率的服务。一个有效的客户关系管理系统将帮助企业服务好现有的客户，挖掘潜在客户，获取最有价值的稳定的客户群体。

（2）提高效率，降低成本，实现营销、销售、服务活动的自动化。

之前，企业一直致力于企业内部经营管理的自动化。很多企业采用企业资源规划（ERP）、供应链管理（SCM），极大地提高了企业内部业务流程（如财务、制造、库存、人力资源等诸多环节）的自动化程度，使员工从日常事务中得到了解放，降低了成本，缩短了生产周期，提高了生产效率。而最后一处尚未进行自动化管理的部分就是企业与外部市场接触的前台：营销、销售、客户服务等部门。CRM 的实施将实现这些部门业务处理流程的自动化管理，实现企业范围内的信息共享，提高企业员工的工作能力，并有效减少培训需求，降低成本，使企业内部能够更高效地运转。例如，企业网页提供最新的产品系列和产品报价，有助于降低新产品的推广、促销成本；客户服务的自动化不但提高对客户要求的响应速度，也使得所耗费的服务费用（人力、物力）更低；营销的自动化，则使得客户分析、追踪调查、市场营销的成本大大降低。

（3）把握商机，开拓市场。

CRM 提供多种形式（电话、Web、E-mail、传真、信件、面对面接触）的与客户交流的渠道，增加了企业与客户的接触机会，扩大了企业的经营活动范围，使企业获得更多的商业机会，占领更多的市场份额。CRM 能促进市场营销、销售、服务等部门的业务活动自动化，使业务人员从各种烦琐的日常行政工作中解放出来，有更多的时间去关怀客户，开拓市场。

（4）分析客户信息，为经营决策服务。

在以客户为中心的管理思想下，客户资源除了带给企业销售利润外，还可通过分析购买行为、投诉行为、咨询行为等告知企业市场的发展趋势。CRM 系统通过数据挖掘、商业智能等技术对收集的客户数据进行加工、处理，提供多种分析报告，为经营决策提供依据。决策的准确性依赖于数据的全面性和数据分析的正确性。这两点要求在手工方式下要花费大量人力、物力，且耗费较长时间才能实现。而基于计算机信息技术的 CRM 系统可以较低的成本在极短的时间内轻松实现。

二、CRM 系统

在不同场合下，CRM 可能是一个管理学术语，也可能是一个软件系统。通常所指的 CRM，是指用计算机自动化分析销售、市场营销、客户服务及应用等流程的软件系统。

1. CRM 系统简介

CRM 系统起源于西方的市场营销理论，产生并发展于美国。从 20 世纪 90 年代末期开始，CRM 市场一直处于一种爆炸性增长的状态。CRM 系统为客户关系管理系统的简称，是以客户数据的管理为核心，利用现代信息技术、网络技术、电子商务、智能管理、系统集成等多种技术，记录企业在市场营销与销售过程中和客户发生的各种交互行为，以及各类有关活动的状态，提供各类数据模型，从而建立一个客户信息的收集、管理、分析、利用的系统，帮助企业实现以客户为中心的管理模式。它是实施客户关系管理必不可少的一套技术和工具集成支持平台。它基于网络、通信、计算机等信息技术，能实现不同职能部门的无缝链接，能够协助管理者更好地完成客户关系管理的两项基本任务——识别和保持有价值的客户。

2. CRM 系统的主要工作

CRM 系统的主要工作包含以下 3 个方面。

（1）帮助记录、管理所有企业与客户交易与交往的记录，并通过分析辨别哪些客户是有价值的，以及这些客户的特征等。

（2）实现自动化管理，动态地跟踪客户需求、客户状态变化及客户订单，记录客户意见。

（3）通过自动的电子渠道，如短信、邮箱、网站等承担对客户进行的某些自动化管理的任务。

3. CRM 系统的主要组成

一套完整的 CRM 系统应能实现营销、销售、服务等业务的自动化，实现客户数据共享，达到提高客户满意度、降低成本、增加收入、开拓市场、帮助企业高层进行生产、营销等决策的目的。因此，CRM 系统的主要组成部分应包括客户互动渠道管理、营销自动化管理、销售自动化管理、服务自动化管理、Web 商务、商务智能，如图 2-10 所示。

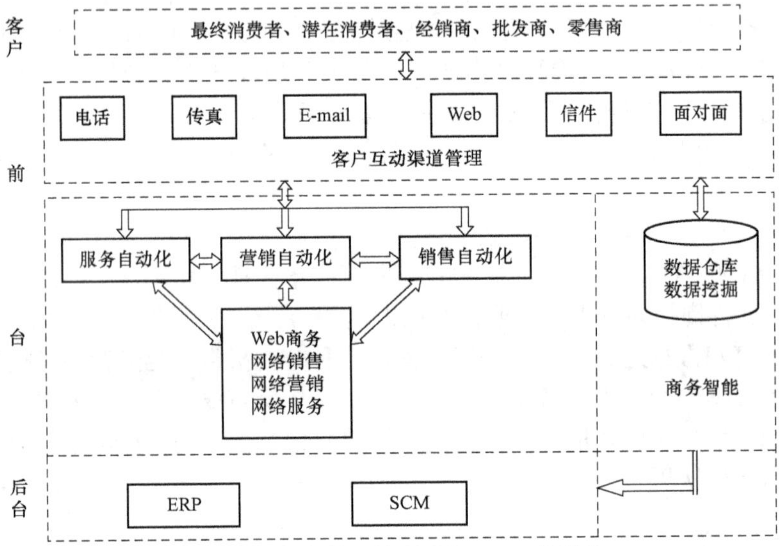

图 2-10　客户关系管理系统 CRM 的结构

4. CRM 软件简介

目前，国内外市场上 CRM 软件很多，国内外各大 CRM 厂商纷纷开展激烈的竞争，在固守自家客户群的同时，也在积极开疆破土，寻求更广阔的市场空间。常用的 CRM 软件分为单机版和网络版，主流的 CRM 软件主要有国内老牌的在线 CRM 软件 XToolsCRM、微软的 Dynamics CRM 系列软件、甲骨文的 CRM 软件、用友和金蝶的 CRM 软件等。本节技能训练内容以 XToolsCRM 网络版为例。

练一练

下载安装单机版的 CRM 软件，熟悉 CRM 软件的界面和功能。

拓展

呼叫中心在客户关系管理中的应用

呼叫中心（Call Center）在客户关系管理中占据重要的位置，这一新兴行业近几年来在欧美国家得到迅猛发展，企业声誉的提高、利润的实现及各级政府的服务基本都靠呼叫来实现。

呼叫中心使通信与计算机技术的集成，以信息技术为核心，支持多种通信手段，为各种组织和个人提供交互式服务的集成系统。

呼叫中心是建立客户关系、提供客户服务的一种基本形式。一个完整的呼叫中心系统通常由以下几部分组成：智能网络、自动呼叫分配、交互式语音应答、计算机电话综合应用、来话呼叫管理、去话呼叫管理、集成工作站、呼叫管理、呼叫计费等。其中，智能网络、自动呼叫分配、交互式语音应答、计算机电话综合应用是呼叫中心的核心。

按照企业运用呼叫中心的不同，呼叫中心可以分为两种不同类型，即自营性呼叫中心和外包型呼叫中心。自营性呼叫中心是企业自身建立起独立的呼叫中心，而外包型呼叫中心则是企业把呼叫业务外包给专业的呼叫中心服务商。

技能训练

训练 1：撰写调研问卷

实训目的：了解撰写调研问卷的要点，掌握撰写调研问卷的步骤。

操作要求：通过互联网查阅调查项目相关的资料和结论，然后撰写网络调研问卷进行调查。（调查项目自定）

技能点拨：在撰写网络调研问卷的过程中要注意合乎常理，即使参与者容易答题，又要达到调查目的及方便统计。

实训步骤：

（1）事前准备。首先明确调查目的，对原有资料、信息进行分析，设定假说。

（2）撰写网络调研问卷。决定调查项目和提问项目，设定问题项目的制作提问形式、回答形式，推敲设定问题方案的内容及对措辞用字进行检查，斟酌提问的顺序，并进行预备测试。

（3）检查网络调研问卷。完成调研问卷撰写后，根据预备测试进行修正、校对，最终形成可以投放到网站的网络调研问卷。

训练 2：使用 XToolsCRM 管理客户和联系人

实训目的：熟悉 XToolsCRM 的界面和功能模块，学会使用 XToolsCRM 管理客户和联系人。

操作要求：通过注册试用账号（企业老板账号）登录系统，完成新建客户、客户导入及联系人管理等操作。

技能点拨：在 XToolsCRM 中，客户和联系人不是一个概念，要注意区分。客户在 XToolsCRM 中一般是指企业，而企业中的业务负责人一般称为联系人。

实训步骤：

（1）事前准备。确定公司名称及公司联系人手机号码。

（2）打开 XToolsCRM 网站。http://www.xtcrm.com/demo/，观察 XToolsCRM 的界面和功能模块，如图 2-11 所示。

图 2-11　XToolsCRM 的界面和功能模块

（3）打开页面 http://www.xtools.cn/free/index.html，按系统提示注册一个试用企业账号（账号、密码及登录地址信息将以短信方式发送到手机），如图 2-12 所示。

图 2-12　试用企业账号注册页面

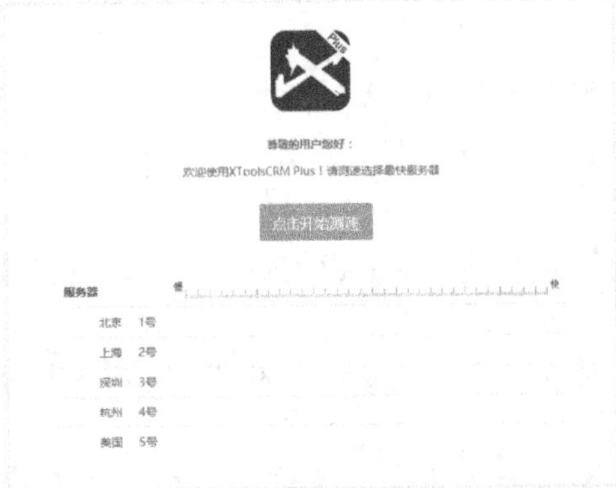

图 2-13　测试服务器速度

（4）测试服务器速度，选择最快服务器，用注册的账号登录 XToolsCRM 系统，如图 2-13 所示。

（5）进入系统后界面显示为工作台，身份显示为公司老板。单击界面左边第二个图标按钮进入 CRM 账户管理界面，如图 2-14 所示。再单击“企业 LOGO”链接，设置公司 LOGO 图标，如图 2-15 所示。企业账户管理界面显示企业 LOGO、部门和用户设置、系统日志、登录名、系统参数设置和到期时间等信息。

图 2-14　CRM 账户管理界面

图 2-15　设置企业 Logo

（6）单击界面左边第一个图标按钮进入 CRM 工作台，单击“客户”图标按钮，再单击“新建客户”按钮，出现“新建客户”栏目，按栏目要求填写客户信息，如图 2-16～图 2-18 所示。客户信息添加完成后，单击“保存”按钮。（要求至少添加 5 个客户信息。）

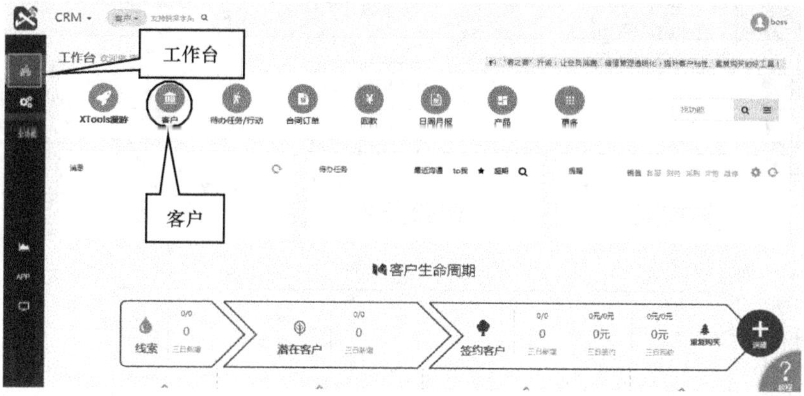

图 2-16　工作台

（7）单击界面左侧“全功能”链接或右上侧“更多”链接进入“全功能”界面，再单击“客户导入”链接进入“客户·联系人导入工具”界面，下载相应模板，按模板格式整理好客户数据和联系人数据文件，选择“新建式”导入方式，单击“选择 Excel 文件”按钮，将需要导入客户信息的文件选中，然后单击“上传按钮”批量导入客户数据和联系人数据，如图 2-19 和图 2-20 所示。

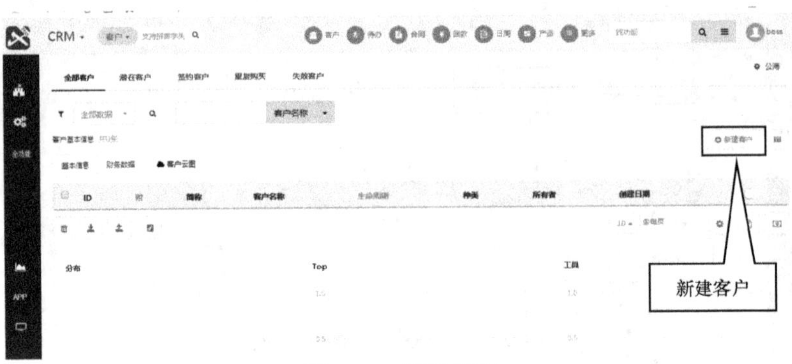

图 2-17 客户界面

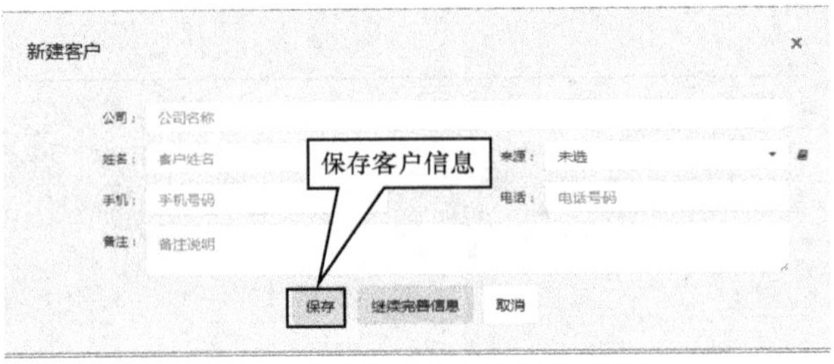

图 2-18 “新建客户”栏目填写

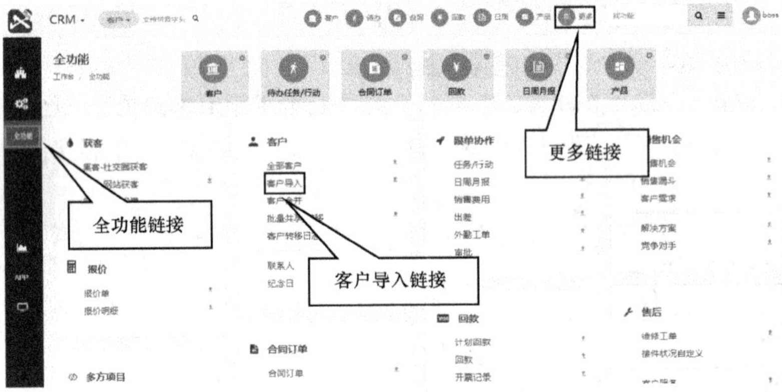

图 2-19 “全功能”界面

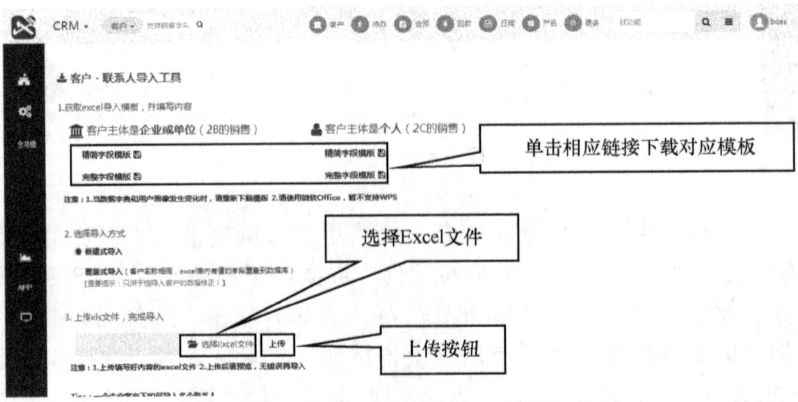

图 2-20 “客户·联系人导入工具”界面

（8）新建客户或导入客户后在客户界面会罗列客户基本信息，如图 2-21 所示。在客户基本信息界面中可输入联系人姓名查找联系人，也可单击“视图”按钮查看客户视图，单击“编辑”按钮编辑客户信息，单击“删除”按钮删除客户。

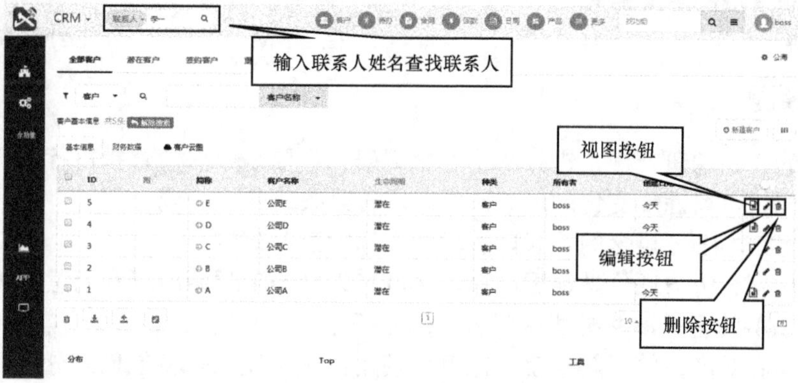

图 2-21　客户基本信息界面

测一测

一、填空题

1. 网络营销调研可以充分利用因特网的开放性、随意性、__________、广泛性和直接性等特点，开展调研工作。

2. 网络的最大优势是__________。在网络调研时，被调研对象可以及时就问卷相关的问题提出自己更多的看法和建议，可减少因问卷设计得不合理而导致调研结论出现偏差等问题。

3. 网络调研报告的填写是整个调研活动的__________阶段，是网络营销调研成果的__________体现。

4. 根据细分程度的不同，网络市场细分有 3 种方法，即__________，按一个影响需求因素细分和按两个以上需求因素细分。

5. 目标客户是指需要企业或商家的产品或服务，并且有__________的客户，是企业或商家提供产品、服务的对象。

6. 在不同场合下，CRM 可能是一个管理学术语，也可能是一个软件系统。通常所指的 CRM，是指用计算机自动化分析销售、市场营销、__________及应用等流程的软件系统。

二、单项选择题

1. 可以把基于因特网而系统地进行营销信息（　　）的过程称为网络营销调研。

A. 搜集　　B. 整理　　C. 分析　　D. 研究

2. 设计一份科学的网上调研问卷，一般应遵循（　　）。

A. 目的性原则　　B. 可接受性原则　　C. 简明性原则　　D. 匹配性原则

3. 专门性网络调研报告是专供（　　）使用的内容详尽、具体的报告。

A. 网络营销调研人员　　B. 职能部门管理者

C. 网络营销人员　　　　　　　　D. 企业决策者

4. 客户忠诚是基于对企业的（　　）及继续接受同一企业服务可能性的综合评估值。

A. 信任度　　　　B．来往频率　　　　C．服务效果　　　　D．满意程度

5. 客户关系管理的英文缩写为（　　）。

A. RCM　　　　B. CMR　　　　C. CRM　　　　D. MCR

三、判断题

1. 与传统的营销调研一样，进行网络营销调研，主要是要探索营销可行性研究、产品研究、消费者研究、市场性质变化的动态研究、广告效果研究的问题。（　　）

2. 最早提出市场细分概念的是我国著名的市场学家温德尔。（　　）

3. 客户满意度分析与评价是根据产品、区域来识别一定时期内感到满意的30%的客户和感到不满意的30%的客户，并描述这些客户的特征。（　　）

4. 根据购买者对产品的了解程度、态度、使用情况及反应等将他们划分成不同的群体，称为行为细分。（　　）

5. 一套完整的CRM系统应能实现营销、销售和服务等业务的自动化。（　　）

四、问答题

1. 网络营销调研有哪些作用？

2. 网络营销调研的方法和策略主要包括哪些？

3. 什么是网络营销市场细分？它有哪些作用？

4. 什么是客户关系管理？它有哪些作用？

五、案例分析题

小米手机的市场细分

小米手机是小米公司研发的一款高性能发烧级智能手机。小米手机坚持“为发烧而生”的设计理念，将全球顶尖的移动终端技术与元器件运用到每款新品，小米手机超高的性价比也使其每款产品都成为当年最值得期待的智能手机之一。小米手机一直采用线上销售模式。

小米手机目前已经在中国（包括大陆和港台地区）销售，有多家运营商给予支持，小米手机因其价格低廉，适合中国地区，按照地理因素对小米手机市场进行细分可以分为中国内陆市场、中国港台地区市场。而小米作为一款智能手机也可以用人口因素和行为因素做标准来进行市场细分。

（1）商务型。年龄主要集中在30～45岁的职场用户。群体特点是拥有稳定的收入，具备对各价位智能手机的购买能力。他们处于企业的中上层，日常工作繁忙，是商业社会中最重要的群体之一。首先，他们对手机通话及数据传输的连续性及质量有要求；其次，手机也承载了其大部分的重要数据，所以，对安全性、保密性要求高；最后，他们需要随时随地处理各种文件，对手机办公的依赖程度高。所以，商务型手机应该帮助用户既能实现快速而顺畅的沟通，又能高效地完成各项商务活动。

（2）娱乐型。以学生群体和年轻的上班族为主。群体特点是年龄相对于商务型用户群体年轻，经济能力较弱。他们使用手机已经不仅仅是通信，录音、照相、摄像、游戏、上网等

功能更为他们所青睐。他们推崇时尚，重视手机的娱乐性，所以对手机的要求主要是：价格合理，设计时尚，功能多样，娱乐性强。

（3）开发型。手机市场中比例较小的消费者群体，年龄主要在 20～30 岁之间，多为 IT 相关行业工作者或手机发烧友。这类消费者的特点是，对手机有极大的探索热情，会使用手机绝大部分功能，尽可能地开发自己手机的潜力，包括为开源的手机系统写软件。

思考：在该案例中，小米手机采用了什么方法进行网络市场细分？小米手机应确定的目标客户有哪些？

六、实训题

1. 进入中国调查网（http://www.zdiao.com），注册用户后登录进入会员中心，升级成为高级会员，发布技能训练 1 撰写的网络调研问卷，再参与同班同学发布的项目调查并查看调查结果。

2. 对某一个项目调查的结果（或根据自己做过的网络调查的数据）进行资料收集、整理，撰写一份简单的网络调研报告。

第 3 章 网络营销策略

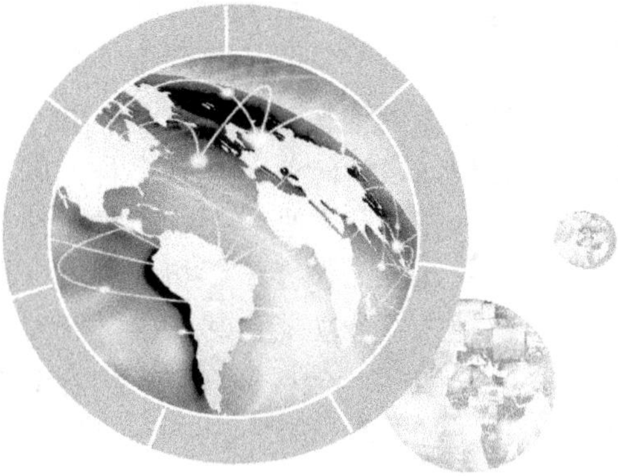

知识要点

（1）网络营销产品的概念、特点，新产品生命周期及产品组合策略。
（2）网络营销产品价格的特点、定价方法及网络营销定价策略。
（3）网络营销渠道的概念、特点、功能及网络营销渠道策略。
（4）网络营销促销的形式及 5 种策略。

能力要点

（1）在传统营销 4P 理论的基础上整合现代网络营销要素，理解网络营销四大策略的含义和作用。
（2）正确认识网络营销四大策略的内容。
（3）初步掌握产品定价方法和网络营销渠道的三大功能。

引例

芭比娃娃的产品策略

风靡全球半个多世纪的芭比可以说是全世界最受欢迎的洋娃娃之一，自 1959 年诞生至今一直魅力不减，几乎每秒钟就有 3 个芭比娃娃被售出。她的外形经历约 500 次以上的改变，还有专属的造型师和知名服装设计师为其设计造型和服饰——每年有一百多款芭比新装推出，这使得芭比始终站在潮流前端，与时俱进。这一路走来，芭比并不寂寞。根据不同国家、不同民族的生活习惯和地域文化的不同，企业又推出了黑人芭比、拉丁芭比、中国芭比等。20 世纪 80 年代，专为收藏和陈列设计的珍藏版芭比诞生，精致的容颜和服饰掀起了芭比的收藏热，她们不仅得到了小朋友的热爱，也非常受成人收藏家的欢迎。芭比娃娃已经不仅仅是一种玩具商品，而成为一种文化——为成千上万的孩子植入梦想，也是芭比一直备受欢迎的主要原因之一。

3.1 产品营销策略

问题

日常生活中各式各样的用品很多，你认为有哪些是属于“产品”的呢？

一、产品概述

随着网络技术在全球范围内的飞速发展，有越来越多的消费者选择在网上购买各种产品。一般来说，将能够在市场流通，并能满足消费者某种需求的东西称为“产品”。“产品”既包括实体形态，例如，超市中看得到、摸得着的各式商品，也包括实物形态以外的利益，如给手机充值的话费等。

任务

品牌是很多消费者在购买产品时考虑的重要因素。很多企业也已将自己的产品放在网上去销售。请列举你熟悉的网络品牌，并说说它们分别采用了什么品牌策略。

1. 网络营销产品的含义

在网络营销中，根据产品的特点，可将产品的概念分为 5 个层次，分别是核心产品、形式产品、期望产品、延伸产品和潜在产品，如图 3-1 所示。

（1）核心产品。核心产品是消费者购买的根本目的，指消费者所购买的产品中能满足他们需求的部分。例如，一般消费者购买空调是需要它的制冷、制热功能，而不是作为摆设。

（2）形式产品。形式产品是产品在市场上出现时的具体物质形态，包括产品的质量水平、特色、款式、商标、品牌和包装等。

（3）期望产品。消费者在购买产品前，通常会对所购商品的质量、使用方便程度、特点等方面有一个期望值，这种期望值可称为期望产品。例如，旅客在出行时期望安全、舒适地到达目的地的交通服务，这是汽车、火车、飞机等大多数出行方式都能满足的一般期望。因

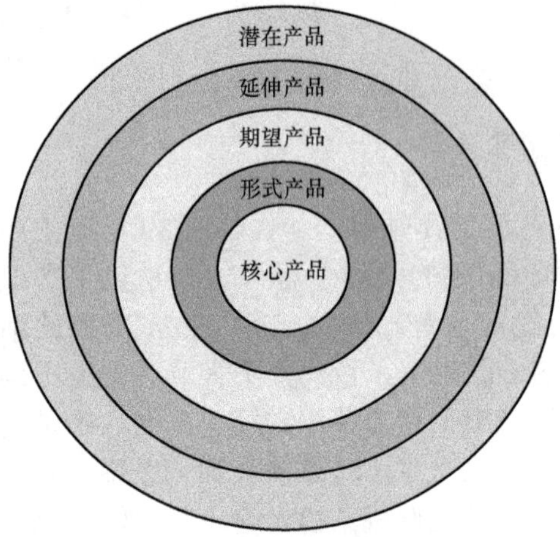

图 3-1 网络营销产品的层次

此旅客在选择出行方式时，通常不是选择哪种出行方式能提供所期望的产品，而是根据方便、快捷、价格等因素而定。

（4）延伸产品。延伸产品是指由产品的生产者或经营者提供的消费者有需求但又超出消费者预期的益处，如售后服务等。

（5）潜在产品。潜在产品是指消费者由于购买某产品或服务而获得的远期利益或服务，是产品的增值和优惠。

值得注意的是，延伸产品和潜在产品的区别是，缺少延伸产品将影响消费者所购产品的核心利益，而没有潜在产品则不会对消费者的核心利益造成影响。例如，人们进行定期储蓄活动时，并未能得到即时实现的利益，而是一种承诺，即未来可以收取的利息收益。

练一练

打开任一购物网站选择一款你喜欢的产品，并说一说这款产品的各个层次分别是什么。

想一想

在日常的购物活动中，影响你选择网络产品的原因是什么？请举例说明。

2. 网络营销产品的分类与选择

（1）网络营销产品的分类。

网络营销产品可以根据产品形态等因素分成多个类别，具体分类如表 3-1 所示。

表 3–1 网络营销产品的分类

按产品形态分	按产品种类分	按产品品类分
实体产品	普通产品	一般为有形产品，如计算机、服装、家电等
无形产品	数字化产品	计算机软件、手机软件、网络游戏、视听产品、电子书籍、新闻信息
	服务	普通服务，如远程医疗、法律援助、航空订票、预定服务、饭店旅游服务预约、网络交友等
		信息咨询服务，如市场调查、投资咨询、法律咨询、医药咨询、金融咨询、资料库检索等
		网络营销服务，如网站建设、维护和推广服务，搜索引擎，电子信箱和网上商店平台

（2）影响网络营销产品选择的因素包括产品性质、产品式样、产品包装、产品质量、产品品牌、产品市场定位、产品价格等，这些因素同样影响顾客在购买网络商品时的选择。如图 3-2 所示，销售量最高的“服装家居饰品”类商品，性质上属于便于运输的类型，价格上

网络销售会比实体店销售更有优势，是非常适合开展网络营销的产品；而销售量最低的“鲜花蛋糕等节日礼品”类，由于商品本身具有时效性的特质，并不利于运输存储，进而影响其网络营销的开展。

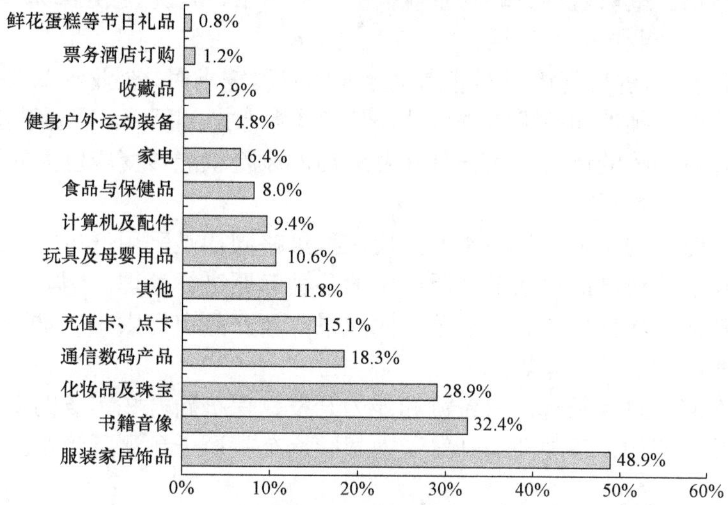

图 3-2 网民购买商品种类的排名

二、产品生命周期

产品生命周期是指某产品从进入市场到被淘汰出市场的全部运动过程，如图 3-3 所示。

一种产品进入市场后，它的销量和利润都会随着时间的变化而变化。

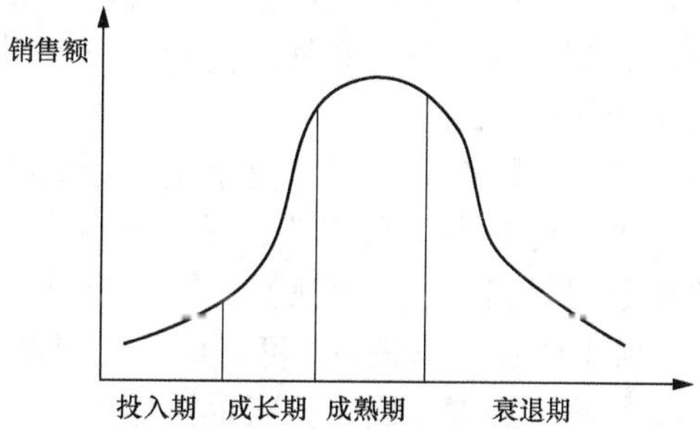

图 3-3 产品生命周期

由研发开始，产品进入投入期。这一阶段产品刚刚进入市场，消费者也刚刚开始接触产品，虽然销量和利润都开始增加，但由于企业仍需投入开发市场（如广告费等）和改进产品的成本，因而会影响销量和利润的增长速度。

在产品成长期，市场和消费者开始逐渐接受该产品，企业也不再需要大量投入研发、广告和营销方面的费用，因此销量和利润在成长期增加最快。

待市场和消费者完全接受该产品后，它就进入了成熟期，销量和利润都趋于稳定。

当产品开始不适应市场、消费者开始减少购买量的时候，这个产品就进入了衰退期。随着销量的逐渐下降，它将慢慢退出市场，整个生命周期结束。

三、产品策略

1. 新产品开发策略

网络为新产品提供了一个平台，让它们能够以更快的速度被开发出来。新产品可分为全新产品、换代新产品、改进新产品、仿制新产品和重新定位产品 5 种。

如何将新产品的构思和当前的产品组合策略联系起来呢？新产品策略可以有不同的划分

标准和定义方法，从经营的角度划分，常见的新产品策略可以分为以下 5 种。

（1）防卫型策略。防卫型策略就是企业维持基本经营状况，同时加强现有产品组合的策略。该策略可以降低新产品开发可能引起的生产成本上涨的风险。

（2）进攻型策略。采取这种策略的企业需要主动出击，抢先投放市场，争取尽可能多的市场份额，从而实现企业更快的发展。

（3）风险型策略。当进攻型策略不能满足企业的发展需求时，企业可以选择风险型策略。这种策略强调产品的新颖性和技术的进步性，但在技术上投入巨大，需要雄厚的资金支持，同时企业还要承担开发失败的风险。而一旦开发成功，风险就能转变成巨大的盈利机会，可以让企业迅速成长。

（4）反应型策略。与防卫型策略类似，反应型策略同样是采用低风险的经营方式，区别在于，反应型策略需要对产品投放前期所产生的各种问题进行处理。例如，是否对现有产品或市场投入更多资源；如何保护新产品改革的成果；新产品市场太小，难以盈利；模仿者挤占市场；其他新产品的出现，等等。

（5）预测型策略。目标长远，有资源和能力开发、保护新开拓市场的企业可以采取预测型策略开发新产品。例如，谷歌公司开发无人驾驶汽车就属于预测型策略。

2. 品牌策略

品牌包括名称、标识（商标）和其他识别信息。品牌策略主要是指企业如何合理、有效地使用品牌，以达到一定的经营目标。通常有以下几方面。

（1）有无品牌策略。是否选择使用品牌进行营销。

（2）品牌归属策略。是指在整个供应链当中，谁来负责品牌的经营。一般可分为制造商品牌、中间商品牌和许可使用品牌。例如：伊利牛奶、旺旺雪饼等就是属于制造商品牌；屈臣氏蒸馏水属于中间商品牌；而许可使用品牌又称为品牌授权，麦当劳等连锁企业的加盟店就属于这种形式。

（3）品牌统分策略。是确定企业的产品使用一个品牌，还是按品种、类别分别采用不同的品牌。可分为 4 种策略：统一品牌、个别品牌、分类品牌和统一品牌加个别品牌。例如，苹果公司就属于统一品牌策略；而宝洁公司旗下有多个洗发水品牌，如飘柔、潘婷、海飞丝等，属于个别品牌策略；可口可乐公司在可乐和果汁两个产品上分别采用“可口可乐”和“美汁源”两个品牌，属于分类品牌策略。

（4）品牌延伸策略。是利用成功的品牌声誉和潜在价值来推出新产品和新的产品系列，例如，“迪士尼”从卡通电影制作延伸到游乐园、服装、玩具等。

探究

什么是产品组合？如何利用产品组合开展营销策略？

3. 产品组合策略

产品组合一般是从产品组合的宽度、长度、深度和相关性等方面做出决策。其中，宽度是指企业生产经营的产品大类数量，即产品线的数量，如表 3-2 所示，该企业的产品组合宽度为 4。产品组合的长度是指企业产品线中产品项目的总和，如表 3-2 所示，该企业的产品组合长度为 18。产品组合的深度是指产品线中每种产品所提供的花色、口味、规格等的数量。例如，某品牌的糖果有 2 种规格、4 种口味，那么这种产品的深度就是 2×4＝8。

表 3-2　产品组合

服装	鞋类	帽子	针织品
男西装 女时装 男衬衣 女衬衣 风雨衣 儿童服饰	童鞋 高跟鞋 皮鞋 运动鞋	鸭舌帽 礼帽 女帽 童帽 制服帽	女上衣 男上衣 袜子

（1）扩大产品组合策略。扩大产品组合策略是指通过增加产品系列或项目，扩大经营范围，以达到扩展产品组合的广度和深度，满足市场需求的目的。例如，在表 3-2 中，原本经营服装的企业可以拓展业务，开发生产帽子和鞋类的生产线。这种策略可以降低企业的经营风险。

（2）缩减产品组合策略。缩减产品组合策略是指减少一些产品系列或项目，以一个系列的产品或少数产品项目的经营为主，通过降低产品组合的广度和深度，提高专业化水平，从而获得较多的利润。例如，在表 3-2 中，原本经营男西装、皮鞋和男上衣的企业可缩减业务，专注生产男西装。

（3）产品延伸策略。产品延伸策略是指改变企业原有产品的市场定位，分别有向上延伸、向下延伸和双向延伸 3 种方式。向上延伸是指企业在经营原有产品的基础上，向该产品的上游原材料方向拓展生产，例如，原本生产布匹的企业开展纺织棉纱的生产；向下延伸是指企业向原有产品下游方向拓展生产，例如，生产布匹的企业拓展服装生产等；双向延伸则是指企业同时向上、下游拓展产品线。

拓展

提升网络品牌的基本方法

网络品牌是企业的无形资产，通常包括两方面的含义：一是企业通过互联网创立的品牌；二是企业利用互联网影响线下品牌。网络的特点使得企业能够将产品的各个细节展露无遗，但品牌价值的提升并不是越多越好，也不是越宽越好，而是需要有针对性地展现产品的特点，使产品在最短的时间内被目标客户接受。

搜索引擎营销被认为是提升企业品牌的有效手段。利用搜索引擎提升网络品牌的基本方法包括：尽可能增加企业网站被搜索引擎收录的数量；通过优化网站设计提高品牌网页在搜索结果中的效果，包括排名，以获得比竞争对手更有利的地位；利用关键词竞价广告提高网站搜索引擎可见度；利用搜索引擎固定位置排名方式进行品牌宣传；多品牌、多产品系列的分散化网络品牌策略等。这些方法实质上都是为了增加网站在搜索引擎的可见度，因此如何提高网站搜索引擎可见度成为搜索引擎提升网络品牌的必由之路。

3.2　定价策略

问题

网络定价有什么特点？与传统定价相比，网络定价有哪些优势？

任务

选取一种网络产品，对比这款产品在各大网站上的价格，分析一下这款产品采用了哪种定价方式。

互联网的应用使传统的价格机制出现了新的变化，例如，按次付费使用、每月固定花费、网络折扣、附加服务等。

一、网络定价的特点

1. 全球化

网络营销使市场实现了全球化，顾客通过网站购物不再受时间和地域的限制，从而使区域性的价格优势逐渐减少。同时，企业不能忽略全球化市场中仍存在的差异性因素，如文化、环境、经济等，不能只以单一的市场策略来应对。

2. 低价化

在网络营销中，大部分企业处于发展起步阶段，所以首要目标是占领及拓展市场，其次才是追求利润。因此，低价化甚至免费定价是越来越多企业开展网络营销业务的选择。

3. 价格透明度增加

在网络中，顾客可以通过比较价格来选择最便宜的产品，价格歧视很容易被顾客发现并拒绝购买。而事实上，顾客在做最终购买决定时，除了价格因素往往还会考虑其他因素，如品牌、服务等。

4. 顾客主导定价

互联网的出现可以使顾客充分地利用市场信息，以最少的代价来获取自己所需的产品和服务，从而做到顾客价值最大化，以最小的成本获得最大的收益。常见的以顾客为主导的定价方式有定制定价、拍卖定价等。

探究

商品价格是如何确定的？常见的定价方法有哪些？

二、定价方法

影响定价的因素很多，如图3-4所示。这里主要讨论需求和竞争这两个影响较大的因素。

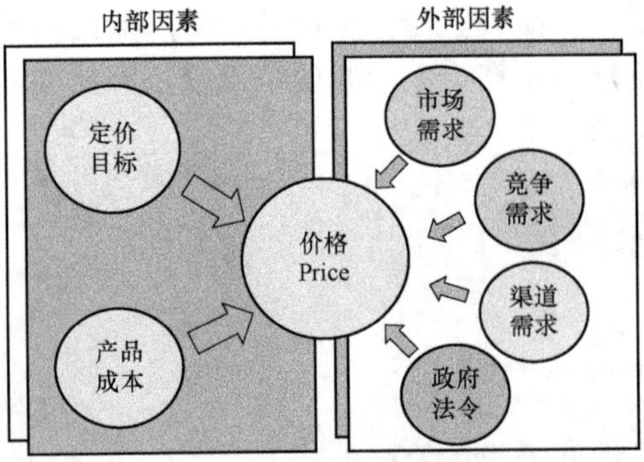

图3-4　影响定价的因素

1. 需求导向定价法

需求导向定价法又称顾客导向定价法，是指企业结合市场需求和消费者对产品的反应来确定产品价格的一种定价方式。以美国雪糕品牌哈根达斯为例，在美国，一盒小纸杯装的雪糕售价是2.99美元，在中国却卖出了88元人民币的高价。即使明知价格相差悬殊，国内仍有很多哈根达斯的粉丝愿意追捧购买。这是因为哈根达斯这个品牌在中国具有强大的影响力，其产品定位高端，面向高端消费者，满足了追求“小资”生活消费者的需求。这是典型的需求导向定价。

2. 竞争导向定价法

竞争导向定价法是指企业的定价主要以竞争性产品的价格而不是以成本或需求为基准的一种定价方式——可相同，可高，也可低。例如，三星公司一向视苹果公司为其手机产品的最大竞争对手，所以两家公司的旗舰产品无论从外观、性能还是市场定位上都有很多相似之处，产品的定价也是不相上下。

想一想

如果当当网将一本教材以不同的价格销售给教师和学生，你认为这种定价方式有哪些优缺点？

三、定价策略

1. 固定价

固定价是指由销售者用统一的价格将商品销售给每位消费者，消费者对价格只能被动接受。价格导向定价、促销定价和免费定价都属于固定价策略。

（1）价格导向定价。价格导向定价也称低价策略，是指企业用低价迅速占领市场，同时企业所制定的价格成为同行的风向标。采用这种策略需要企业将生产成本降到最低，因此一般适用于规模较大的企业。

（2）促销定价。促销定价是指企业通过调整产品价格配合促销活动，从而达到开拓新客户、维系旧客户、完成销售指标等目的。例如，在京东购物满 99 元就可以获得免运费服务。

（3）免费定价。免费定价策略在数字类、服务类产品上的应用较为广泛。企业虽然对产品实行免费策略，但可以通过增值服务、广告费等获得收益。

2. 动态定价

动态定价又称差别定价，是指企业针对不同的消费者采取不同的价格。动态定价可以分为差异定价和谈判定价两种。

（1）差异定价。差异定价是指针对某一客户群，通过互联网收集有关订单、交货时间、供求关系等因素的相关信息进行定价的方式。例如，天猫商城对客户实行会员制，不同等级的会员在购物时享有不同的折扣优惠。会员根据分值（淘气值）来划分，分值的计算涉及该会员在电子商务平台的消费金额、次数、信用度等。

（2）谈判定价。在我国，讨价还价是很正常的事情。谈判定价实际上就是商家与消费者通过讨价还价确定价格的定价方式。

拓展

商品运费的设置方式

消费者在购物时除了关注商品价格外，还会关注到另一项费用——运费。运费相对产品本身的价格来说虽然不多，但却对企业的盈利能力具有重要的影响作用。一般情况下，当订单中商品的数量（或利润）达到一定数量时，商家都会给予免运费的优惠，但如果没有对免运费的标准做出恰当的设定，可能会造成潜在利润的下降。针对不同的细分市场采取差异化的运费是比较常见的运费设置方式。例如，京东、天猫、苏宁等网商都对“一般商品”和“生鲜食品”采取不同的运费策略，这是由于生鲜食品的存储和运输都比一般商品需要花费更大的成本，如果也采取一般商品的运费策略将会降低企业的利润。除此之外，对运费的处理还有一项创新的方式——以忠诚度换取免费的快递服务。例如，京东普通会员可以享受订单满 79 元免运费的服务，而 plus 会员则可以享受每月 5 次、每年 60 张免费券的免费快递服务。

3.3 网络营销渠道策略

问题

网络营销渠道是什么？在日常网购中能接触到网络营销渠道吗？

任务

对比天猫和京东的网络营销渠道，说说它们有什么不同。

网络营销渠道的开拓对企业生存来说具有战略性的价值和地位，它使信息沟通由单向变为双向，增强了生产者与消费者的直接联系。

想一想

在进行网上购物时，商品是如何到达消费者手中的？

一、网络营销渠道概述

所谓网络营销渠道，是指如何将产品传递到消费者手中的过程，涉及信息沟通、资金转移和事务转移等。

二、网络营销渠道的功能

与传统营销渠道一样，以互联网为基础的网络营销渠道也应具备传统营销渠道的功能。一个完善的网上销售渠道应有的三大功能包括：订货功能、结算功能和物流配送功能。

1. 订货功能

网络营销的订货系统为消费者提供产品信息，同时也为厂家获取消费者的需求信息，以达到供求平衡。一个完善的订货系统，可以最大限度地降低库存，减少销售费用。

2. 结算功能

目前，国内网商一般提供多种结算方式以方便消费者购买商品。包括网络汇款、信用卡、电子货币、货到付款等。同时，几大电商平台也在推广自己的支付平台，如支付宝、微信支付等。

3. 物流配送功能

物流配送功能指的是产品的运输、储存和收集等工作。

探究

网络直接营销渠道与传统营销渠道相比有什么优势?

三、网络营销渠道的策略

网络营销渠道类型可以分为网络直接营销渠道、网络间接营销渠道和双渠道 3 种。

1. 网络直接营销渠道

网络直接营销又称网络直销，是指企业直接在网上进行产品的推广销售，如图 3-5 所示。在这种类型的营销渠道中，企业一般建有自己独立的具有交易功能的网站，通过该网站的网上交易系统进行产品的销售工作，如苏宁、1 号店、京东商城等。

网络直接营销渠道与传统营销渠道相比优势非常明显，具体表现在以下几方面。

首先，网络使信息的沟通由单向变成双向，增强了生产者与消费者的直接联系。企业在互联网上直接发布有关产品的价格、性能、使用方法等信息的同时，消费者也可以通过互联网直接访问了解产品信息再做出购买决策。

其次，网上直销可以为买卖双方提供更加便捷的销售服务。消费者可以直接在网上下订单和支付订单，然后等待送货上门的服务即可。企业也可通过网络为消费者提供咨询、售后客户服务。

最后，网络营销渠道还可以大大减少传统分销渠道中的流通环节，有效降低成本；生产者可以根据消费者的订单按需生产，实现零库存管理。

2. 网络间接营销渠道

间接营销渠道即网络中介交易，是指企业通过信息中介商或者商务中心来与消费者沟通的一种渠道模式，例如，淘宝上的各大品牌旗舰店。这种模式具有节约网络交易的成本，提高网络市场扩展能力、有利于平均订货量的规模化、促使网络交易活动常规、便于买卖双方信息收集等优点，在未来网络市场中网络中介机构的作用将是其他机构所不能代替的。间接营销渠道又可以分为短渠道模式和长渠道模式，如图 3-5 所示。

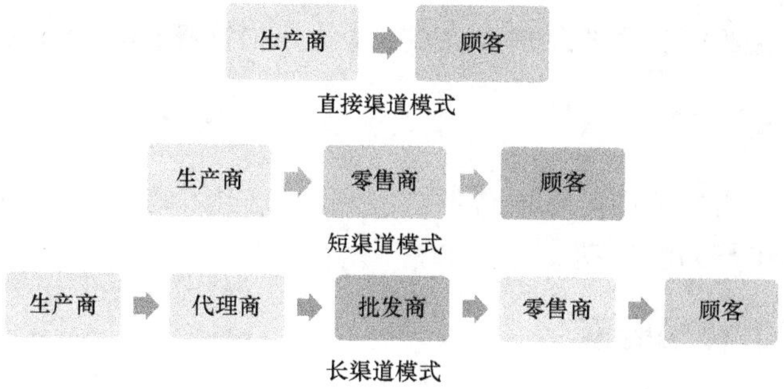

图 3-5 渠道模式

3. 双渠道

双渠道是指企业同时使用网络直接营销渠道和网络间接营销渠道。

拓展

多渠道营销

多渠道营销是指使用一种以上的销售渠道开展业务，例如，网络渠道、实体渠道、电视购物等。越来越多使用实体渠道的企业开始发展网上业务，开设网上商城或网店，在网上销售商品，它们采取的就是多渠道营销策略。

相应地，消费者利用多种渠道接受购物信息并进行购买行为，称为全渠道购物。例如，消费者先去实体店试用商品或体验服务，然后通过网络渠道下订单并支付，最后到实体店自提或等待送货上门。全渠道购物对消费者来说优势明显，例如，可以减少纯网络渠道购物所承担的风险和成本（放弃购物车的原因如图3-6所示），享受比实体渠道购物更便捷的服务（如网络支付、送货上门等）等。根据调查显示，使用全渠道购物的消费者购物次数会有所增多，花费较多，对企业的忠诚度也会相应增加。

图3-6　放弃购物车的原因

3.4　网络促销策略

问题

什么是网络促销？在日常网购中可能会遇到哪些网络促销策略？

任务

某服装品牌准备在春节前夕开展网上促销，请为他们选择合适的促销策略，并说明原因。

一、网络促销的概念

网络促销是指如何将有关商品和服务的信息利用现代的网络技术手段向网络市场和现实市场传递，以引发购买行为的活动。

二、网络促销的核心要素

促销是营销组合中的一个重要组成部分，主要作用是向目标市场传递产品或服务的信息。如表3-3所示，影响促销的因素非常多，这些因素通过影响促销，以各种各样的方式向消费者传递产品的优点信息，消费者通过这些信息来做决策。互联网的发展为促销提供了一个新的渠道，通过这个渠道企业可以更好地将产品或服务的信息传递出去。

表 3-3 促销矩阵的主要要素

沟通工具	在线实现	沟通工具	在线实现
广告	互动展示广告、点击付费搜索广告	直接邮寄	使用电子通信来发送电子邮件
销售	虚拟销售人员、网站推销、聊天和联盟营销	展览	虚拟展览和白皮书渠道
销售促销	刺激，如优惠券、奖励、在线忠诚度计划	推销	零售网站上的促销广告、个性化推荐和电子警报
公共关系	在线编辑、博客、提要、电子通信、时事通信、社交网络、链接和病毒式宣传	包装	虚拟旅行，实际包装进行在线展示
赞助	对在线新闻、网站或服务进行赞助	口碑	虚拟、联盟营销、给朋友发送电子邮件、链接

想一想

你知道哪些常见的网络促销方式？请举例说明。

三、网络促销策略

1. 网上折扣促销策略

网上折扣促销策略是指商家对商品价格做出一定的让步，是目前网上常用的一种促销方式。由于网售商品有成本、渠道等方面的优势，因此网上商品的价格可以给予消费者比传统方式销售更大的折扣优惠，“低价”成为很多消费者选择网购的原因。

目前大部分网上销售商品都有不同程度的价格折扣，如淘宝网、当当书店等。

折扣券是直接价格折扣的一种变化形式，商家通过折扣券的形式促使消费者一次性购买多种促销商品。

变相折价促销是指在不提高或稍微增加价格的前提下，提高产品或服务的品质数量，较大幅度地增加产品或服务的附加值，让消费者感到物有所值。由于网上直接价格折扣容易造成降低了品质的怀疑，而利用增加商品附加值的促销方法会更容易获得消费者的信任，如提供延保服务等。

2. 网上赠品促销策略

赠品促销策略是指免费或低价地向消费者提供某商品，以刺激他们购买特定产品的策略。赠品促销目前在网上的应用不算太多，一般情况下，在新产品推出试用、产品更新、对抗竞争品牌、开辟新市场的情况下利用赠品促销可以达到比较好的促销效果。

3. 网上抽奖促销策略

网上抽奖促销策略是目前网上应用较广泛的促销形式之一，可以结合多种促销渠道和手法达到不同的营销效果，如利用微博、公众号转发抽奖扩大宣传效果等。

网上抽奖促销活动应注意以下几点。

（1）奖品要有诱惑力，可考虑大额超值的产品吸引人们参加。

（2）活动参加方式要简单化，因为目前上网费偏高，网络速度不够快，以及浏览者兴趣不同等原因，策划网上抽奖活动时要有趣味性和容易参加。太过复杂和难度太大的活动较难吸引匆匆的访客。

（3）抽奖结果的公正、公平性，由于网络的虚拟性和参加者的广泛地域性，对抽奖结果的真实性要有一定的保证，应该及时请公证人员进行全程公证，并及时通过 E-mail、公告等形式向参加者通告活动进度和结果。

4. 积分促销策略

积分促销策略是指商家为了维系客户所给予的一定积分奖励，当分值累计达到一定数额时，可以换取一些奖品或抵扣部分消费金额的营销方式。现在不少电子商务网站“发行”的“虚拟货币”是积分促销的一种体现，如淘宝商城的“淘金币”、京东商城的“京豆”等。网站通过举办活动来使会员“挣钱”，同时可以用仅能在网站使用的“虚拟货币”来购买本站的商品，实际上是给会员购买者相应的优惠。

5. 网上联合促销策略

网上联合促销策略是指两个或两个以上的商家为了彼此的利益，整合优势资源，合作开展营销活动以创造竞争优势的营销策略。如网络公司可以和传统商家联合，以提供在网络上无法实现的服务；网上销售汽车和润滑油公司联合等。

以上 5 种网络促销策略是网上促销活动中比较常见又较重要的方式，其他如节假日的促销、事件促销等都可从以上几种促销方式中综合应用。

拓展

免费试用

免费试用是很多数字商品及部分有形产品的商家喜欢采用的一种促销方式。许多软件开发商让消费者下载全功能版的演示软件，但是演示版 30～60 天到期。到期以后，用户可以选择付费购买或从系统中卸载试用版。网络音乐出版商允许用户试听音乐片段，然后决定是否购买付费下载音乐或订购 CD 唱片。网络调研机构也允许企业浏览调研报告片段，然后再决定是否购买报告的完整版。很多视频网站也会结合其他的促销活动送出自己的免费会员试用。

与数字产品不同的是，试用有形产品的消费者一般能够完整无限制地使用这些产品，而提供有形产品免费试用的商家往往要求消费者使用后在各大网站或社交媒体上发表自己的试用心得，以便配合商家的后续宣传展开病毒性营销。

技能训练

训练 1：网络营销产品

实训目的：了解网络营销产品的含义。

操作要求：春节快要到了，家人辛苦工作了一年，想在除夕夜请一位厨师上门做年夜饭，请在淘宝网上购买此服务。

技能点拨：目前，在淘宝网上服务类的产品相对较少，需要耐心选取关键字进行搜索。

实训步骤：

（1）在浏览器中输入 www.taobao.com，登录淘宝网首页，如图 3-7 所示。

（2）如图 3-8 所示，在搜索栏输入关键字“厨师上门 年夜饭”进行搜索。

（3）在搜索结果页选择合适的商品（如图 3-9 所示），单击打开详情页。

图 3-7 淘宝网首页

图 3-8 搜索关键字

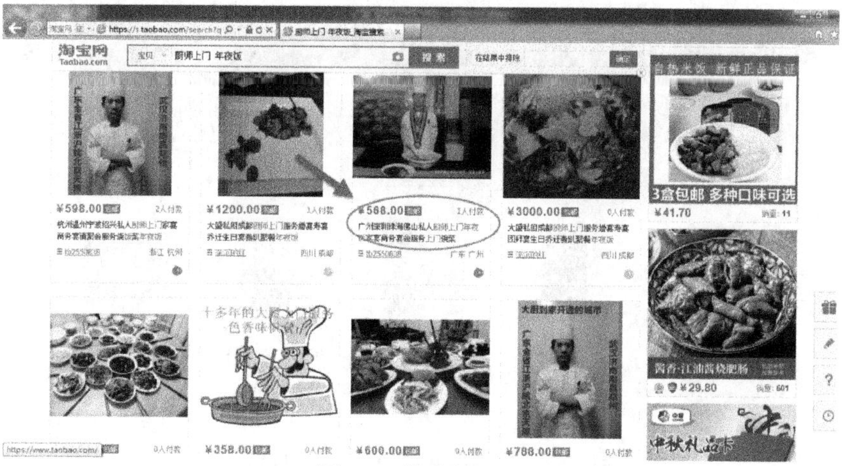

图 3-9 搜索结果页

（4）加入购物车并结算，完成购买流程，如图 3-10 所示。

训练 2：网络营销定价策略

实训目的：了解网络营销定价策略。

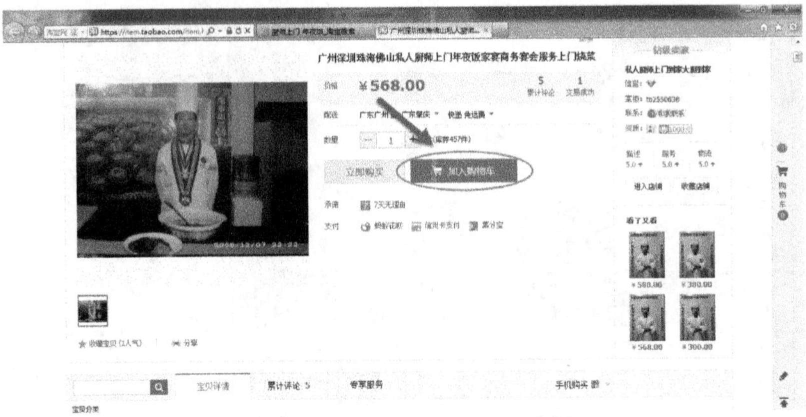

图 3-10　使用购物车进行结算

操作要求：通过网络进行搜索并填写表 3-4。

表 3–4　记录表

	网站	价格	定价策略
1			
2			
3			

实训步骤：

（1）选择一款网络销售产品，如美图 T8 手机。

（2）访问电商网站，以当当网为例，访问当当网（http://www.dangdang.com）首页。

（3）单击顶部搜索栏，输入产品名称。再单击“搜索”按钮进行搜索。如图 3-11 所示，从搜索结果列表可见，同型号产品存在价格差异。

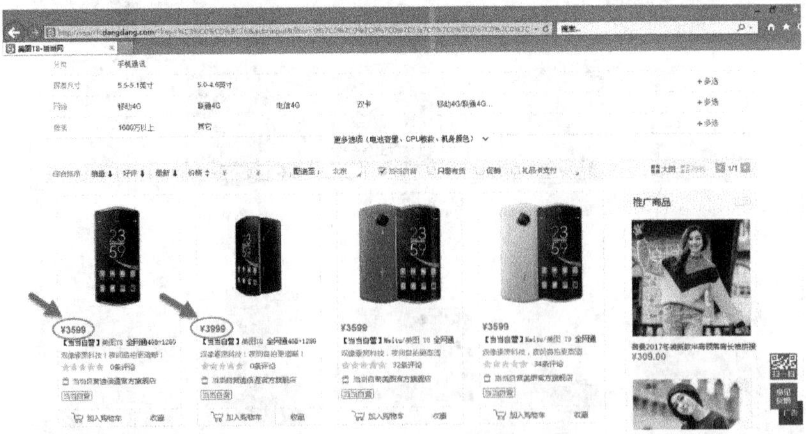

图 3-11　“美图 T8”搜索结果列表 1

（4）如图 3-12 和图 3-13 所示，分别单击两款同型号但价格不同的产品，查看商品优惠信息。

（5）根据商品信息可知，当当网上的美图 T8 手机并没有进行促销，采取的定价策略为根据产品颜色不同进行差异定价的策略，完成表 3-4“1”行的填写。

图 3-12　产品信息页 1

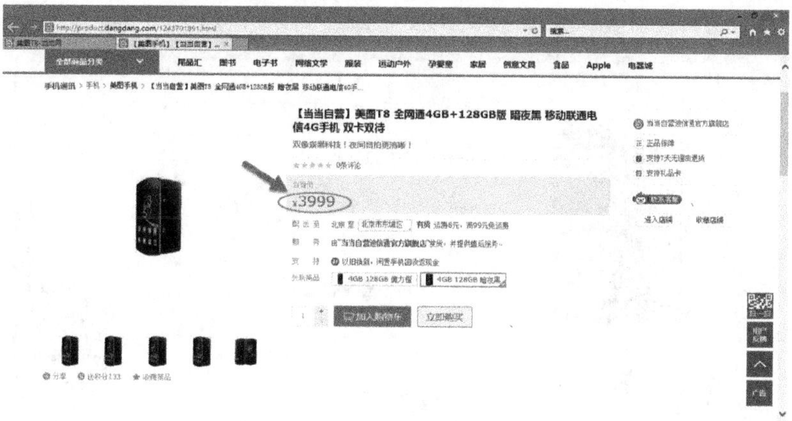

图 3-13　产品信息页 2

（6）以同样的方式访问京东网（http://www.jd.com），在搜索栏搜索该产品，如图 3-14 所示。

图 3-14　京东网首页

（7）如图 3-15 所示，从商品列表可见，同型号产品同样存在价格差异。

（8）如图 3-16 和图 3-17 所示，分别选中两款同型号但价格不同的产品，查看商品优惠信息。

图 3-15 “美图 T8”搜索结果列表 2

图 3-16 产品信息页 3

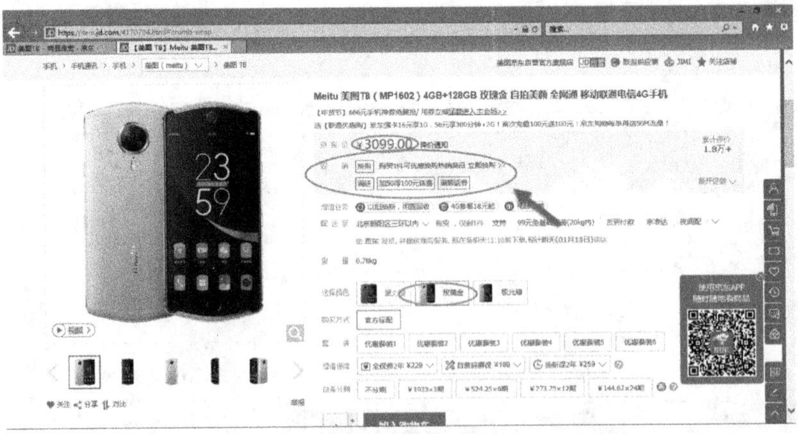

图 3-17 产品信息页 4

（9）根据商品信息可知，京东网上的该款产品价格存在差异是因为分别参与了商家不同的促销活动，因此判断该产品的定价策略为促销定价，完成表 3-4“2”行的填写。

（10）采用同样的方式访问淘宝网（http://www.taobao.com），在搜索栏搜索该产品，如图 3-18 所示。

图 3-18 淘宝网首页

（11）如图 3-19 所示，该网站上有多个同款产品，选取与其他同款产品价格差异较大的一款，单击查看。

图 3-19 “美图 T8”搜索结果列表 3

（12）如图 3-20 所示，根据商品信息“年味新番”等字眼可见该产品正在进行促销，判断产品的定价策略同样为促销定价策略，完成表 3-4“3”行的填写。

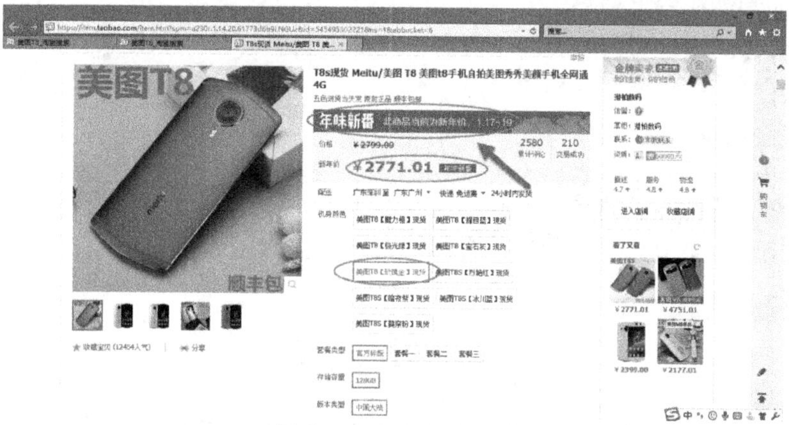

图 3-20 产品信息页 5

（13）最终完成的表格如表 3-5 所示。

表 3–5　完成的记录表

网站	价格	定价策略
当当网 www.dangdang.com	3599/3999	差别定价策略
京东网 www.jd.com	3049/3099	促销定价策略
淘宝网 www.taobao.com	2771.01	促销定价策略

测一测

一、填空题

1. ＿＿＿＿＿＿＿，又称顾客导向定价，是指企业结合市场需求和消费者对产品的反应来确定产品价格的一种定价方式。

2. 影响网络营销产品选择的因素包括＿＿＿＿＿＿、＿＿＿＿＿＿、＿＿＿＿＿＿、产品质量、产品品牌、＿＿＿＿＿＿等。

二、单项选择题

1. 以下不属于网络营销组合的是（　　）。
A. 产品　　B. 人员　　C. 渠道　　D. 价格

2. 在网络市场上销售的产品除了有形产品、软件外，还包括（　　）。
A. 电子报刊　　B. 服务　　C. 航空订票　　D. 信息咨询

3. 产品生命周期始于研究与开发环节，从进入市场到退出市场，一般分为 4 个阶段。以下顺序正确的是（　　）。
A. 成长期、投入期、成熟期、衰退期　　B. 衰退期、投入期、成熟期、成长期
C. 衰退期、成长期、投入期、成熟期　　D. 投入期、成长期、成熟期、衰退期

三、判断题

1. 品牌是一种信誉。传统的优势名牌也一定是网上的优势名牌。（　　）
2. 任何商品都能在网上销售。（　　）
3. 营销组合最基本的手段来自 4 个方面：产品、价格、分销和促销，简称 4P 组合。（　　）

四、问答题

1. 企业对网络营销产品的定价一般采用什么策略？
2. 网络直接营销渠道与传统营销渠道相比有什么优势？

五、案例分析题

1 号店的“折价销售”

1 号店是国内第一家“网上超市”。这家“网上超市”之所以能够迅速发展，除了正确的

战略定位外，还得益于它的“折价销售”策略。打开 1 号店的主页，打折促销的标语随处可见。同一种商品在 1 号店比其他网店要便宜。1 号店的 PIS 系统（价格智能管理系统）通过实时监控全网 70 多家主流电商 1 700 多万种商品的价格和库存信息，根据 1 号店的价格策略实时调整价格，保证了 1 号店的价格竞争优势。低廉的价格、可靠的质量是 1 号店的一大竞争优势，因此也吸引了一批又一批的顾客。

思考：在该案例中，1 号店运用了什么网络营销策略？

六、实训题

为自己的班级创立一个形象品牌，要突出班级的特点，如“文明班”“科学创新班”等。之后配合学校的招生工作，创建一个品牌口号，并制作一张形象海报。最后利用学校网站为这个品牌开展形象品牌营销。

第 4 章
网络广告营销

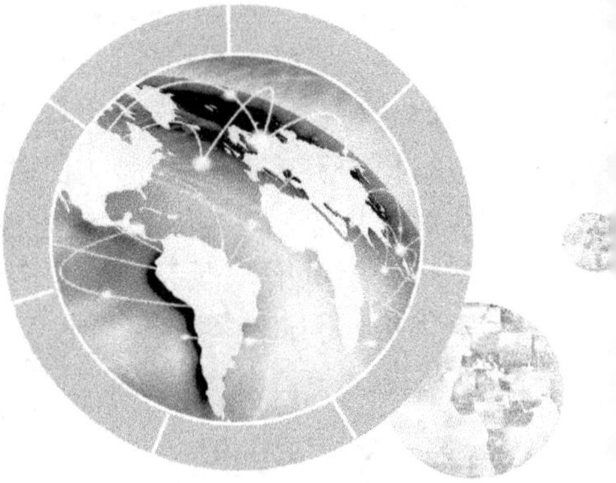

知识要点

（1）网络广告营销的含义。
（2）网络广告营销的策划与实施。

能力要点

（1）正确认识网络广告营销的概念、特点。
（2）能够分析网络广告的形式。
（3）能够策划、制作并选择合适的网络媒体发布网络广告。

引例

QQ电脑管家安全网购月乐惠专场答题抽奖活动

近年来，随着电子商务的快速发展，安全性成为大家关注的问题。QQ 电脑管家利用 QQ 账号自动登录，以幸运转轮的方式进行抽奖，抽奖前回答一个简单的问题（问题涉及网络安全购物、合作商家相关信息等），中奖率为 100%，奖品分别为 7 家合作电商的电子优惠券、代金券，每名用户限一天内有 10 次抽奖机会，所获奖品以序列号的方式发送到抽奖者的 QQ 账户中。QQ 电脑管家活动专题页如图 4-1 所示。

图 4-1　QQ 电脑管家活动专题页

广告目标：宣传 QQ 电脑管家安全性。

投放形式：活动专题网页。

广告语：让我们败得更安心，爽得更开心。

投放时间：2012 年 3 月 12—31 日。

广告投放媒体：OkBuy、京东商城、elong 艺龙、易讯、拍拍、QQ 商城、QQ 网购。

推广位置、尺寸：腾讯网首页第一通栏 765px×90px，QQ 管家官网首页焦点图 240px×

180px。

目标受众：QQ用户。

广告效果：利用网络这个极具互动性的平台，抓住受众的“利益”和“便利”的心理，满足受众需求的同时也能让产品得到有效的宣传。使用幸运大转盘的形式将QQ管家安全软件跟7大电商联系起来，既宣传QQ电脑管家安全性也宣传电商的产品信息，电子现金券等产品的派发更是为电商带来直接的商机，达到双重宣传效果。

4.1 网络广告营销概述

问题

你参加过网络抽奖活动吗？你喜欢这种活动方式吗？

因特网作为继报刊、广播、电视之后的“第四媒体”，由于其独特的交互性和个性化特点，在营销传播方面表现出其他媒体无法比拟的优势和潜力，催生出一种新型的网络营销传播方式——网络广告。

任务

什么是网络广告？你在什么情况下会浏览网络广告？

一、网络广告的概念

简单地说，网络广告就是在网络上做的广告，又称在线广告或者互联网广告，是基于计算机、通信等多种网络技术和多媒体技术的广告形式，是指广告主利用网络，在一些受众密集或有特征的网站，通过图文、多媒体等形式向公众发布有关产品、服务或者站点等信息，并设置链接到某目的网页的过程。

二、网络广告营销的概念

网络广告营销是配合企业整体营销战略，发挥网络互动性、及时性、多媒体、跨时空等特征优势，策划吸引客户参与的网络广告形式，通常选择适当的网络媒体进行网络广告投放。

三、网络广告营销的特点

1. 覆盖面广

网络广告的对象是与互联网相连的所有计算机终端客户，通过互联网将产品、服务等信息24小时不间断地传送到世界各地，其世界性广告覆盖范围使其他广告媒介望尘莫及。根据中国产业信息网《2018—2024年中国互联网媒体行业市场竞争态势及投资战略咨询研究报告》，2018年网络广告收入超过5 000亿元，在五大媒体广告收入中的占比已接近八成，预测2019年网络广告收入将超过6 300亿元。中国五大媒体广告收入规模及预测如图4-2所示。

2. 形式多样

电子网络广告采用文字介绍、声音、影像、图像、颜色、音乐等于一体的丰富表现手段，具有报纸、电视的各种优点，更加吸引受众。网络广告制作成本低、时效长，以及高科技形象将使越来越多的工商企业选择网络广告作为重要国际广告媒体之一。

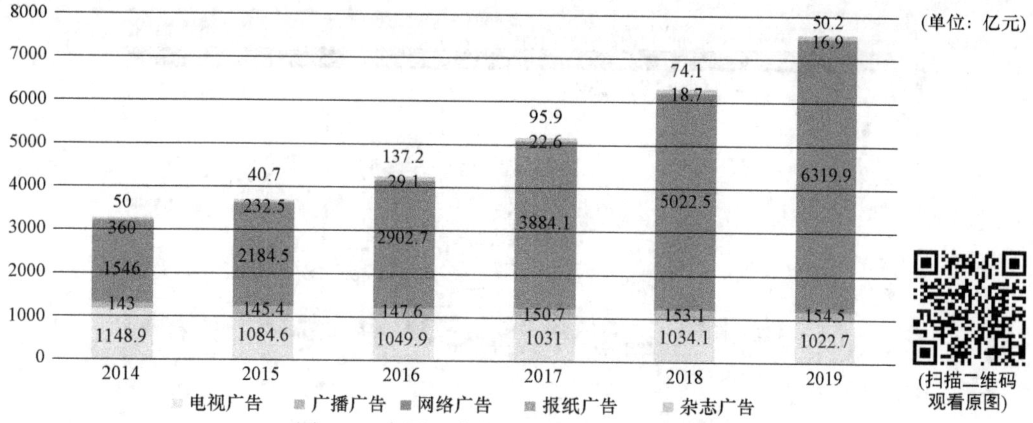

(扫描二维码观看原图)

图 4-2 中国五大媒体广告收入规模及预测

3. 信息量大

网络广告的内容大到飞机、小到口香糖均可上网做广告。庞大的互联网网络广告能够容纳难以计量的内容和信息，它的广告信息面之广、量之大是报纸、电视无法比拟的。如报纸广告的信息量受到版面篇幅限制；电视广告的信息量受到频道播出时间和播出费用的限制。

4. 高效传播

报纸广告基本上是一对一的传播过程，电视传媒则是一对多的方式，而互联网上的广告则是多对多的传播过程。之所以这样，是因为在互联网上有众多的信息提供者和信息接收者，他们既在互联网上发布广告信息，也从网上获取自己所需产品和服务的广告信息。

5. 互动性强

互动性是互联网络媒体最大的优势，它不同于传统媒体的信息单向传播，而是信息互动传播。通过网络广告的链接，用户可以从商家的相关站点得到更多、更详尽的信息。同时，用户可以通过广告直接填写并提交在线表单信息，商家可以随时得到用户宝贵的反馈信息。同时，网络广告可以提供进一步的产品查询要求，方便与消费者的互动与沟通。

想一想

上网浏览网络广告，能够吸引你关注的网络广告形式有哪些？

四、网络广告的主要形式

最初的网络广告就是网页本身。当越来越多的商业网站出现后，怎么才能让消费者知道自己的网站就成了一个问题，广告主急需一种可以吸引浏览者到自己网站上来的方法，而网络媒体也需要依靠它来盈利。在这种需求情况下，网络广告界发展出了多种能吸引浏览者的网络广告形式。

1. 主页型广告

企业主页是网络广告的最基本形式之一，同时企业主页也是其他形式网络广告的基础，如

图 4-3 所示为联想公司主页型广告形式。许多企业建立站点就是为了宣传和促销自己的公司、产品或服务。

图 4-3　联想公司主页型广告

2. 网幅广告

网幅广告（Banner）包含旗帜、按钮、通栏、竖边等，是最常见的网络广告形式之一，主要是指广告主在浏览量较大的站点上发布广告。网幅广告不可能占据太大的空间，所以要求广告主用极简练的语言、图片、动画介绍企业产品或宣传企业形象。一般来说，这种广告都有超级链接，浏览者通过单击广告可以进入广告主的主页。网幅广告作为到广告主自己站点的入口，具有很强的广告优势。如图 4-4 所示为网易网幅广告。

3. 文本链接广告

文本链接广告是以一排文字作为一个广告，单击可以进入相应的广告页面。这是一种对浏览者干扰最少，但却较有效果的网络广告形式，可以说，最简单的广告形式效果可能是最好的。网易文本链接广告如图 4-4 所示。

4. 浮动广告

浮动广告是一种在网页中浮动出现的小型图片广告，随着网页滚动条的移动而移动，或随机在网页中上下左右浮动，以吸引浏览者的注意。网易的浮动广告如图 4-4 所示。

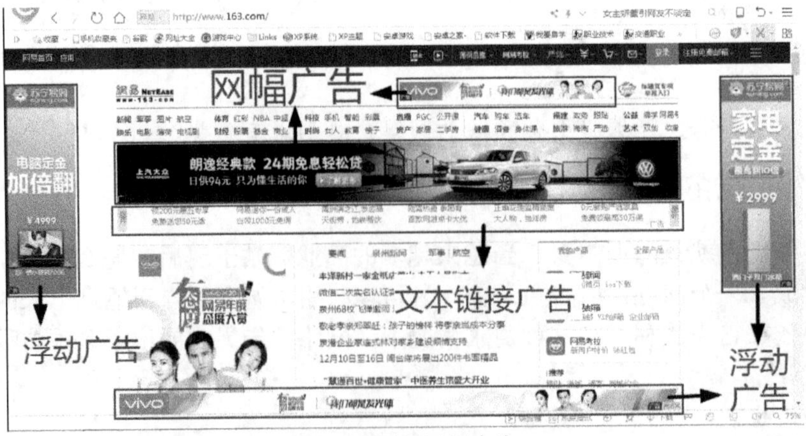

图 4-4　网易网幅广告

5. 插播式广告（弹出式广告）

插播式广告是指访客在请求登录网页时强制插入一个广告页面或弹出广告窗口。它们有点类似电视广告，都是打断正常节目的播放，强迫观看。插播式广告有各种尺寸，有全屏的，也有小窗口的，而且互动的程度也不同，静态的和全部动态的都有。浏览者可以通过关闭窗口不看广告。如图 4-5 所示为新浪网插播式广告。

图 4-5　新浪网插播式广告

6. 关键词广告

关键词广告就是当用户利用某一关键词进行检索时，在检索结果页面会出现与该关键词相关的广告内容。由于关键词广告是在进行特定关键词检索时，才出现在搜索结果页面的显著位置，所以其针对性非常高。图 4-6 为百度关键词广告。

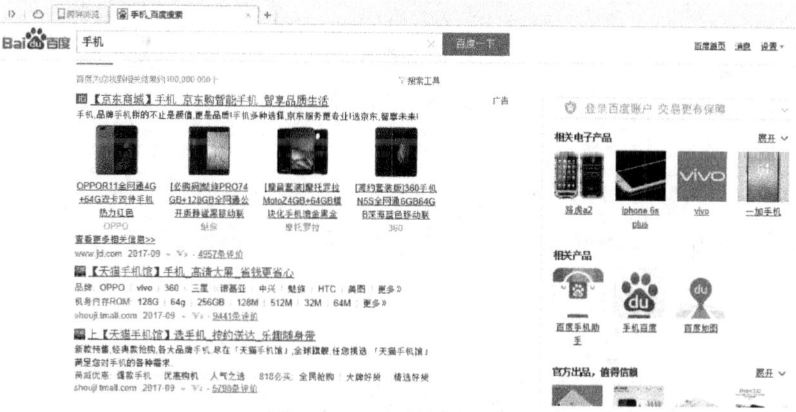

图 4-6　百度关键词广告

7. 视频广告

视频广告是随着网络视频的发展而兴起的广告形式。其表现手法类似于传统电视广告，可在视频节目开始前或是节目结束后，播放广告视频。如图 4-7 所示为搜狐视频广告。

8. 电子邮件广告

电子邮件广告是指通过电子邮件的方式，将广告产品、活动信息等各种推广信息向目标用户群体发布。如图 4-8 所示为网易邮件广告。

图 4-7　搜狐视频广告

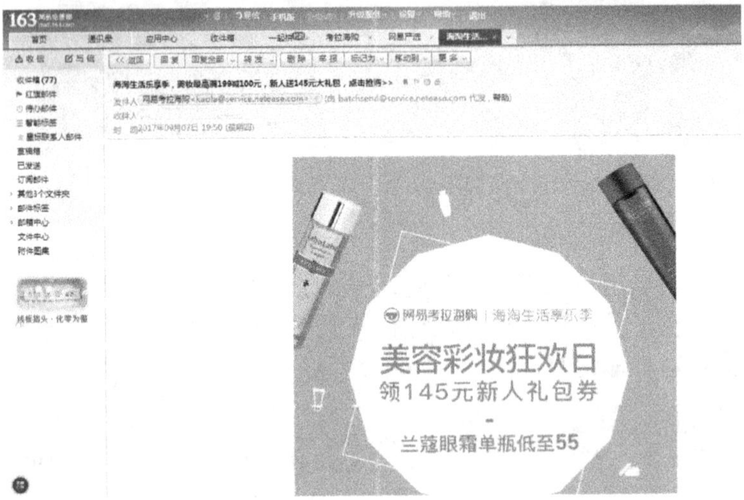

图 4-8　网易邮件广告

练一练

登录腾讯网（http://www.qq.com），如图 4-9 所示，浏览并区分不同形式的网络广告。

图 4-9　腾讯广告

探究

你浏览过其他形式的网络广告吗?

五、网络广告的其他形式

除了上面列出的网络广告主要形式外，还有其他广告形式。它们是网络广告主要形式的有效补充。

1. 屏保

屏保能在计算机空闲时以全屏的方式播放动画，并且能配上声音，可以说屏保是 PC 上最好的广告载体。许多知名品牌制作了自己的屏保程序放在网上供用户下载，并且用户也会使用 E-mail 来传递屏保程序。

2. 指针

在网页上的每一样东西都有可能成为广告的载体，甚至鼠标指针也能成为品牌宣传的工具。Comet Systems 公司开了指针广告之先河，通过使用他们的软件，用户可以指定任何图片成为鼠标的指针，用户所浏览的网页也可以指定特定的图片成为指针的形状。例如，一家网上花店，可以把鼠标设定成一朵花，当用户选中她所要订购的花卉时，鼠标指针又变成“打×折”的字样。当然，要使用这种可变化的鼠标，用户一定要下载并安装 Comet Systems 软件，虽然这是一个极其简单的过程，但也会成为用户使用的一个障碍，除非今后的 Internet Explorer 或 Netscape 内置这种功能，否则用户的数量将会非常有限。

3. 其他形式

网络广告正向无线领域进军。随着无线上网用户的增加，无线广告的前景正被看好。

拓展

网络广告的本质特征

网络广告无论以什么形式出现，其本质都是向 Internet 用户传递营销信息的一种手段，是对用户注意力资源的合理利用。

1. 网络广告需要依附于有价值的信息和服务载体

用户浏览网络广告的主要目的不是为了观看漂亮的画面，也不是为了欣赏动画效果。用户是为了获取对自己有价值的信息来浏览网页、阅读电子邮件，或者使用其他有价值的网络服务（如搜索引擎等）。而网络广告是与这些有价值的信息和服务相依赖的，离开了这些对用户有价值的载体，网络广告便无法实现网络营销的目的，也没有存在的价值，这也说明了为什么有些形式的网络广告可以获得较高的点击率，如关键词广告和电子邮件广告。

2. 网络广告的核心思想在于引起用户关注和获得点击

由于广告所能表达的信息量是有限的，因此难以承担直接销售产品的职责。网络广告的直接效果主要表现在浏览量和点击率上，所以网络广告策略的核心思想在于引起用户关注和点击。这与搜索引擎营销传递的信息只发挥向导作用是类似的，即网络广告本身所传递的信息不是营销信息的全部，而是为吸引用户关注专门创造并放置于容易被发现之处的信息导引。

4.2 实施网络广告营销

引例

凡客诚品成功之道——大规模投放网络广告

凡客诚品（VANCL）成立于 2007 年，是目前中国著名的互联网品牌之一。凡客诚品上线伊始，即强势出击，在新浪、腾讯、网易、搜狐等各大网站大范围地投放广告。不管在哪个网站，都随处可见凡客诚品的广告。其网络广告之“多”只是一方面，更重要的是，广告的“卖点明确，制作精美”抓住了消费者的眼球，优美的图片加上吸引人的低价，让其产品销售与品牌同步得到提升，如图 4-10 所示。曾有人说：“即使记不住 VANCL 或者凡客诚品的称号，但也会依稀记住那 68 元就可以购买一件 POLO 衫或者购买一件牛津纺衬衫。”

图 4-10 凡客诚品广告

问题

人们上网时都会接触各种广告，其中一些优秀的作品让人印象深刻，说一说哪些网络广告给你留下了深刻的印象。

大众接触广告的时间往往是有限的，并且还是一个被动的过程，要让消费者在看到广告的时候记住自己的产品，并对它产生兴趣，就需要将广告创意做得与众不同，使消费者充分了解广告所传达的信息，并且把这些信息保持在头脑中，在需要的时候能够准确提取。

任务

“双十一”电商狂欢节来临时，众多商家将参与活动，促进商品销售。假如你是商家，将如何策划网络广告营销参与活动呢？

不管企业是直接进行卖点诉求还是树立品牌形象，网络广告最终的意义都在于传播广告信息以影响销售状况。如何让网络广告更为有效，一直都是广告主和代理商共同关心的问题。高效的网络广告必须依赖于好的策划，做到让合适的网络广告展现在合适的对象面前，从而吸引公众点击和浏览，并参与广告信息活动。

一、网络广告的策划

网络广告的策划是指根据广告主的网络营销计划和广告目的，在市场调查的基础上对广告活动进行整体的规划或战略策略，是根据互联网的特征及网络人群的特征，从全局角度展开的一种运筹和规划。应在有限的广告信息体上，对整个网络广告活动加以协调安排，从广告设计、广告投入、广告时间、广告空间安排等各个具体环节做到充分考虑并精益求精。

1. 确定网络广告的目标

确定网络广告的目标是为了通过信息沟通使消费者产生对品牌的认识、情感、态度和行为的变化，从而实现企业的营销目标。在公司的不同发展时期有不同的广告目标，例如，是形象广告还是产品广告。根据产品广告在产品的不同发展阶段将广告目标分为提供信息、说服购买和提醒使用等。

2. 确定网络广告的目标群体

确定网络广告的目标群体简单来说就是确定网络广告希望让哪些人来看，确定他们是哪个群体、哪个阶层、哪个区域。只有让合适的用户来参与广告信息活动，才能使广告有效地实现其目标。

3. 进行网络广告创意及策略选择

（1）要有明确有力的标题。网络广告要以明确有力的广告标题吸引人潮进入目标网页，并树立良好的品牌形象。

（2）简洁的广告信息。网络广告应确保出现的速度足够快，网络广告信息在目前互联网上发布时应力求简洁。

（3）发展互动性。如在网络广告上增加游戏功能，提高访问者对广告的兴趣。

（4）合理安排网络广告发布的时间。网络广告的时间策划是其策略决策的重要方面。它包括对网络广告时限、频率、时序及发布时间的考虑。时限是广告从开始到结束的时间长度，即企业的广告打算持续多久，这是广告稳定性和新颖性的综合反映。频率即在一定时间内广告的播放次数，网络广告的频率主要用在 E-mail 广告形式上。时序是指各种广告形式在投放顺序上的安排。发布时间是指广告发布是在产品投放市场之前还是之后。根据调查，消费者上网活动的时间大多在晚上和节假日。

（5）正确确定网络广告费用预算。公司首先要确定整体促销预算，然后确定用于网络广告的预算。而用于网络广告的预算则可依据目标群体情况及企业所要达到的广告目标来确定，既要有足够的力度，也要以够用为度。

想一想

可以使用什么软件来设计网络广告，实现网络广告创意呢？

随着广告主对网络广告认知的提高和网络广告优势的日益凸显，网络广告创意水平也在不断提高。

二、网络广告的制作

广告设计软件简单来说就是一类专业的图形图像设计软件，现多指平面广告制作软件。目前，广告设计的软件有很多，如 Photoshop CS、Illustrator CS、Maya 等软件。

下面以 Photoshop CS6 软件制作围巾促销广告（广告投放位置为淘宝店铺右侧自定义广告区）为例，介绍网络广告的制作方法。具体操作如下。

（1）启动 PS CS6 软件，新建一个宽度为 750px、高度为 550px 的空白文档，将前景色设置为淡黄色，背景色设置为黄色，使用渐变工具在文档中间向外拖曳鼠标填充“从前景色到背景色”的“径向渐变”背景，如图 4-11 所示。

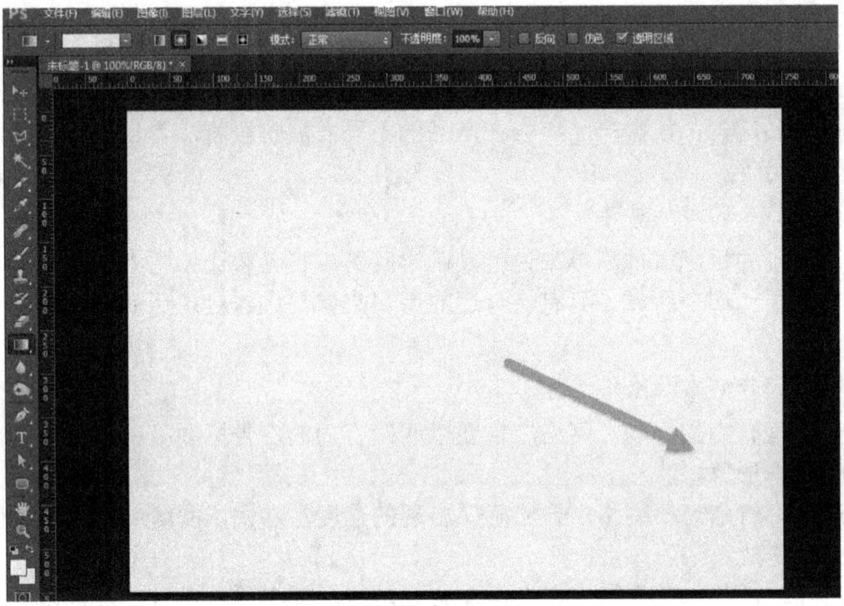

图 4-11　背景

（2）打开“围巾”素材，将其移动到设计文档中，设置图层“混合模式”为“变暗”，效果如图 4-12 所示。

（3）复制围巾所在的“图层 2”，得到“图层 2 副本”，执行菜单中的“编辑”|“变换”|“垂直翻转”命令，将图像翻转后，添加图层蒙版。选中蒙版，使用渐变工具对蒙版拉出黑白渐变效果，移动位置并设置图层的不透明度，最终效果如图 4-13 所示。

（4）设置文字字体和大小后，输入文字“限时抢购 3 折起”，为输入的文字添加“渐变叠加”“外发光”“投影”效果，参数设置分别如图 4-14～图 4-16 所示。

（5）设置完毕单击“确定”按钮，文字效果如图 4-17 所示。

（6）再输入其他的文字，并为其添加与之对应的图层样式，效果如图 4-18 所示。

（7）在文字“立即购买”下面绘制一个圆角矩形，为其添加图层样式，参数设置如图 4-19～图 4-24 所示。

（8）单击“确定”按钮，最终效果如图 4-25 所示。

图 4-12　混合模式

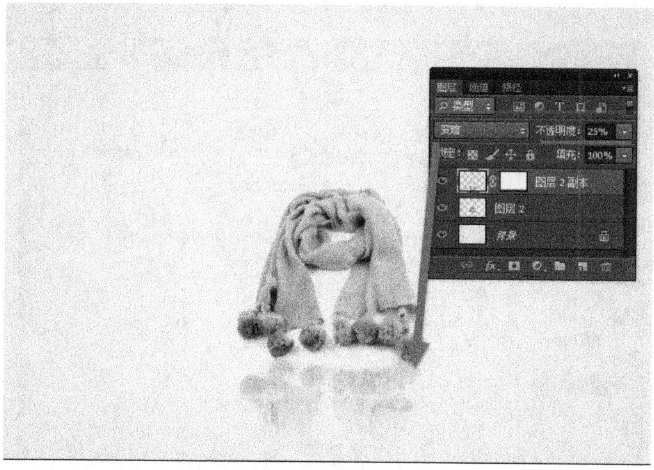

图 4-13　翻转图像

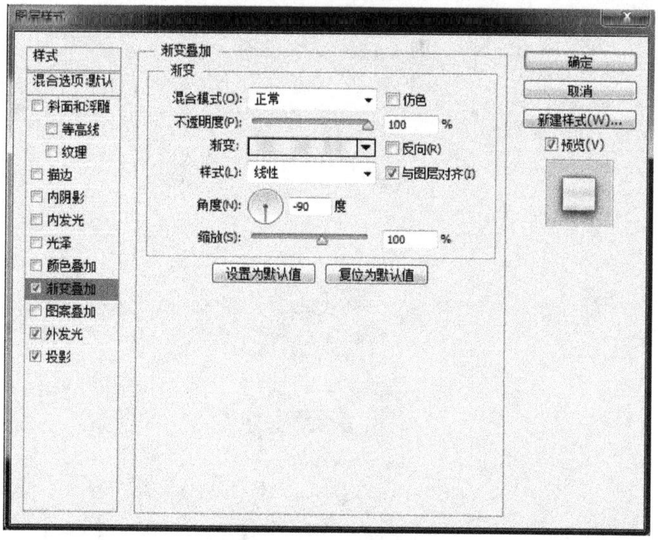

图 4-14　文字渐变叠加

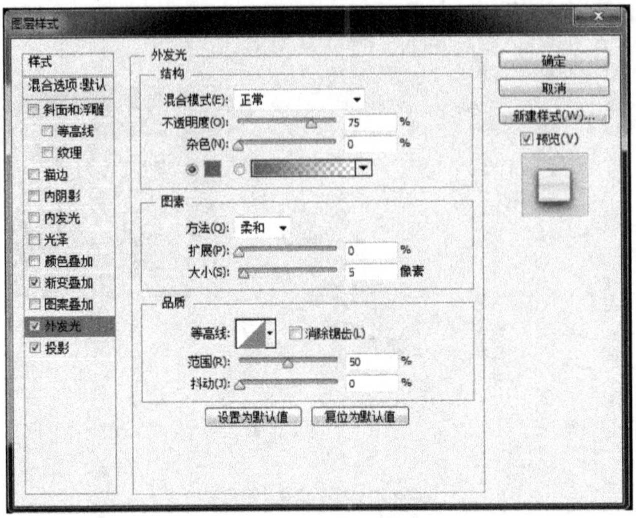

图 4-15　文字外发光

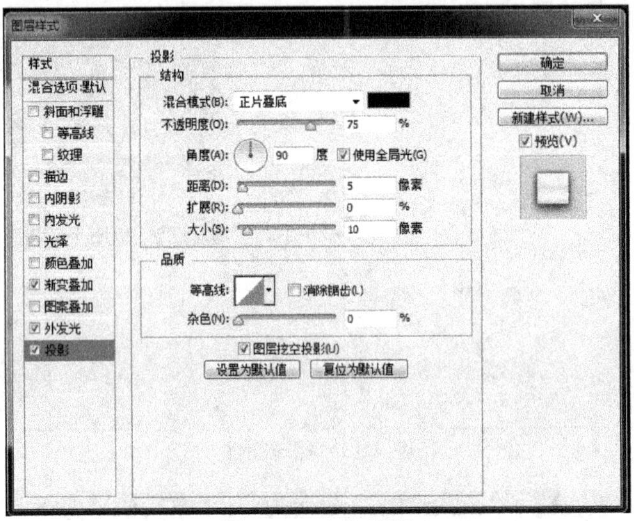

图 4-16　文字投影

图 4-17　文字效果

图 4-18　其他文字效果

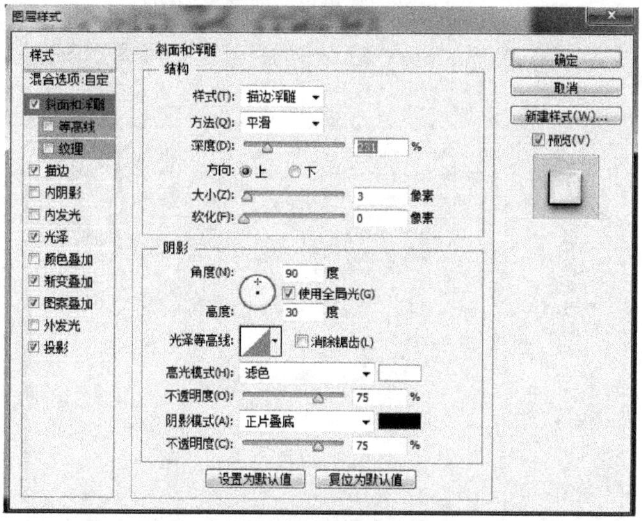

图 4-19　圆角矩形斜面和浮雕样式

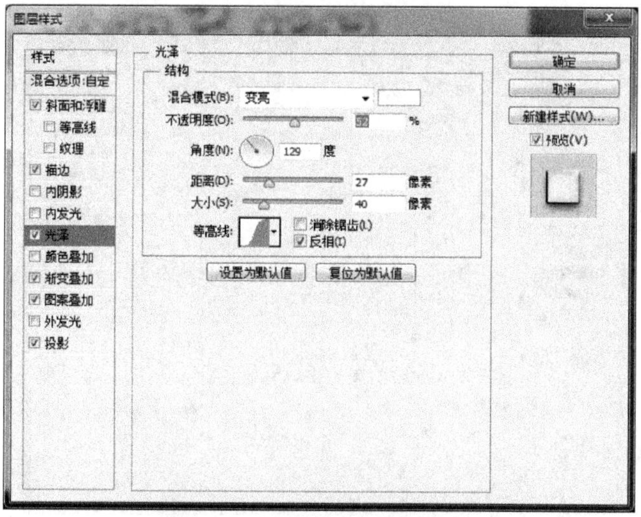

图 4-20　圆角矩形光泽样式

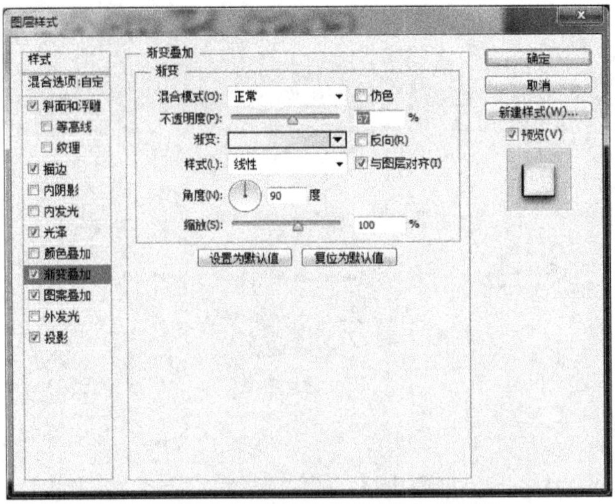

图 4-21　圆角矩形渐变叠加样式

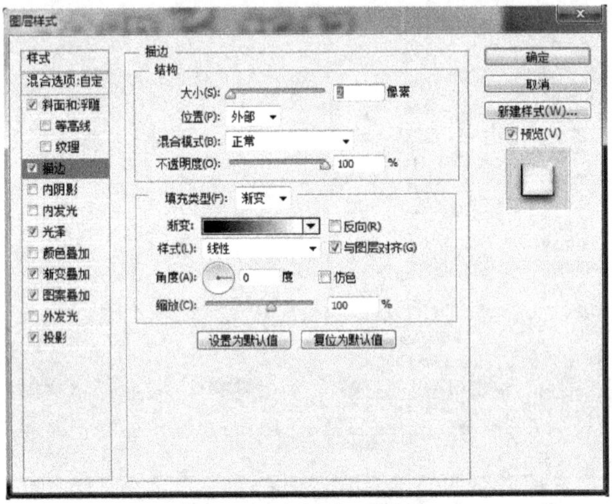

图 4-22　圆角矩形描边

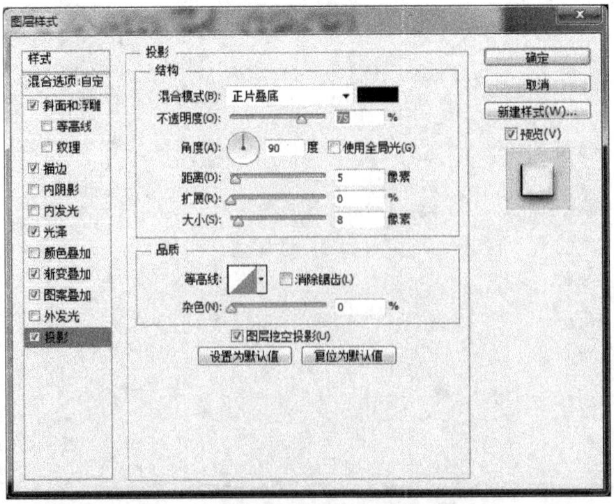

图 4-23　圆角矩形投影

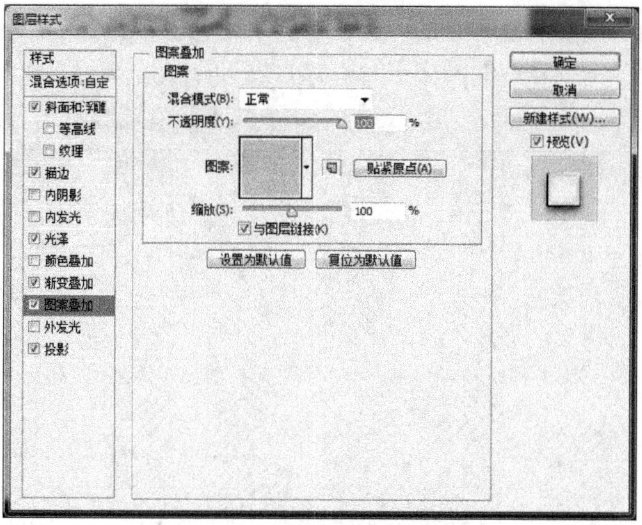

图 4-24 圆角矩形图案叠加

图 4-25 最终效果图

探究

网络广告可以在哪些网络平台投放？

三、网络广告的发布

在网上发布广告的渠道和形式众多，各有长短，企业应根据自身情况及网络广告的目标，选择网络广告发布渠道及方式。网络媒体市场份额及预测如图 4-26 所示。

1. 电商网站

电商网站可以是第三方交易平台，如淘宝网、慧聪网、唯品会等，也可以是企业自己的网站，如联想、格力、步步高等。

2. 搜索引擎网站

广告主根据自己的产品或服务的内容、特点等，确定相关的关键词，撰写广告内容并自主定价投放广告。由于搜索引擎网站的广告具有针对性强、可跟踪的广告效果、受众广泛等优势，因此成为较受广告主欢迎的网络平台，如百度等。

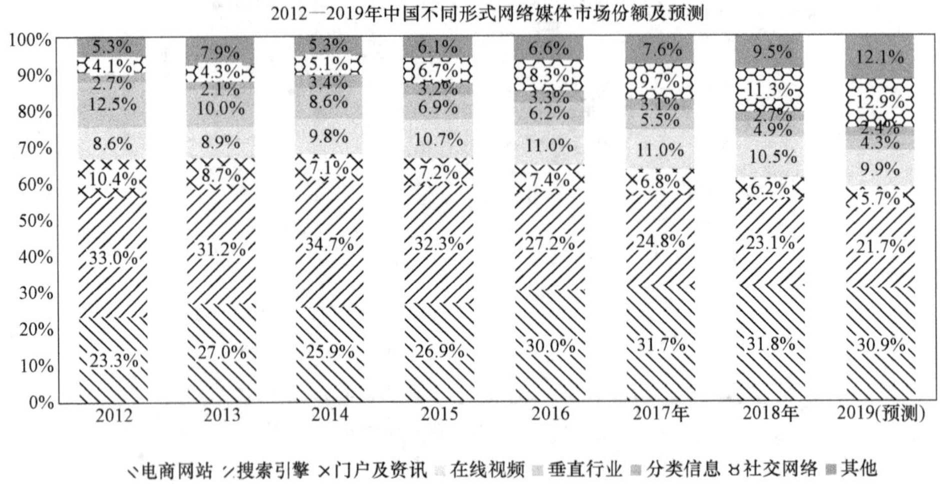

图 4-26　网络媒体市场份额及预测

3. 门户网站

门户网站提供了大量的互联网用户感兴趣并需要的免费信息服务，包括新闻、评论、生活、财经等内容的网站，因此，这些网站的访问量非常大，是网上最引人注目的站点，如新浪、搜狐、网易等。

4. 视频网站

视频网站是指在完善的技术平台支持下，让互联网用户在线流畅发布、浏览和分享视频作品的网络媒体，如爱奇艺、乐视等。

5. 垂直行业网站

垂直行业网站指面向特定行业领域，提供信息交流、资源互享、实物和服务交易的第三方平台。垂直网站的特色就是专一，而垂直网站的顾客也不是普通的顾客，他们基本上都是该行业的消费者。每一个顾客代表的购买力，都比综合网站顾客的平均水平要高出许多倍。所以垂直网站常常能以比综合网站少得多的访问量换来更多的广告，如中国化工网、汽车之家等。

6. 分类信息网站

分类信息网站是互联网新兴起的网站类型。分类信息又称为分类广告，涉及日常生活的方方面面信息资讯，包括二手物品交易、二手车买卖、房屋租售等，如58同城等。

7. 社交网络网站

社交网络网站是指帮助人们建立社会性网络的互联网应用服务的网站。通过网站可以与朋友保持更加直接的联系，建立大交际圈，其提供的寻找用户的工具可帮助用户寻找到失去了联络的朋友们。网站上通常有很多志趣相同并且互相熟悉的用户群组。相对于网络上其他广告而言，商家在社交服务网站上针对特定用户群组打广告更有针对性，如优士网、豆瓣等。

8. 电子邮箱

庞大的电子邮箱用户群所蕴藏的广告价值当然也被广大广告主认可，如网易邮箱、新浪邮箱等。

练一练

丹尼尔·惠灵顿（Daniel Wellington）是来自瑞典的手表品牌，轻薄的表身、干净的表盘塑造了 DW 腕表百搭的书卷味的气质，成为欧美各路时尚达人提升格调的新兴腕表。2014 年 6 月，DW 正式进军中国，全面进行线上线下渠道布局，开通官网，并入驻天猫等电商平台。

2015 年，DW 启动“双十一”网络广告营销，面对激烈的流量资源争夺战，应如何兼顾流量需求与流量成本？两个自有营销平台应如何配合及实现红海突围？

请帮忙策划 DW 手表“双十一”网络广告营销方案。

DW 手表 2015 年“双十一”网络广告营销策划及实施方案如下。

2015 年，尊尚时计旗下 DW 手表有官方商城和天猫旗舰店两个销售平台。公司策划官方商城 11 月 10 日、11 日两天举行“双十一”活动促销，配合天猫旗舰店冲销售量。并于 10 月 30 日正式开始“双十一”投放计划，为官方商城引流，投放至 11 月 6 日。公司改变推广政策，停投三天，改为天猫商城引流，并且给官方商城做访客找回，同时保证二者在“双十一”活动期间的销量。

网络广告目标：

① 优质引流：对目标人群进行广告曝光，有效吸引目标消费人群到达 DW 活动页。

② 销售转化：通过优化，找回核心价值人群，促进本次“双十一”活动的销售转化，提升 ROI 达 1∶5。

广告主题：“双十一”狂欢购。

广告内容及创意展示如图 4-27 所示。

图 4-27　DW 手表广告内容及创意展示

推广地区：北京、上海、广东、重庆、浙江、江苏等 14 个省市。

推广时间：2015 年 10 月 30 日—2015 年 11 月 11 日。

推广形式：PC 端 Banner。

目标受众：19～35 岁，关注时尚、奢侈品、腕表，且有腕表购买需求的年轻族群。

广告投放媒体（见图 4-28）：定向优质媒体、优质位置，实现优质曝光率和高点击率。

图 4-28　DW 手表广告媒体

广告效果（见图 4-29）：“双十一”活动期间（11 月 10 日—11 月 11 日）DW 官方商城 ROI 高达 1∶9，远超预期目标，天猫成交额位居手表行业第一位。

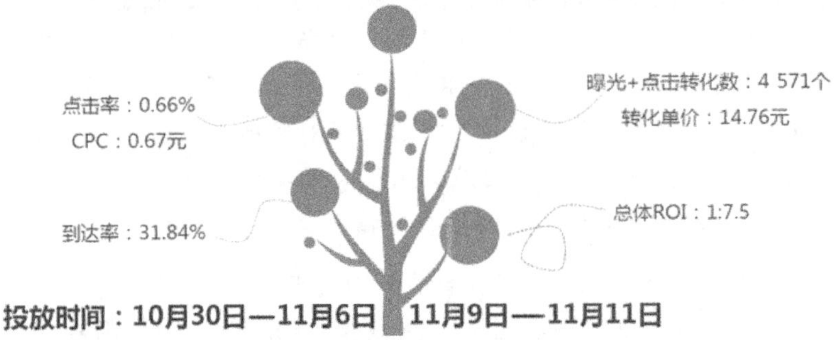

图 4-29　DW 手表广告效果

拓展

网络广告的评估指标

广告主、网络广告代理商和服务商可结合自身广告效果评估的要求，运用网络广告效果常见的几种评估指标进行效果综合评估。主要评估指标有以下几种。

1. 广告展示量

广告每一次显示，称一次展示。展示量通常反映广告所在媒体的访问热度。

2. 广告点击量

网民点击广告的次数，称为广告点击量。点击量通常反映广告的投放量。

3. 广告到达率

网民通过点击广告进入被推广网站的比例称为到达率。到达率通常反映广告点击量的质量，是判断广告是否存在虚假点击的指标之一，也能反映广告着陆页的加载效率。

4. 广告二跳率

广告带来的用户在着陆页面上产生的第一次有效点击称为二跳，二跳的次数即为二跳量。广告二跳量与广告到达量的比值称为二跳率。二跳率通常反映广告带来的流量是否有效，是判断广告是否存在虚假点击的指标之一，也能反映着陆页面对广告用户的吸引程度。

5. 广告转化率

广告转化率是指通过点击广告进入被推广网站的网民形成转化的比例。转化是指网民的身份产生转变的标志，如网民从普通浏览者升级为注册用户或购买用户等。转化标志一般指某些特定页面，如注册成功页、购买成功页、下载成功页等，这些页面的浏览量称为转化量。广告用户的转化量与广告到达量的比值称为广告转化率。广告转化率通常反映广告的直接收益。

技能训练

训练 1：分辨网络广告形式

实训目的：熟悉综合门户网站网络广告的形式。

操作要求：登录新浪、网易、搜狐等综合门户网站，分辨不同形式的网络广告。

实训步骤：

（1）在浏览器地址栏输入新浪网址（http://www.sina.com.cn），分辨不同形式的网络广告，如图 4-30 所示。

图 4-30　新浪首页广告

（2）浏览网易（http://www.163.com）、搜狐（http://www.sohu.com）等网站的网络广告。

训练 2：设计制作网幅广告

实训目的：能够设计简单的网络广告。

操作要求：使用 Photoshop CS6 软件制作网幅广告。

实训步骤：

（1）打开 PS CS6 软件，执行菜单“文件”|“新建”命令，弹出“新建”对话框，设置名称为网幅广告，宽度为 468 像素，高度为 60 像素，分辨率为 72 像素 / 英寸，颜色模式为 RGB 颜色、8 位，背景内容为白色，设置完毕后单击“确定”按钮，如图 4-31 所示。

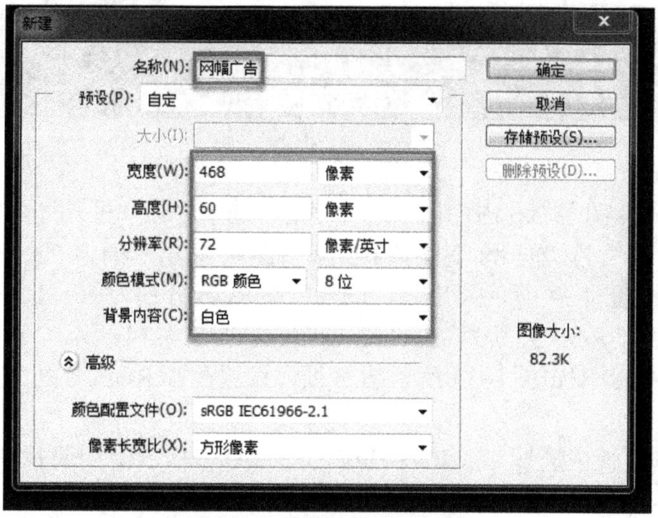

图 4-31　网幅广告画布设置

（2）在图层控制面板单击“新建图层”按钮，新建一个“背景”，选择工具箱渐变工具，在工具选项栏中设置为线性渐变，然后单击可编辑渐变，弹出渐变编辑器，如图 4-32 所示。双击图 4-32 所示的 A 处，设置色彩 RGB 分别为 190、243、255；双击图 4-32 所示的 B 处，设置为白色，单击“确定”按钮。

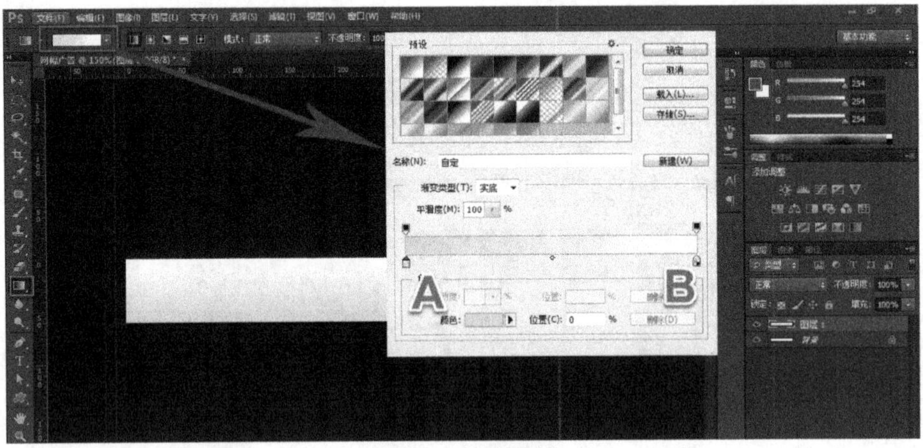

图 4-32　渐变背景

（3）单击工具箱中的横排文字工具，输入“DESIGN”，设置字体为方正剪纸简体，大小为 30 点，颜色为蓝色，设置消除锯齿的方法为浑厚，如图 4-33 所示。

图 4-33　DESIGN 字体

（4）选择 DESIGN 图层，右击图层，选择“混合选项”项，进入“图层样式”，勾选“渐变叠加”项，双击“渐变”，弹出渐变编辑器。双击图 4-34 所示的 A 处，设置色彩 RGB 分别为 11、66、179；双击图 4-34 所示的 B 处，设置色彩 RGB 分别为 35、100、231；双击图 4-34 所示的 C 处，设置色彩 RGB 分别为 70、192、255；双击图 4-34 所示的 D 处，设置色彩 RGB 分别为 138、237、255；双击图 4-34 所示的 E 处，设置色彩 RGB 分别为 103、220、253，单击“确定”按钮。

（5）在图层控制面板中选择 DESIGN 图层，按住 Alt 键不放，用鼠标左键拖动出 DESIGN 副本图层（DESIGN 倒影图层），按快捷键“Ctrl+T”，右击，选择“垂直翻转”命令，将副本图层进行垂直翻转，删除图层样式，执行菜单“图层”|“图层蒙版”|“显示全部”命令，给

DESIGN 副本图层添加一个蒙版，单击渐变工具，给 DESIGN 副本图层添加渐变，设置不透明度为 50%，如图 4-35 所示。

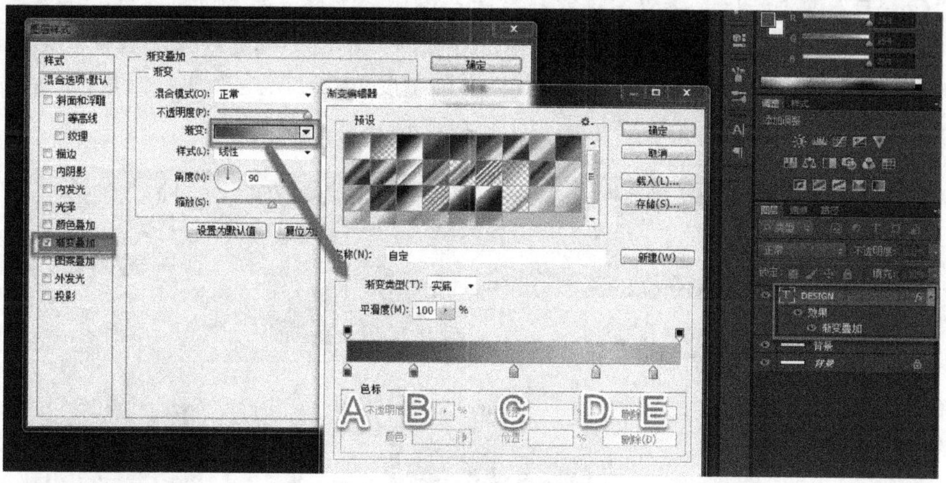

图 4-34　DESIGN 图层样式

图 4-35　DESIGN 倒影图层

（6）在图层面板上单击“创建新图层”按钮，新建一个“右背景”图层，再用钢笔工具，画出一个不规则的形状，如图 4-36 所示。

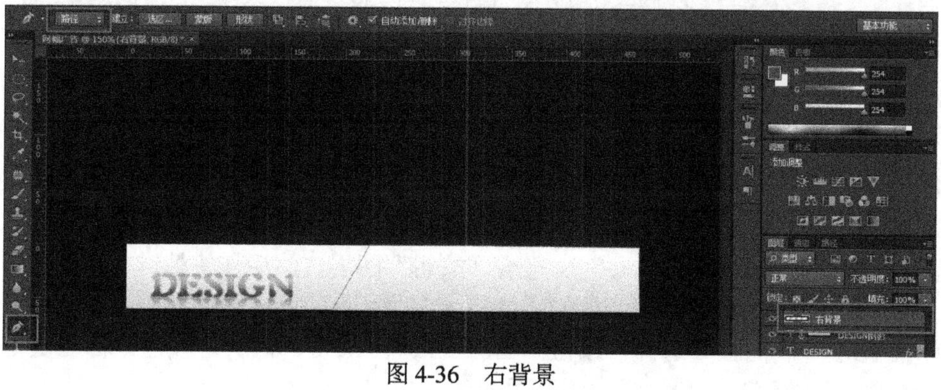

图 4-36　右背景

（7）在工具箱中选择设置前景色，设置前景色的颜色 RGB 值分别为 2、194、247，填充为不规则的形状。按快捷键“Ctrl+Enter”转换为选区，接着按快捷键“Alt+Delete”填充，按快捷键“Ctrl+D”取消选区。接着右击“右背景”图层，选择“混合选项”项，进入“图层样式”，勾选“投影”复选项，设置混合模式为正片叠底，单击色标处，弹出选择阴影的颜色窗口，设置为蓝色（R：107，G：151，B：170，），不透明度为 23%，距离为 5 像素，扩展为 0%，大小为 5 像素，然后单击“确定”按钮，如图 4-37 所示。

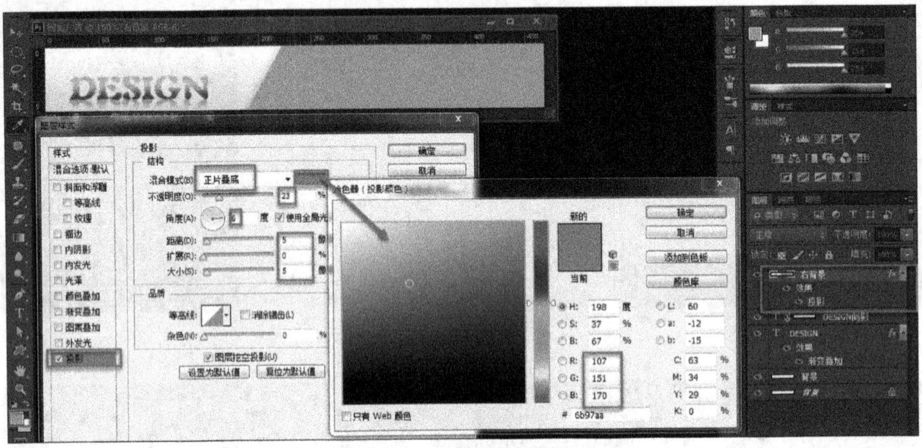

图 4-37　右背景图层样式

（8）在工具箱中选择横排文字工具，单击工作区后，输入“创意设计栏目”，在工具选项栏中设置字体为“仿宋”，字体大小为 18 点，消除锯齿为“浑厚”，字体颜色为白色。输入“Flash、CorelDRAW、Dreamweaver、3dsMax、Illustrator、Photoshop”，在工具选项栏中设置字体为“黑体”，设置字体大小为 10 点，设置消除锯齿为“浑厚”，设置字体颜色为白色，并调整大小与距离，如图 4-38 所示。

图 4-38　多个文字图层

（9）在图层控制面板单击“新建图层”按钮，新建一个图层并命名为“按钮”，在工具箱中选择椭圆选框工具，在工作区中拖出一个椭圆选区，在工具箱中选择设置前景色，设置前景色为蓝色，按快捷键“Alt+Delete”填充给“按钮”图层，然后按快捷键“Ctrl+D”取消选择状态，设置图层样式为“斜面和浮雕”，如图 4-39 所示。

（10）在图层控制面板中选择“按钮”图层，按住 Alt 键的同时，按住鼠标左键拖出 5 个按钮副本图层，并调整距离和位置，调整后的效果如图 4-40 所示。

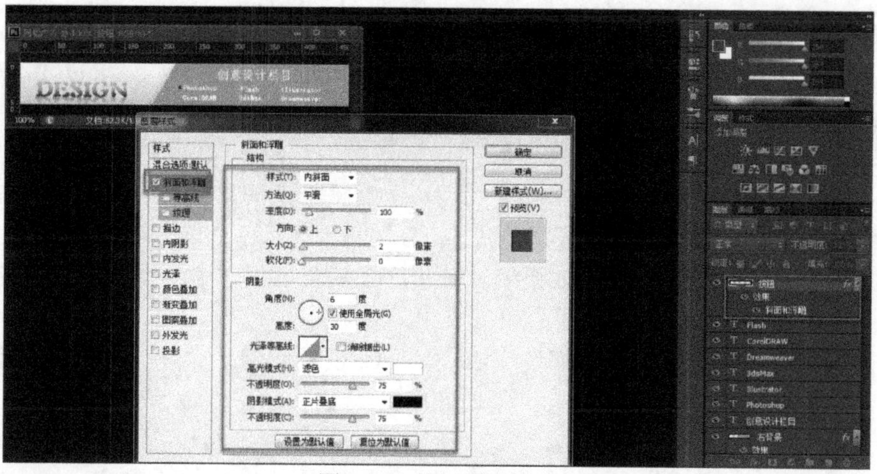

图 4-39　按钮图层样式

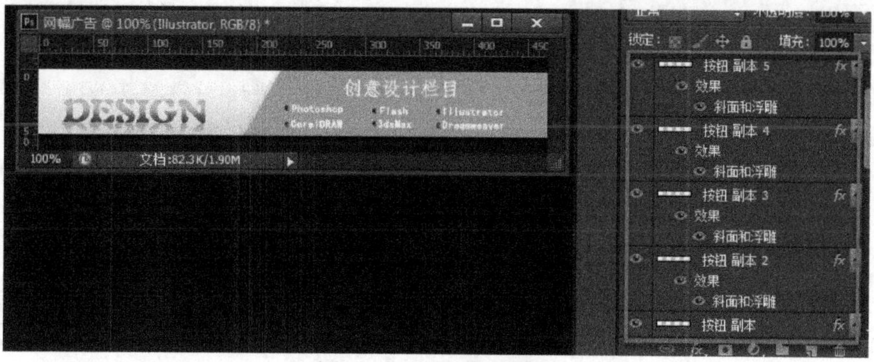

图 4-40　多个按钮图层

（11）在工具箱中选择横排文字工具，单击工作区后，输入“design.com.cn”，在工具选项栏中设置字体为“方正剪纸简体”，字体大小为 11 点，消除锯齿为“浑厚”，设置字体颜色为蓝色。最终效果如图 4-41 所示。

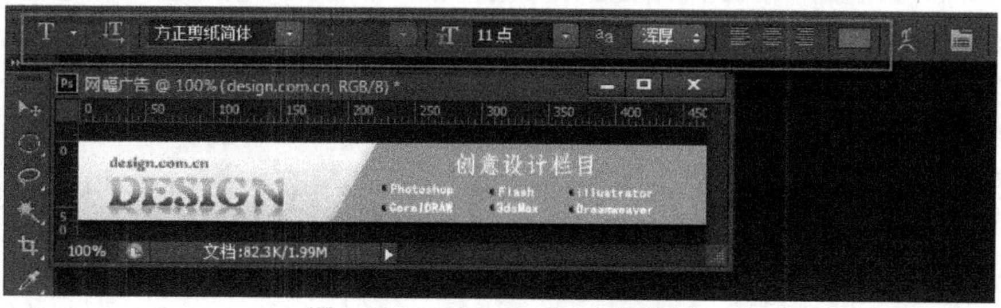

图 4-41　design.com.cn 字体设置

测一测

一、单项选择题

1. 追本溯源，网络广告诞生于（　　）。

A. 美国　　B. 英国　　C. 法国　　D. 中国

2. 我国第一个商业性的网络广告，出现在（　　）。

A. 1994年　　B. 1995年　　C. 1996年　　D. 1997年

3. 只要具备上网条件，任何人在任何地点都可以阅读到网络广告，这是（　　）的特点和优势。

A. 户外广告　　B. 电视广告　　C. 报纸杂志广告　　D. 网络广告

4. 网络媒体和传统媒体最大的区别是（　　）。

A. 广告费用　　B. 广告效果统计分析　　C. 广告收益　　D. 广告效率

5. Banner是（　　）的英文。

A. 网幅广告　　B. 电子邮件广告　　C. 视频广告　　D. 关键词广告

二、多项选择题

1. 进入互联网时代，人类获取知识的媒体有（　　）等多种渠道。

A. 网络　　B. 电视　　C. 广播　　D. 报纸

2. 网幅广告（Banner）又称（　　）。

A. 网页广告　　B. 旗帜广告　　C. 页眉广告　　D. 头号标题

3. 与其他媒体的广告相比，网络媒体的广告具有（　　）的特点和优势。

A. 传播范围广　　B. 保留时间长　　C. 受众数量可准确统计　　D. 针对性强

4. 在网络上为公司产品做广告有两种方式：一是在自己的网站上发布广告；二是在其他（　　）等上面购买广告空间做广告。

A. 公司的站点　　B. 搜索引擎　　C. 报纸　　D. 网上杂志

5. 电子邮件广告可以直接发送，有时也可以通过搭载的形式发送。其中搭载发送的形式有（　　）。

A. 通过用户订阅的电子刊物　　B. 免费软件

C. 通过用户订阅的新闻邮件　　D. 软件升级

三、判断题

1. 进入互联网时代后，被称为“第四媒体”的是“电视”媒体。（　　）

2. 网络广告的传播不受时间和空间的限制，通过互联网可以把广告信息24小时不间断地传播到世界各地。（　　）

3. 电子邮件广告是通过互联网将广告发到用户电子邮箱的网络广告形式。它针对性强、传播面广、信息量大，类似于传统广告方式中的直邮广告。（　　）

4. 自动弹出式广告又称“插入式广告”“弹跳广告”，是一种不请自来的广告形式。（　　）

5. 链接式广告往往所占空间较大，在网页上的位置也比较自由，它的主要功能是提供通向厂商指定网页（站点）的链接服务。（　　）

四、案例分析题

吉利汽车创立于1986年，是中国汽车品牌，主要生产越野车、轿车等车型。吉利远景是吉利首款中级商务家用轿车，并且在Internet上进行推广。请根据图4-42、图4-43所示回答问题。

图 4-42 “汽车之家”网页

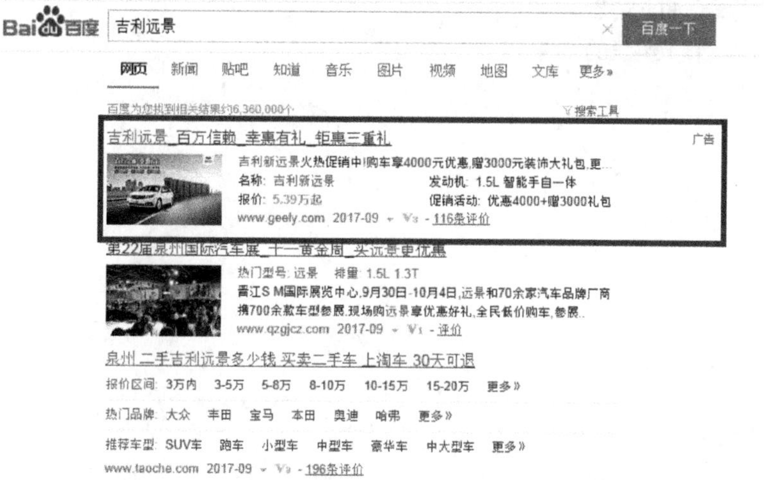

图 4-43 百度网页

问题：图中出现的吉利汽车广告分别属于什么形式的广告？

五、实训题

美颜公司是一家生产女性化妆品的公司，该公司在中秋节推出一款适合高端消费者的唇膏，产品功能为：打造丰润、富有饱和度的唇妆，让双唇更加娇艳。由于该产品主要针对高级白领群体，所以该公司决定对新产品的推广主要采用网络广告的形式，以期收到更好的宣传效果。请为该公司拟订网络广告营销方案。

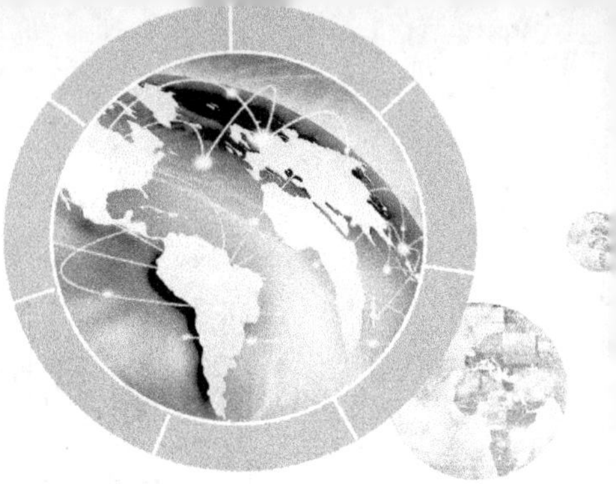

第 5 章 搜索引擎营销

知识要点

（1）搜索引擎营销概述。
（2）搜索引擎营销的实施。
（3）评估搜索引擎营销的效果。

能力要点

（1）正确认识搜索引擎营销的概念、工作原理及 SEM 的主要形式。
（2）能够深入了解搜索引擎营销的步骤，掌握注册、付费登录、竞价排名的基础知识。
（3）懂得通过分析点击量、收费、转化率等数据来评估搜索引擎营销效果。

引例

在百度上找到的礼物

2017 年 6 月 18 日是父亲节，大三学生小玉在一个星期前就琢磨着用自己寒暑假做兼职的工资给爸爸买件礼物，却总也挑不到合适的。

舍友小琴看到小玉左右为难，就说："这有什么好纠结的，你上网百度一下说不定心里就有答案了。"小玉一拍脑门："对哦！我怎么没想到百度这个神奇的网站呢！"

说干就干，小玉打开百度网站，输入"父亲节送什么礼物好"的字样，按回车键搜索后，网友们的回答五花八门。有一条"颜值、性能俱全，盘点适合买给爸爸的手机"的信息字眼引起了小玉注意。她想，父亲年纪大了，有点儿老花眼，每次发信息都不太方便，要是能够视频语音就好了。最终借助网络，小玉找到了一款价格适中、适合中老年人使用的智能手机，下订单之后，就等着快递小哥送货上门啦！

小玉的爸爸收到手机后非常高兴，迫不及待地想要使用智能手机。小玉给爸爸申请了个微信号并教会他使用语音、视频等功能。现在父亲的闲暇生活丰富多了，经常在老同学群里发个视频，偶尔还收发红包，逢人就说好闺女送了他这么好的一个手机当礼物。

小玉替爸爸感到高兴，心里也暗暗感谢"度娘"帮了自己一个大忙！

5.1 搜索引擎营销概述

问题

搜索引擎与人们的生活密切相关，你都用过哪些搜索引擎网站，试举例。

根据"SEO 研究协会网"的统计，2019 年 1 月中国搜索引擎市场份额排名如图 5-1 所示，在中国搜索引擎市场中份额占比最大的是百度搜索，占比为 70.30%，其次为神马搜索、搜狗搜索、360 搜索、谷歌搜索和必应搜索，占比分别为 15.62%、4.74%、4.54%、2.57%和 2.01%，其他占比 0.31%。用户根据偏好和需要选择搜索引擎，搜索行为贯穿于用户互联网使用的方方面面，搜索引擎在中国网民中有着举足轻重的影响，"无上网，不搜索"的大搜索局面已经形成。

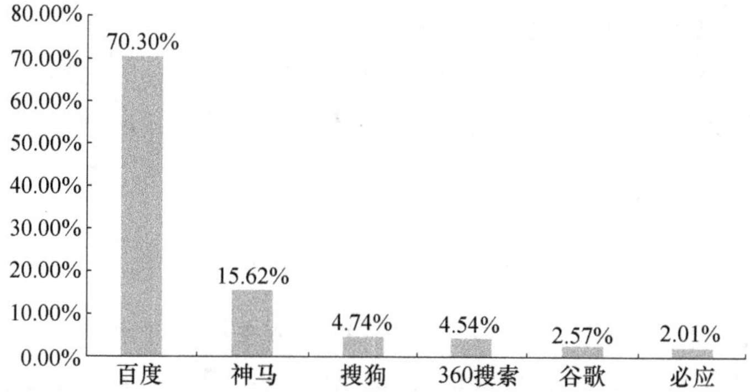

图 5-1　2019 年 1 月中国搜索引擎市场份额排名

任务

网络越来越普及，人们如果在学习、生活、娱乐中遇到了问题，往往第一时间使用搜索引擎来寻找答案。请使用搜索引擎搜索所需信息，分析搜索返回结果页面。

一、搜索引擎营销的定义及特点

1. 搜索引擎的定义

搜索引擎（Search Engine）是指根据一定的策略、运用特定的计算机程序从互联网上搜集信息，并对信息进行组织和处理后，为用户提供检索服务，将用户检索的相关信息展示给用户的系统。

2. 搜索引擎营销的定义

搜索引擎营销（Search Engine Marketing，SEM）是一种新的网络营销形式，基于搜索引擎平台，旨在使网站在搜索网页上更为明显，在使用者检索信息的时候，最大可能地将营销信息传递给目标客户。搜索引擎营销追求最高的性价比，即以最小的投入获得最大的搜索引擎访问量，并产生商业价值。

3. 搜索引擎营销的特点

（1）精确度高。搜索引擎在自己的索引库中，详细地记录了用户的网络行为，用户通过搜索引擎进行搜索是其自身的真实表达，搜索引擎可以根据用户的搜索习惯、爱好、需求投放相关广告。

（2）交互性强。用户基于自身需求和愿望来进行搜索，是一种积极的、主动的信息寻找行为。而对于电视、报纸、传单等传统广告方式，消费者只能被动地接收信息。当用户积极主动地搜索信息时，对于所接触的广告信息就会做好心理准备，减少对广告的抵触心理。

（3）进入门槛低。提供搜索引擎营销服务的搜索引擎大多在帮助页面有详细教程，帮助新手推广人员进行初步的营销实践。主流的搜索引擎都有自己的推广工具（如 Google 的 Adwords 推广工具和 Baidu 的百度推广），企业可以利用这些工具进行广告的制作和线上推广。这些推广工具都很人性化，不仅运行速度快，操作起来也很方便，可为商家节省大量的时间。

（4）覆盖面广。2017 年 6 月，中国搜索引擎用户规模达 6.09 亿，手机搜索用户数达 5.93 亿。计算机、智能手机的普及使得搜索引擎用户大大增加，在如此庞大的用户群基础上，搜索引擎营销将带来更大的收益和效果。

（5）效果及时、投资回报率高。由于广告定位精确，且营销人员可以实时对营销策略和方案进行调整，使得企业能从搜索引擎营销中获得较高的投资回报率。

练一练

使用搜索引擎，以百度为例，查询你想知道的相关信息。

在搜索引擎营销领域，搜索引擎根据搜索关键字或关键句子返回满足查询要求的页面被称为搜索结果页面（Search Engine Results Page , SERP），每个搜索引擎返回的页面格式稍有不同。

（1）搜索框。所有搜索引擎都显示用户输入的查询关键词，并允许在搜索结果页面上编辑或重新输入一个新的查询词。搜索框在网页中一般比较显眼，方便用户快速找到，发挥它存在的意义，如百度的搜索框就非常清晰地显示在页面的左上角。

（2）垂直导航。搜索引擎提供不同垂直领域选项的搜索，如新闻、贴吧、知道、音乐、图片等。点击这些链接将会得到相应索引类别的搜索结果。

（3）自然排名（有机算法结果）。这些结果均来自搜索引擎的索引库，是按照搜索引擎算法得出受欢迎程度，并依此进行排序，这也是搜索的重要依据。由于不同的搜索引擎有不同的算法，所以排名结果也不尽相同。

（4）相关搜索。百度的“相关搜索”，就是提示与用户搜索非常接近的一系列查询词。它们排布在搜索结果页面下方，按搜索热门程度进行排序。

（5）搜索热点。搜索热点来源于百度风云榜，以数亿网民的搜索行为数据作为基础，建立权威的关键词排行榜与分类热点门户。

（6）付费搜索广告。付费搜索广告是指在百度搜索引擎上做推广，客户每点击一下就付费一次，见效快。通过关键词的搜索来查找客户需要的信息，费用情况根据关键词的热门情况而定。

想一想

前面已经体验过搜索引擎的使用和便利性，试着与同学讨论一下，和传统营销方式相比，搜索引擎营销有哪些特点。

二、搜索引擎营销的发展情况

根据中国互联网络信息中心（CNNIC）发布的《第 43 次中国互联网络发展状况统计报告》，截至 2018 年 12 月，我国网民规模为 8.29 亿，其中搜索引擎用户规模达 6.81 亿，使用率为 82.2%，用户规模较 2017 年底增加 4176 万，增长率为 6.5%。手机搜索用户规模达 6.54 亿，使用率为 80.0%，用户规模较 2017 年底增加 2 998 万，增长率为 4.8%。搜索用户规模及使用率如图 5-2 所示。

搜索引擎自诞生以来，经历了 20 多年的发展，大致有以下几个发展过程。

（1）1990 年，Archie 诞生，被公认为现代搜索引擎鼻祖。

（2）1994 年，目录搜索引擎出现，如 Yahoo！和 DMOZ。

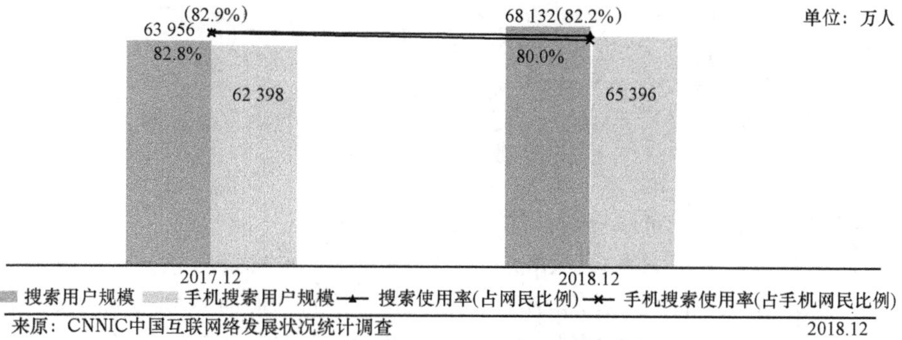

图 5-2　搜索用户规模及使用率

（3）1998 年，Google 成立，链接分析及 PR（PageRank 网页级别）值开创了新时代。

（4）2000 年，身在美国硅谷的李彦宏因看到了中国互联网及中文搜索引擎服务的巨大发展潜力而毅然辞掉硅谷高薪工作，带着搜索引擎专利技术，在中关村创立了百度公司。

（5）2000 年至今，搜索领域的技术革新不断，以 Google 为代表的搜索引擎推出了整合搜索、实时搜索、个人化搜索地图服务等。总体上看，通常是 Google 推出新服务，其他搜索引擎很快跟进。

国内的百度也创建了贴吧、知道、百科等独特服务。

截至 2017 年 10 月，百度的国内市场份额为 82.99%，排名第一；360 搜索排名第二，市场份额为 7.35%；搜狗搜索排名第三，市场份额为 3.60%。

探究

搜索引擎给人们的工作和生活带来了极大的便利，它的工作原理是什么？有哪些分类？

三、搜索引擎的工作原理及分类

1. 搜索引擎的工作原理

有个笑话是这样的：某诊所的某医生正在上网，有个患者到了诊所，跟医生说："我牙疼得厉害。" 医生说你先去交钱，回来我给你检查。这人出门后发现手机没带，回去拿的时候发现医生正在搜索 "牙疼怎么治"。

这虽然是个笑话，但也从侧面反映了搜索引擎是获取信息最重要的工具。搜索引擎营销的工作原理如图 5-3 所示。

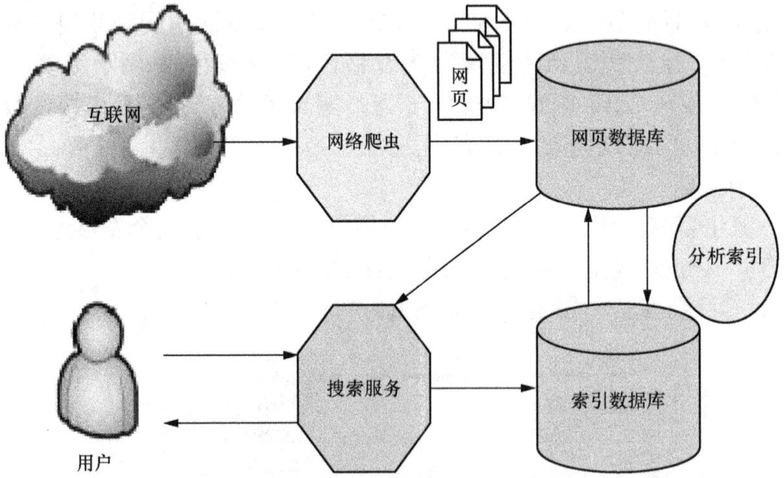

图 5-3　搜索引擎的工作原理

搜索引擎的工作原理，可以分成 3 步，如图 5-3 所示。

第一步，从互联网上抓取网页。Spider 系统程序（又称蜘蛛程序）像蜘蛛一样在网络间 "爬来爬去"，自动访问互联网，并沿着网页中的 URL 网址 "爬行" 到其他网页，并且重复这一过程，把 "爬过" 的所有网页收集起来。可以将互联网当成一张网，那么搜索引擎 "蜘蛛" 爬过某地方，就能把某网页抓取下来。

第二步，建立索引数据库。由于收集回来的网页信息量巨大，由分析索引系统程序对网页进行分析，提取有关网页信息（包括网页所在 URL、关键词、生成时间及与其他网页的链接关系等），根据相关算法进行大量计算，利用得出的相关信息建立网页索引数据库。

第三步，根据索引数据库进行排序。当搜索用户输入关键词后，搜索系统会从索引数据库中找到符合关键词的相关网页。相关度越高，排名则越靠前。同理，企业推广产品的相关网页越靠前，被搜索用户点击的概率越大，营销成功的机会也越高。

2. 搜索引擎的分类

搜索引擎自诞生以来，经过不断的发展及改进，根据搜索引擎的工作方式，可将其分为以下 3 类。

第一类，全文搜索引擎。它是名副其实的搜索引擎，国外比较著名的有 Google、Altavista、WiseNut 等，国内比较典型的是百度。它们都是从互联网上，根据建立的数据库提取信息，检索与用户查询条件匹配的相关记录，并且按一定的顺序返回给用户，因此它们是真正的搜索引擎。

第二类，目录搜索引擎。目录索引虽然有搜索功能，但在严格意义上不能称为真正的搜索引擎。用户不需要进行关键词（Keywords）查询，凭靠目录就可以找到所需的信息。此类搜索引擎最具代表性的莫过于 Yahoo!（雅虎）。国内搜狐、新浪、网易等都属于这一类。

第三类，元搜索引擎。它在接受用户查询请求时，集合百家之见，同时在其他多个搜索引擎上进行搜索，并将结果返回给用户。此类元搜索引擎的代表有 InfoSpace、Dogpile。

拓展

SEO 和 SEM 的关系

SEO（Search Engine Optimization）中文译为搜索引擎优化，它是对网站进行整体修改，增加站外合理的曝光量，以符合搜索引擎的搜索原则，使网站在搜索引擎中排名靠前。SEM 是一种新的网络营销形式，它全面而有效地利用搜索引擎进行网络营销和推广。一般来说，SEM 追求最高的性价比，以最小的投入，获得来自搜索引擎用户的访问量，并带来商业价值。

1. SEO 是 SEM 的一部分

实现 SEM 的方式，大致可以分为两种，分别是付费推广和 SEO 方式，前者需要付费进行营销，而后者侧重于网络推广、用户体验及用户转化等要素的有效整合。SEO 涉及网站结构、页面设计、内容编排和各种外部条件等内容，形成营销的重要手段。

2. SEO 和 SEM 的共同目标

SEO 和 SEM 有着共同的目标，SEO 可从根本上改善网站的结构和内容，为搜索引擎提供一个非常宝贵的信息源，使网站出现在搜索结果较靠前的位置，进而带来更多的访问量和潜在用户。经过 SEO 获得收益，是搜索引擎营销的现实目标——达到 SEM 的效果。

5.2 实施搜索引擎营销

问题

大部分的人应该都有在搜索引擎网站上查找信息的经历，想一想，他们通常会点击哪些位置的信息，会点击第 2 页、第 3 页的内容吗？为什么？

根据 iProspect（安布思沛）发布的关于搜索引擎用户使用调查报告，62%的用户只关注搜索结果的第 1 页信息，排名越前，关注度越高，前几项内容的点击可高达 100%，而排名靠后的几个结果项关注度只有 20%。另外，90%的搜索用户不会点击三页之后的内容。

根据报告可知，搜索结果排名越靠前，点击率越高。因此，要实现搜索引擎营销，了解用户搜索习惯，把信息尽可能传达给用户，增加用户点击率，显得尤为重要。

任务

试在搜索引擎上搜索“vans 范斯鞋子”关键字样，查看可以找到多少个相关的结果，排在前五名的都有哪些网站，试分析它们为什么可以排在搜索结果前面。

一、搜索引擎登录

搜索引擎登录又称搜索引擎提交，其作用是收录网站的信息，让用户通过搜索找到自己需要的内容。当新建一个网站时，通常先在搜索引擎上提交网站，让其对网站进行收录，只有网站被收录了才有可能被用户搜索到。

目前，各个搜索引擎都有提交网站的页面，也有一些综合平台，如旺道 SEO 优化大师，可以把自己的网站同时向几个搜索引擎提交。下面就来看一下百度搜索引擎提交网站链接的步骤。

（1）通过搜索引擎的搜索框进入百度站长平台，可以看到“搜索学院”“网站支持”“互动交流”等字样，如图 5-4 所示。

图 5-4 百度站长平台页面

（2）单击“网站支持”，可以看到有 4 种支持功能，分别为数据引入功能、搜索展现功能、数据监控功能、优化与维护功能。点击进入链接提交页面，如图 5-5 所示。

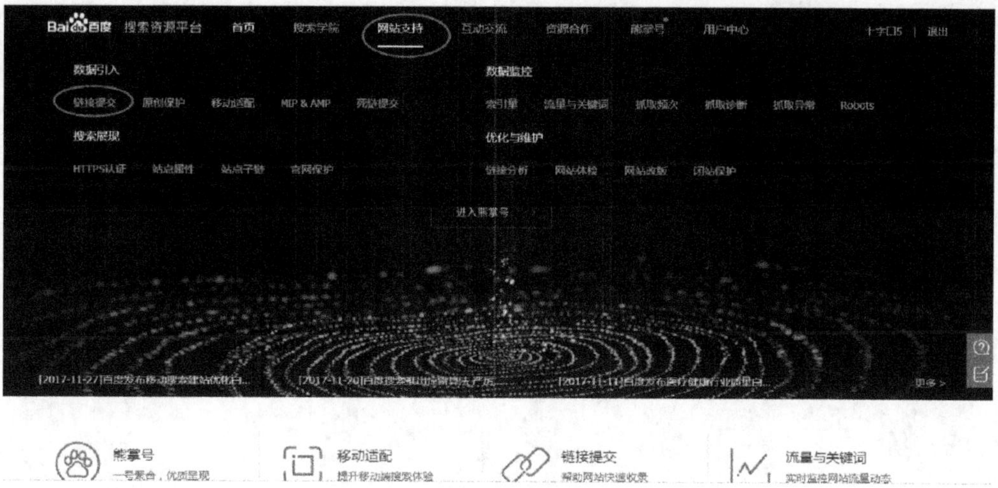

图 5-5 链接提交页面

（3）提交自己的网站之前，首先要完善账户信息，包括用户名、真实姓名、职务等信息。值得注意的是，前面有星号标记的栏目必须填写完整信息，如图 5-6 所示。

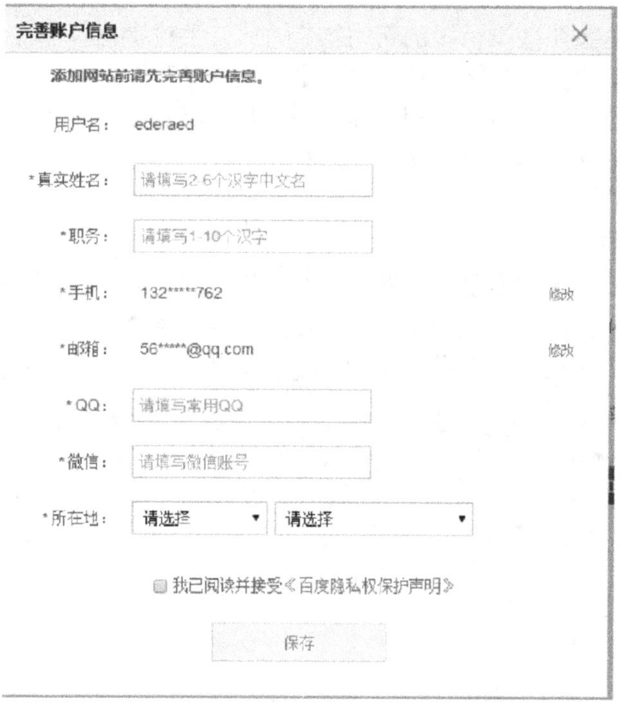

图 5-6 完善百度账户信息

（4）在输入框中输入自己的网站域名，单击右侧的“添加网站”，等待百度搜索引擎收录域名，整个搜索引擎登录就完成了，如图 5-7 所示。

图 5-7　百度搜索引擎登录

练一练

假如有一个生产祛痘产品的企业，现在想在百度推广其产品，根据产品的使用者、年龄、地域等不同，可以设置哪些推广计划？

二、关键字竞价排名

1. 关键字竞价排名的概念

关键字竞价排名是按照效果付费的网络推广方式，关键字出价越高，网站在搜索结果中排名越靠前。国内关键字竞价排名比较有名的是百度网站和淘宝网站。

搜索引擎根据网站的点击量进行相应的收费，目前流行的两种主要方式分别为单次点击付费（Cost Per Click, CPC）和千次展现付费（Cost Per Mille, CPM），企业应根据产品特点选择适合的付费组合方式。

2. 百度竞价排名步骤

百度是全球最大的中文搜索引擎，覆盖 95%中国网民用户，正所谓得百度者得天下，因此企业在百度网站做好推广显得尤为重要。下面就来看一下百度竞价排名的具体步骤。

（1）选中百度首页中的更多产品（见图 5-8），找到“百度推广”字样。

图 5-8　选中百度首页更多产品

（2）进入百度推广首页（见图 5-9），可以看到账户余额、推广产品，进入搜索推广。

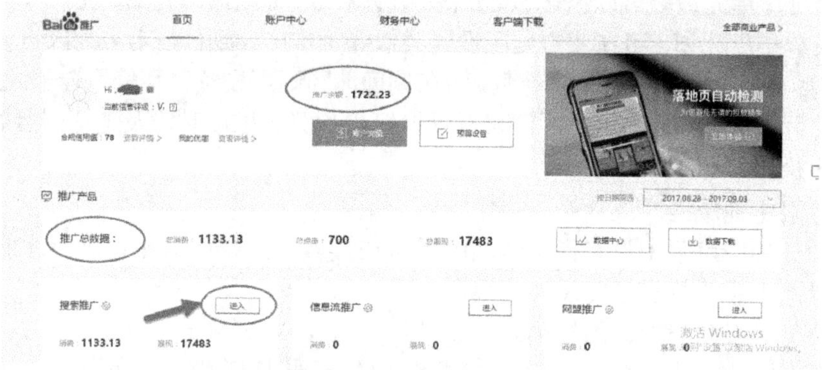

图 5-9　百度推广首页

（3）合理组合百度搜索推广产品。为了便于管理关键词可设置几个层级（见图 5-10），分别为推广计划、推广单元、关键词和创意。经验表明，精细的关键词分组和合理的账户结构设计，可以有效提升营销效果。

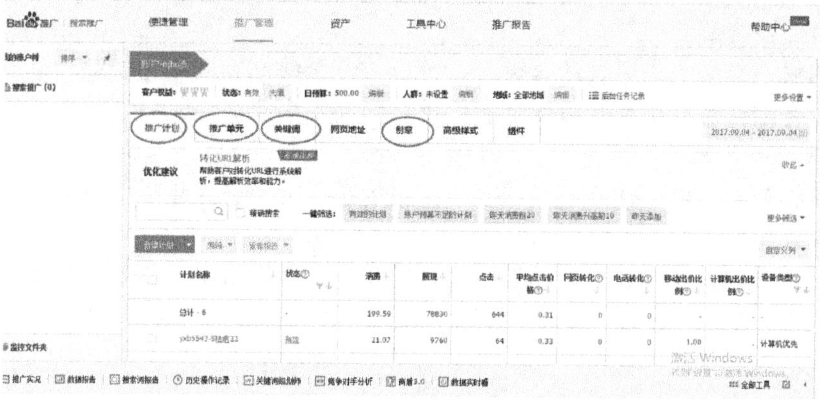

图 5-10　百度推广产品

（4）设置关键词。如图 5-11 所示，关键词“怎么去痘”是有效关键词，属于推广计划“yxb5543-去痘 R”中的第 5 个单元，单次点击为 0.58 元。

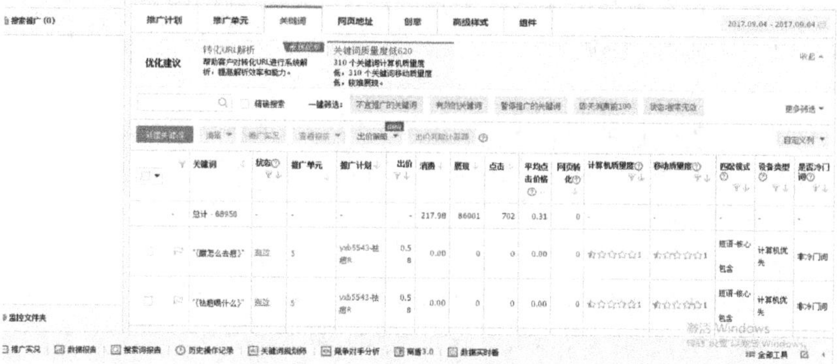

图 5-11　设置关键词

值得注意的是，一个账户最多包含100个推广计划，每个推广计划又可以包含1000个推广单元，每个推广单元最多可以包含5000个关键词和50个创意。例如，生产不同鞋子的商家可以按地区投放推广计划，可在北方地区设置类似保暖推广计划，在南方地区设置凉鞋推广计划；在大城市尽可能设置办公鞋推广计划，而在偏远地区则可设置温馨舒适鞋子的推广计划等。推广计划除了可以设置推广地域外，还可以设置每日预算、推广时段及选择创意展现方式。

4. 百度竞价排名特点

（1）支持限定地域推广。

根据推广计划，可限制只有指定地区的用户在搜索企业推广关键词时，才能看到企业的相关信息，以此为企业节省推广展现资金。

（2）支持每日最高消费额的控制。

为了方便控制推广费用，用户可以选择限定每日最高消费。当开启了该功能后，用户在百度的消费额达到当天设置的最高限额时，关键词推广功能暂时搁置，不再生效。从次日07：00开始被搁置的关键词会自动生效。

（3）自动竞价功能。

企业设定某个关键词点击的最高价，这个价格是企业为这个关键词出的最大点击价格，换句话说，企业的关键词实际点击价格将不可能超过这个最高价。

（4）账务续费提醒。

当企业的账户余额小于设置的金额时，可以在竞价排名系统中设定账户续费提醒功能，自动发短信或者邮件进行提醒，以保证竞价排名活动不中止。

（5）关键词分组管理。

根据产品的分类，可以建立不同的推广关键词组，方便分组管理关键词。

（6）关键词排名。

可以在竞价排名系统中设定自动发邮件提醒功能，当购买的关键词排名下降时，可以随时监控推广效果。

想一想

在实施竞价排名推广中，有哪些不足呢？

运用得好的竞价排名推广能给企业带来巨大的利润，但同时也应注意其带来的缺点。

（1）点击需要付费，对于竞争激烈的关键词，单价可以高达数十元，一个月消费以万元为单位来计算，点击量越大，花费越大，因此，随着竞争的日益激烈关键词价格会逐渐上升，成本将不断提高，给企业的运营必然带来巨大的成本压力。

（2）管理难度大。为了保证排名较好的位置并能够将成本很好地控制下来，就需要每天查看价格并进行调整，设置最优的价格来竞价。然而大部分推广人员很少去后台操作，基本上一次出价保持一个月的时间，只有在流量明显降低或者是价格明显增高的时候才会去后台调整一下。这种推广效果往往得不到保证。

（3）因为各大搜索引擎的独立性，企业在其中一个搜索引擎里做了竞价排名之后，其他搜索引擎不会出现相关的内容，要想在更多的搜索引擎上出现企业的产品和服务，就要在相应的搜索引擎上面都做竞价，从而需要花费更多的广告费。

（4）恶意点击，这是竞价排名最受争议之处，广告不可避免地被竞争对手恶意点击，除此之外，还会有大量的广告公司通过行业中百度竞价的广告位找上门，这些点击不会给企业产生任何效益，而且防不胜防。

探究

正确认识网页内容定位广告的概念、体验网页内容定位广告的运营模式。

三、网页内容定位广告

1. 网页内容定位广告的概念

网页内容定位广告又称网站联盟广告，广告载体不仅仅是搜索引擎的搜索结果页面，广告服务还延伸到与网站合作的媒体网页上。近几年，企业越来越重视网页内容定位广告的作用，并根据目标人群的活动习惯，自选网站进行投放，以达到最优的搜索引擎营销效果。

2. 体验网页内容定位广告的运营模式

（1）打开电商网站。以淘宝为例，输入关键字“天堂伞”进行搜索，如图5-12所示。

图5-12　登录淘宝网首页

（2）显示搜索结果页面。如图5-13所示，页面显示自然搜索和付费广告结果。

图5-13　淘宝搜索结果页面

（3）打开新浪网首页。如图5-14所示，浏览新浪网首页出现的广告。

图 5-14　新浪网首页

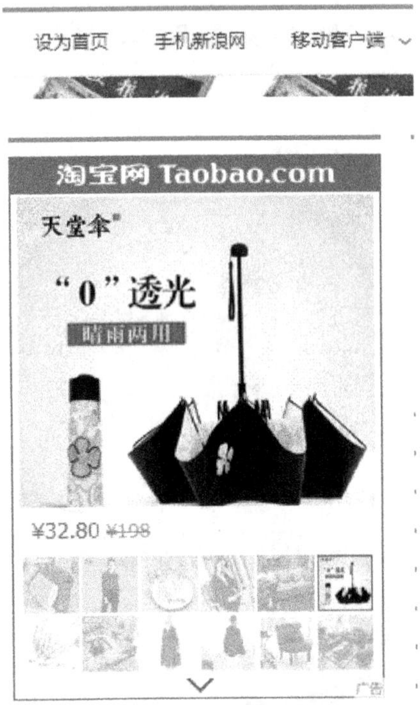

图 5-15　新浪相关广告

（4）发现相关广告。如图 5-15 所示，出现了关于“天堂伞”的广告，符合用户的需求，加大潜在用户变成真正用户的概率。

3. Cookie 技术

Cookie 技术原本是用在网站以内，用来记录用户登录情况的，即当用户从该网站退出后再次登录的时候，该站点能自动识别，让人有亲切感。随着网络技术的发展，越来越多的网站通过收集用户的 Cookie 信息技术来分析用户的上网行为、购物偏好，并在相关的网页投放广告，给消费者展示潜在的商品，提高交易量。

据阿里妈妈官方提供的数据，阿里通过联盟广告的方式，合作媒体超过 4 000 家，与 10 万家 APP 达成合作，覆盖中国大部分人群。阿里巴巴在 2013 年 4 月以 5.86 亿美元收购新浪微博 18%股份，交易完成后成为新浪微博的第二大股东，达成了合作无缝连接。例如在淘宝搜索“伞”的关键字后，Cookie 技术将相关广告显示在新浪网上，正是网页内容定位广告的完美体现。

拓展

减少恶意点击的小智慧

推广人员从竞价排名中取得了较好的推广效果，但同时也潜伏着对手的竞争危机，那就是恶意点击。首先应把恶意点击行为找出来，然后进行判断，方法主要有以下两种。

（1）观察关键词点击流量。如果在较短一段时间内，如早晨上班、下午下班，发现一些单价比较贵的关键词点击率偏高，而相应的咨询量又极少，那么就极有可能是竞争对手在进行恶意点击。

（2）观察后台的关键词转化率指标。有些关键词（特别是价格比较贵的核心关键词），展示次数和点击数的转化率如果明显超过其他关键词的转化率，很有可能是遭到了恶意点击。

据调查数据显示，有35%的企业怀疑自己遭遇过恶意点击，其中，37.5%的企业认为是代理商所为，25%的企业认为是联盟网站所为，12.5%的企业认为是竞争对手，剩下的25%的企业不确定恶意点击来自哪方面。对于防止恶意点击，搜索引擎服务商责无旁贷，应采取措施核实点击访问的真实性、有效性，将恶意访问剔除，保证访问统计的真实性和合理性。除此之外，企业也可以采取以下相应的措施，减少恶意点击。

首先，关键词退而求其次，不片面追求第一。竞价排名前面的位置属于稀缺资源，为了抢到较好的位置，通常会不断提高关键词的每次点击价格。所以，排在前面的单次点击价格比较高，也很容易成为恶意攻击的对象。为了减少恶意点击，要根据企业的实际情况，在设置关键词时，不要一味追求排名第一，要根据企业的实际情况，选择合适的位置。通常情况下，竞价排名位置保持在第3～7名比较合适。

其次，避开热门关键词，挑选次热门或者专业关键词。热门关键词的单价比较高，也容易成为被恶意点击的对象。所以，企业在竞争排名的时候，最好避开一些热门的关键词，结合推广的产品或服务选择相对比较专业的关键词。一方面可以减少竞价排名的费用，另一方面也可以降低恶意点击的概率。

最后，根据产品特点，分区域投放。像百度谷歌之类主流的搜索引擎服务商，都提供了分区域投放广告的服务。所以，企业可以根据产品和服务的特点，有针对性地选择合适的投放区域，把不适合销售的地区屏蔽掉，以减少无效点击。

5.3 评估搜索引擎营销效果

问题

网站用了竞价排名和网页内容定位广告等搜索引擎优化手段后，有哪些方式可以评估搜索引擎营销效果？

随着移动互联网的发展，用户的触媒习惯更加碎片化，获得信息的渠道也更加多元化，影响了搜索引擎流量的入口地位。但由于其是当前最成熟、最完备的网络销售渠道，本身覆盖面广，又有网络技术作为支撑，所以搜索引擎营销仍然是网络营销中不可或缺的重要力量。

截至2017年5月，根据Analysys易观产业数据库发布的“中国搜索引擎市场季度检测分析2017年第1季度”数据显示，2017年第一季度中国搜索引擎运营商市场规模为187.6亿元人民币，较2016年第四季度下降8.6%，同比上升5.3%，如图5-16所示。搜索引擎的营销价值仍然明显，未来搜索引擎厂商需要在保护用户体验的前提下，进一步开发广告的变现力。

企业要想知道搜索引擎营销是否具有价值，就必须对搜索引擎营销进行评估。对搜索引

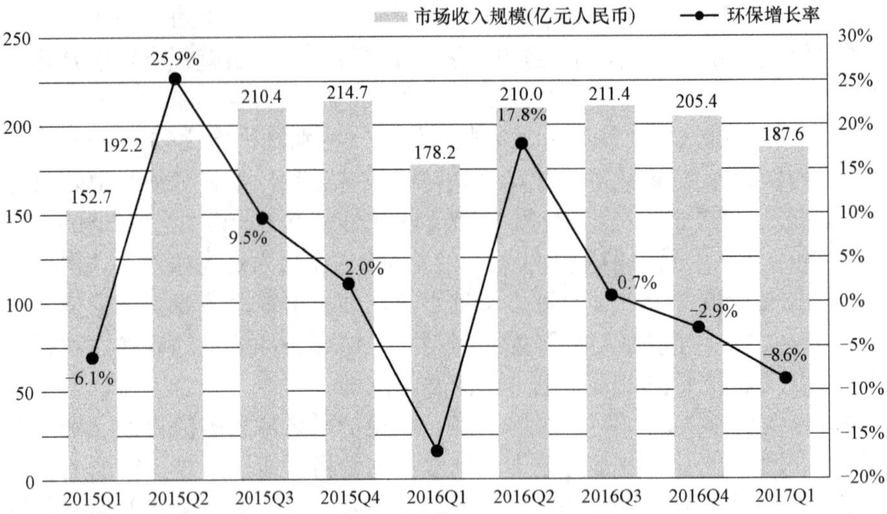

图 5-16　2015Q1—2017Q1 中国搜索引擎运营商市场收入份额

擎营销过程进行评估，以优化营销方案；对搜索引擎营销结果过程进行评估，以考量营销计划是否成功。因此，对搜索引擎营销进行效果评估是企业网络营销的重要环节。

任务

正确理解消费、展现量、点击量、转化率、投资回报率等要素，把握其在搜索引擎营销评估中的意义。

一、对搜索引擎营销过程的评估

对搜索引擎营销过程的评估，是通过消费、展现量、点击量、平均点击价格、点击率、访问量、订单量 7 个指标来评估的。登录百度搜索引擎，进入“我要推广”环节，从企业“推广报告”中可以看出，如图 5-17 所示。搜索引擎营销的过程需要分析以下数据。

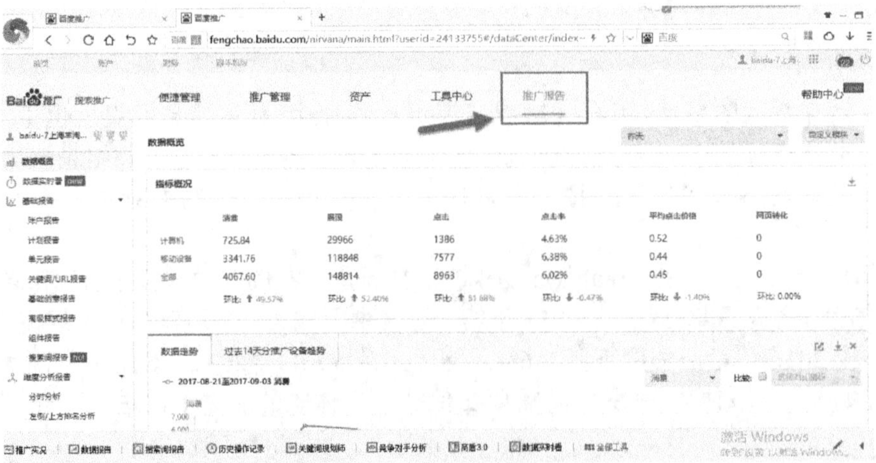

图 5-17　百度“推广报告”

（1）消费（Cost），指营销计划在一定时间内产生的费用，主要受到点击量和出价的影响。

（2）展现量（Impression），指广告展示给潜在用户的次数，是营销效果的基本指标。主要由营销形式和目标用户群体的数量决定，企业根据展现量的具体数据来判断目标市场是否实现最大化覆盖。

（3）点击量（Click），是指广告被点击的次数，是计算营销费用的重要数据。主要影响因素有关键词的搜索量、广告的排名及对用户的吸引程度。

（4）平均点击价格（Cost Per Click，CPC），指点击广告的平均费用，计算方式为消费/点击量。

（5）点击率（Click-Through Rate，CTR），指广告点击的频率，计算方式为点击量/展示量。

（6）访问量（Visit），指用户通过广告访问网站的次数。访问量与点击量的次数理论上是一致的，但由于客观的网速及用户的误点，客户还没等加载完就离开页面了。所以，通常来说，访问量小于点击量。

（7）订单量（Order），指通过广告进入网站，购买产品的订单数量。一般适用于电子商务网站或其他具有在线订购系统的网站。

可将与流量相关的数据分为4个层级，流量数据层级关系如图5-18所示。由下至上数据会逐级递减，对企业来讲，层级越高价值越大。通过这个层级结构可以看出，用户从下往上依次在流失。因此企业可以针对流失较严重的环节进行分析，找出导致用户流失的原因并制定解决方案。

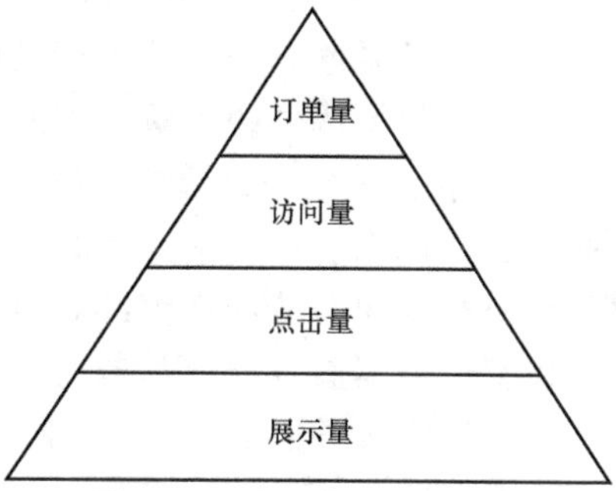

图5-18 流量数据层级关系

二、对搜索引擎营销结果的评估

评估搜索引擎营销的过程，是为了找出在营销过程中出现的问题，并及时调整加以解决，使营销活动效果达到最优化。而评估搜索引擎营销的结果，是为了了解营销措施对于企业是否值得，是否能争取到最大利益。下面主要介绍两种评估方式。

1. 转化率

转化率（Conversion Rate）是评估搜索引擎营销的有效方式之一。通常是根据转化量和点击量来进行计算的，转化率=转化量/点击量×100%。当然，转化目标视企业自身情况而定，当企业采取了一系列营销措施，使得每个转化都能够带来大于投入的利润时，说明企业获利了。不过，在具体的市场环境中，因受到多种因素的影响，情况往往比较复杂，因此这种评估方式具有一定的局限性。

2. 投资回报率

投资回报率（Return On Investment，ROI）用来评估搜索引擎营销效果，是目前市场环境中最主要的评估方式之一，相对而言也是比较有效的。计算方式为：

投资回报率（ROI）=（搜索引擎营销销售总额－搜索引擎营销的总投入）/搜索引擎营销的总投入（Investment）×100%。

对属于电商行业的企业来说，直接套用公式计算投资回报率时快速而有效。而对于一些不能直接准确算出利润的企业来说，投资回报率需要结合其他公式进行计算。

在搜索引擎营销评估中，企业往往不只用一种评估方式，而是多种评估方式综合利用，形成一套系统的评估体系。这样不仅能更全面地评价营销效果，更能有效地指导营销过程。

练一练

企业一天之内的营销推广费用为 4 067.60 元，展现量为 148 814 次，点击量共计 8 963 次，请计算出平均点击价格，并尝试计算点击率，然后通过这些指标评估搜索引擎营销的效果。

想一想

假如你是搜索引擎营销工作人员，而你所负责的网站被搜索引擎网站惩罚时，你应该怎么处理？

三、被惩罚之后的处理

网站惩罚几乎是一个网站运营的必经过程。这时不必太紧张，首先查明网站被惩罚的原因，然后分析原因并找出解决方法。处理方法主要有如下几个方面。

（1）用 Site 指令查看是否整个网站被搜索引擎删除，还是只有少量关键词下降。有时并不是你的网站自身的问题，有时搜索引擎也会出现意想不到的情况。用 Site 指令查看后如果网站还在，就可以安心地继续做好日常维护工作；如果发现网站被搜索引擎从数据库中删除了，就必须赶紧查找方法补救。

（2）检查服务器的情况。用网站 IP 工具检查同虚拟空间的网站用户，看是否因同原因被搜索引擎删除。

（3）过度优化。新站上线切勿使用过多的优化手段，应循序渐进，根据实际情况进行优化。

（4）是否链接其他被惩罚的网站。检查导出链接，看是否有相互链接的网站被惩罚。

（5）网站重复页面过多。一个原本页面不是很多的网站，如果有很多页面，就会对搜索很不利。

探究

在搜索引擎营销中，除了活动的实施和评价外，还需要采取哪些措施使营销活动有效发挥效果？

四、搜索引擎营销的全程监控

1. 全程监控的意义

监控在生活、生产领域类似于一个“安防”的关键词，在刑警公安影视题材中应该经常看到监控录像对案件的侦破起到至关重要的作用，也可能听说过很多工业自动化领域中的监控设备。

对于搜索引擎营销，其性质也有类似之处，通过对整个营销过程的监控，能够真正了解每个操作步骤，以供事后分析，并对实际投放情况进行实时追踪，以防止和解决可能出现的问题。搜索引擎营销全程监控意味着在整个搜索引擎营销的在线操作和在线投放过程中，任何情况和变化都应该被实时记录。

2. 全程监控的内容

想象一下本章第二节实现搜索引擎营销的操作，里面涉及的任一行为的任一元素，只要有可能，都应该尽可能地充分记录以下问题。

（1）给搜索引擎提交了什么样的网址？

（2）在什么时间进行了什么账户的调整（计划、单元）？

（3）在什么时间添加了哪些关键词及其出价分别是多少？

（4）在什么时间为哪个单元添加或删除了什么创意？

（5）在什么时间删除了哪些关键词？

（6）在哪些网站投放了网页内容定位广告？

由上面要点可以得知，任何可“变”的量与任一组合都是可以被监控的。

3. 建立完善的全程监控体系

完善的搜索引擎营销监控体系包括以下几个重要的“子系统”。

（1）整体数据概览。

这部分数据体现了整个搜索引擎营销账户表现的概览，一般在搜索推广账户后台可以获得相关数据。

（2）项目上线情况。

项目上线情况。包括计划调整、单元调整、关键词调整、创意调整、价格调整、创意的暂停与启动、创意播放形式变化等。

（3）着陆页情况。

着陆页情况。包括着陆页的样式、访问状况、性能等。其中，着陆页页面的样式就是用户体验的“样子”；访问状况包括一般的网站分析指标，如浏览数、停留时间、跳出率等；性能则是指着陆页加载时间的长短及是否发生错误无法打开。着陆页与转化行为关系最为直接，因此监控着陆页的情况也显得尤为重要。

（4）各关键词展现位置。

各关键词展现位置。包括每个推广关键词的展现位置（精确到右侧第几或左侧第几），以及相邻位置的推广链接情况。

（5）分计划、分单元转化情况。

根据转化目标和性质的不同，对不同计划、单元做针对性的转化情况进行跟踪。

拓展

搜索引擎营销的伦理问题

与其他的网络营销方式一样，搜索引擎营销也涉及伦理方面的问题，下面来看一个案例。

2016年4月12日，魏泽西的父亲在知乎上代其留言：“我是魏泽西的父亲魏海全，泽西今天早上8点17分去世，我和他妈妈谢谢广大知友对泽西的关爱，希望大家关爱生命，热爱生活。”魏泽西的死是在互联网上引起了众多网民关注的一起医疗相关事件，也称魏泽西事件。

2014年4月，当时在西安电子科技大学读大二的魏泽西被检查出滑膜肉瘤，一种恶性软组织肿瘤，5年的生存概率是20%～50%。经过了多方面的寻访医生和治疗，魏泽西在百度排名靠前的信息中，搜索到了某武警医院可以运用生物免疫疗法来治疗癌症，有效率达到百分之八九十。为了给儿子治病，魏泽西的家人东拼西凑了20多万元给他治病，却发现效果每况愈下。魏泽西通过在美国的留学生，联系了多家美国医院，才发现生物免疫疗法在国外因为有效率太低，在临床阶段就被淘汰了，现在在美国根本就没有医院用这种技术，可到了国内，却成了最新技术，成了医院欺骗患者的手段，贻误了宝贵的时机使用规范的放化疗和靶向治疗法。

青年魏泽西去世了，他在死前将自己被百度竞价排名、被部队医院和医生欺骗，视为人性中最大的恶。患者或家属往往在危急时病急乱投医，医疗相关信息性命攸关所以应该慎重。因为无法鉴别医疗信息的真伪，患者只能依据了解相关联的医院权威不权威、关联的医生有没有名等来推断医疗信息的真伪。搜索引擎排名靠前的推荐就格外有用，以至于医疗机构对医疗产品不顾能否达到治病目的，也要高价买到排名靠前的广告位。医院的做法违背了医德宗旨，而搜索引擎发布未经核查的广告，也违背了网络营销伦理。

技能训练

训练 1：体验搜索引擎营销结果

实训目的：初步了解搜索引擎营销的概念、原理、形式，掌握搜索结果页面显示的内容。

操作要求：使用 PC 浏览器打开搜索引擎首页（如百度、谷歌、雅虎等），输入关键字查找搜索结果页面。

技能点拨：搜索结果右侧的广告位置又称作火爆地带，已于 2013 年 6 月停售，注意留意左侧搜查结果旁边含有“广告”的字样，它属于广告投放。

实训步骤：

（1）访问百度网页（http://www.baidu.com），如图 5-19 所示。

图 5-19　打开百度首页

（2）在搜索框中输入关键字“iPhone8”，单击“百度一下”按钮，如图 5-20 所示。

（3）搜索引擎结果返回页面，请留意页面的广告信息、自然搜索和相关搜索等信息，如图 5-21 所示。

训练 2：登录搜索引擎

实训目的：初步了解向搜索引擎提交网站的作用，并能掌握向搜索引擎提交网站的技能。

操作要求：学生登录百度站长平台，向百度搜索引擎提交微博网址或者 QQ 空间网址。

技能点拨：向搜索引擎提交自己的网站 URL，能让潜在用户通过搜索进入网站。

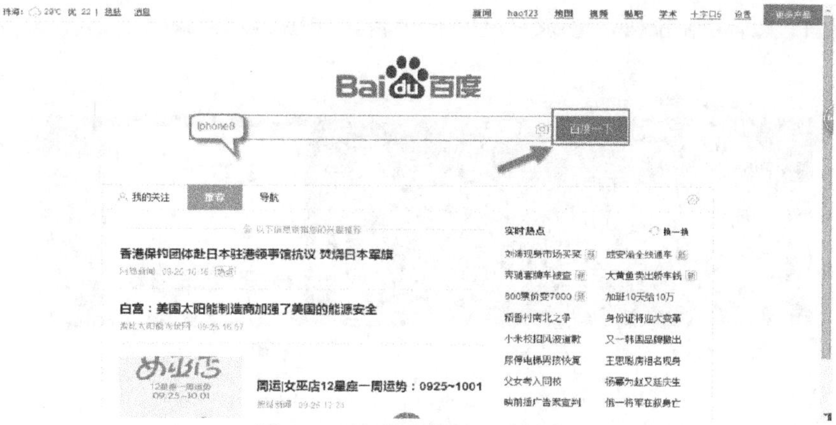

图 5-20　在搜索框输入关键字

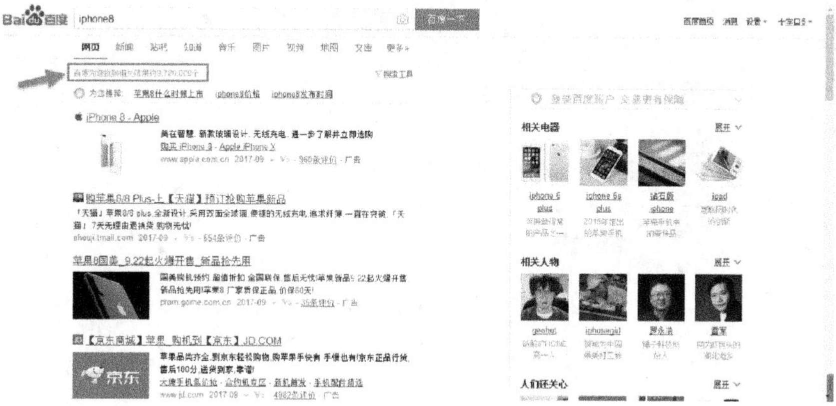

图 5-21　搜索引擎结果显示页面

实训步骤：

（1）打开新浪首页，登录微博，复制微博首页网址，如图 5-22 所示。

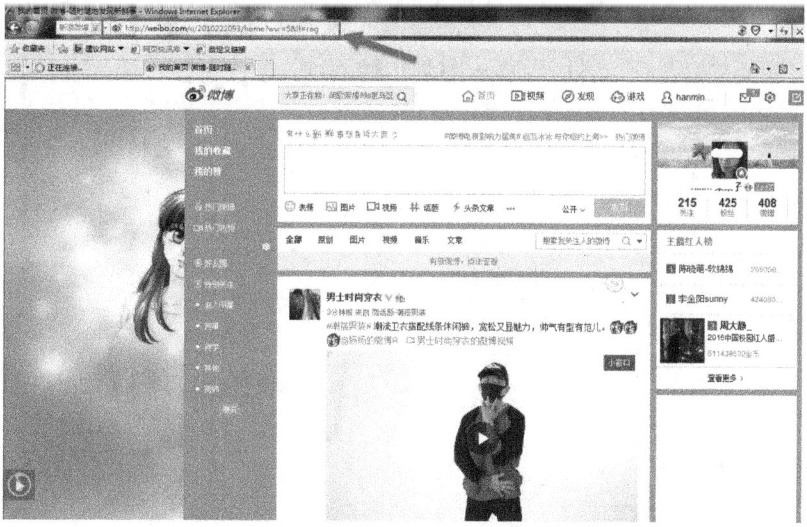

图 5-22　复制微博首页网址

（2）使用百度账号和密码，登录百度站长平台，如图 5-23 所示。

图 5-23　登录百度站长平台

（3）进入“工具”页面，如图 5-24 所示。

图 5-24　百度站长平台“工具”页面

（4）单击“站点管理”项，添加步骤一中复制的网址，搜索引擎收录成功，如图 5-25 所示。

图 5-25　搜索引擎网站添加

测一测

一、填空题

1. 常用的搜索引擎营销工具有__________、__________、__________等。

2. 搜索引擎返回结果通常包括__________、__________、__________、__________、__________、__________。

3. 全文搜索引擎包括__________、__________、__________等。

4. 目前关键字竞价排名中，主要流行的两种方式分别为__________和__________。

5. 根据搜索引擎工作的方式，可将其分为__________、__________、__________三大类。

二、单项选择题

1. 李彦宏先生于（　　）年创建了百度公司。

A. 1990　　B. 1998　　C. 2000　　D. 2008

2. 在百度账户中，最多包含（　　）个推广计划。

A. 100　　B. 50　　C. 5 000　　D. 1 000

3. 阿里巴巴于2013年收购新浪微博18%股份，交易完成后成为新浪微博的第（　　）大股东。

A. 四　　B. 三　　C. 二　　D. 一

4.（　　）是指广告展示给潜在用户的次数，是营销效果的基本指标。

A. 订单量　　B. 访问量　　C. 点击量　　D. 展现量

5. 下列属于目录搜索引擎的是（　　）。

A. 百度　　B. Yahoo!　　C. Google　　D. 搜星网

三、判断题

1. 正常情况下，搜索结果排名越靠前，点击率越高。（　　）

2. 想让更多人搜索到自己的网站，只能向一个搜索引擎提交自己的网站。（　　）

3. 网页内容定位广告只能在搜索引擎结果页面显示。（　　）

4. 可以利用Cookie技术分析用户的上网行为，并在相关网页投放广告，提高交易量。（　　）

5. 通过流量数据层级关系图可以得出，层级越高，价值越小。（　　）

四、问答题

1. 简述搜索引擎营销的特点。

2. 简述可以通过哪些因素来评估搜索引擎营销的过程。

3. 简述关键字竞价排名的概念。

4. 简要回答搜索引擎的工作原理。

五、案例分析题

希尔顿酒店营销案例
——搜索引擎营销成为反败为胜的转折点

当经济危机席卷全球，各企业争相开源节流，并采用开拓营销新渠道的方式节约成本时，搜索引擎直销模式的优势显得尤为明显。

希尔顿酒店很重视网站优化设计，因为酒店有15%的订单是通过网站带来的。因为早前在线下的拓展经营，使得希尔顿酒店拥有一大批忠诚的顾客。随着网络技术的发展，聪明的酒店经营者大量运用“希尔顿酒店”“希尔顿”等关键字在搜索引擎上投放广告，使得用户能很快搜索到该酒店，达到了营销目的。

但由于对一些基本问题的疏忽，导致网站首页及多个子网站的PR值为0，这影响了希尔顿酒店的品牌形象和搜索引擎营销的实际效果。希尔顿酒店经营者通过分析得出，他们的消费者群体差别较大，一个网站的内容和风格难以满足各式各样的消费者的需求。

为了获得更多的网络订单，希尔顿酒店针对不同消费者群，发布了50多个微型子网站，并加入了搜索引擎联盟广告，尽可能在潜在用户所到网站投放广告。此举使得希尔顿酒店网上销量大增，并在众多酒店营销中赢得口碑，并脱颖而出。

思考：在该案例中，用到了哪些搜索引擎营销的方法？为什么这些方法是可行的？

第 6 章 软文营销

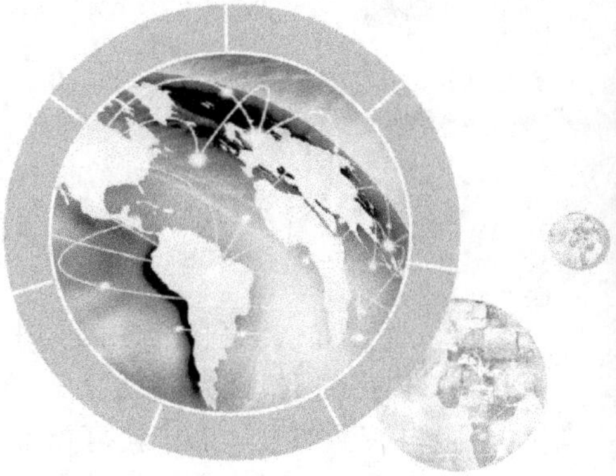

知识要点

（1）软文营销的概念、特点、优势。
（2）软文营销的方法和策略。
（3）论坛营销的概念、特点、方法、技巧。
（4）博客营销的概念、特点、方法、技巧。

能力要点

（1）正确认识软文营销的概念，知道软文营销的特点和优势。
（2）了解软文营销的方法和策略。
（3）熟悉撰写软文的技巧，并尝试撰写。
（4）理解论坛营销的概念、特点，初步尝试使用论坛营销的方法和技巧。
（5）理解博客营销的概念、特点。
（6）开通博客，进一步尝试使用博客营销的方法和技巧。

引例

中国最早的营销软文

清朝时，有个秀才因找不到糊口的生计而生活困难，于是秀才的妻子就在家泡豆芽菜，秀才在家门口摆摊卖豆芽菜。但生意一直不好，秀才很无奈。秀才的妻子就启发秀才说：书中自有颜如玉，书中自有黄金屋，你应该利用你饱读的诗书文章，为咱家的生意带来一些转机。秀才闻听此言，如梦方醒，略加思考，就写了一副怪联：

长长长长长长长，长长长长长长长。

上、下联一共用了十四个“长”字。找人裱帖好，挂在摊边，并写明以文会友，猜出联意者，请豆芽菜伴酒一顿。看到对联的人都觉得很新奇，于是围过来看热闹，并且看热闹的人越来越多。等有人猜出来时就大声念，大伙全明白了。原来对联的意思是：

长（zhǎng）长（cháng）长（zhǎng）长（cháng）长（zhǎng）长（zhǎng）长（cháng），

长（cháng）长（zhǎng）长（cháng）长（zhǎng）长（cháng）长（cháng）长（zhǎng）。

原来秀才的对联是在说豆芽菜哪——盼望着豆芽菜赶紧往长（cháng）里长（zhǎng）。大伙一听全笑了，于是争着买秀才的豆芽菜，不一会儿，豆芽菜就卖光了。

从那天起，秀才的怪联就整天挂在那里，招惹得好多人来看，因此他的生意也越来越好。与此同时，秀才的有趣怪联也被人们传得远近闻名，甚至有些大的店铺开张庆贺时都车马相请，让他去写贺联，以求生意兴隆。酬劳当然是很丰厚的了。

【分析】商人博客，肯定是以营销为目的。但博客营销追求的是一种软性广告效果。鉴于目前传统媒体广告泛滥，受众对广告非常“厌恶”。所以，软文营销要力求达到一种春风化雨、润物无声的境界，这就要靠知识性、趣味性、创新性、可读性来吸引读者，达到不销而销的惊喜效果。

6.1 软文营销概述

问题

什么是软文？什么是软文营销？企业为什么要选择软文营销？

软文是一种广告的方式，是相对于硬性广告而生的广告模式。硬广告形式多样，传播速度快，宣传力度大，涉及对象广泛，重复宣传可以增加公众印象，但由于其成本高，商业味浓，传递内容简单，时间短，渗透力弱，带有强迫性的说教，很明显地给消费者一种广告的意图，久而久之，人们对于这样的广告变得麻木了。软文是潜移默化地从多方面去解析产品和公司，把产品的外形、功能特点、企业文化进行深度剖析，使消费者在不知不觉中全方位地了解产品优势、企业特点的基础上，接纳企业和产品，最终实现购买。目前，软文营销已成为一种成本低廉、效果明显的推广方式。

任务

上网搜索自己需要的学习用品、生活用品的软文，体会软文营销的巧妙之处。

一、软文营销的概念

相对于硬性广告而言，软文是由企业的市场策划人员或专业网络营销公司的文案人员来负责撰写的“文字广告”，是通过在报纸、杂志或网络等宣传载体上刊登的一种宣传性、说明性文章，包括特定的新闻报道、深度文章、案例分析等。

软文是通过特定的概念诉求，以摆事实讲道理的方式吸引消费者走进企业设定的“思维圈”，用强有力且具针对性的心理攻击获得消费者的信任，迅速实现产品销售的文字模式。从本质上来说，它是企业软性渗透的商业策略在广告形式上的实现，通常借助文字表达与舆论传播使消费者认同某种概念、观点和分析思路，从而达到企业品牌宣传、产品销售的目的。

与硬广告相比，软文之所以叫软文，精妙之处就在于“软”字，好似绵里藏针，追求的是一种春风化雨、润物无声的传播效果。软文通过有吸引力的标题来吸引网络用户的注意，通过带有“嵌入式广告”的文字，让受众受到感染，从而树立产品品牌，提高企业知名度，达到营销效果。一篇好的软文需要将宣传内容和文章内容完美结合在一起，让用户在阅读文章的同时能够了解策划人所要宣传的信息，软硬兼施、内外兼修，才是最有力的营销手段。

软文营销是企业利用互联网技术，整合国内众多家网站优质资源，把企业的相关信息以软文的方式，及时、全面、有效、经济地向社会广泛传播的一种网络营销方式。软文营销采用的营销方式主要有新闻发布、论坛营销、QQ 营销、邮件营销、博客营销、SNS 社区营销等。

软文营销的关键在于获得消费群体认同和社会认同，更重要的是侧面补充第三方的行业评论、其他客户的消费好评，从而增加消费者的信任度。所以说，软文营销也是借势营销、借时事营销、借消费者意愿营销。

二、软文营销的特点

1. 软文具有隐蔽性

软文不同于网络广告，没有明显的广告目的，而是将要宣传的信息嵌入文字，从侧面进行描述，属于渗透性传播，其本质是商业广告，但以新闻资讯、评论、管理思想、企业文化等文字形式出现，让受众在潜移默化中受到感染。如今网络媒体的各个角落都充斥着商业性文章，如新闻、博客、论坛等，消费者很难分辨出哪篇文章是新闻、哪篇文章是软文，这也是软文存在的最大价值。

2. 内容丰富，形式多样，受众面广

软文文字资料丰富，传递信息完整，而且不拘泥于文体，表现形式多样，从论坛发帖、博客文章到网络新闻，从娱乐专栏到人物专访，从电影到游戏……几乎遍布网络的每个角落，因此，大部分网络用户都是其潜在消费者。

3. 吸引力强，可接受度高

软文的宗旨是制造信任，它弱化、规避了广告行为本来的强制性，一般由专业的软文写作人员在分析产品目标消费群的消费心理、兴趣爱好的基础上，投其所好，用极具吸引力的标题或话题来吸引网络用户，然后用具有感情细腻、亲和力、诙谐幽默的文字以讲故事等的方式打动消费者，而且文章内容以用户感受为中心，处处为消费者着想，使消费者易于接受。例如，新闻类软文从第三者的角度进行报道，引导消费者从关注新闻的角度去阅读，信任度很高。

4. 低成本，高效益

传统的硬广告受到版面限制，传播信息有限，投入风险大，成本较高。相比之下，软文营销具有高性价比的优势，信息量大，而且不受时间限制，留存在博客、论坛、网站时间长。国外一份权威调查显示：企业在获得同等收益的情况下，对软营销的投入是传统营销工具投入的 1/10，而信息到达速度却是传统营销工具的 5～8 倍。此外，软文有非常好的搜索引擎效果，可以进行二次传播，通过软文营销公司的网络整合营销服务，企业可以把相关信息同时发布到互联网上所有大型门户网站及全国各个地方性门户、行业网站的相关频道，该软文还可以继续被其他网站转载。

5. 以消费者为中心

作为网络营销的一种新方法，软文营销理论上离开了在传统营销理论中占主导地位的 4P'S 理论，以 4C'S 理论为基础和前提，其主张的观点如下。

（1）先不急于制定产品策略（Product），企业软文营销部门或专业的软文营销组织先将重点放在研究消费者的需求和欲望（Consumer Wantsand Needs）上，以消费者为中心，按照消费者的需求去制定软文。

（2）暂时不考虑定价（Price）策略，而是研究消费者为满足其需求愿意支付的成本（Cost），然后进行双向沟通，直到达成双方都满意的价格。

（3）不考虑渠道（Place）策略，着重考虑给消费者提供方便（Convinence），以最省事省时的方式获取信息。

（4）抛开促销（Promotion）策略，用“拉”的营销方式让消费者主动参与，并着重加强与消费者的沟通和交流（Communication）。

目前互联网中已经出现了许多专业软文营销网站，他们专门为企业或其他组织策划、写作、发布软文，其流程如下。

客户在线下单、客服联系客户、制订营销方案、签约付款、项目执行、提交营销报告和售后服务。

客户可以在专业的软文营销网站上进行网上下单，可根据自己的特定要求制作详细的订单，并对软文完成的时间、题目、内容、字数等提出要求。客户提交订单后客服人员立即与客户取得联系，双方首先进行沟通交流及具体的方案策划、媒体选择、价格商定等，然后签订合同，方案执行后软文营销公司给客户反馈关于其策划的软文给企业带来的效果的报告，并随时为客户进行售后服务。

拓展

捐了一亿，王老吉凉茶重庆卖断货

在央视举办的“爱的奉献——2008 抗震救灾募捐晚会”上，拥有红色罐装王老吉商标使用权的香港加多宝集团一口气捐出 1 亿元人民币，成为国内单笔最高捐款。大笔的善款令一个之前知名度并不算高的饮料企业一夜之间红遍大江南北。从此网民们就开始疯传，“从此以后，喝饮料只喝王老吉！”当时，记者从加多宝重庆办事处获悉，罐装王老吉当年在重庆市的销量与上一年同期相比直线上升。

当时，记者走访重庆市新世纪、永辉等超市发现，罐装王老吉均被摆在显眼的位置，观音桥新世纪超市一位饮料促销员说，“近几日常有市民前来指名购买罐装王老吉，且一买就是几箱”。“具体数目我不方便告诉您，但今年销量确实与去年同期相比呈直线上升。”当时的加多宝重庆办事处工作人员胡先生告诉记者，“近日来，该公司重庆市场很多地方因为销量太好出现断货的情况”。

虽然加多宝集团在多个场合声明，公司捐款的目的并非为了终端市场销售额的提高，但仍有嗅觉灵敏的销售人士开始拿王老吉现象作为市场营销的成功范例进行分析。一位名叫詹鹏的网络写手在 IT 写作社区撰文称，王老吉借助消费者心理进行产品宣传，进行了一次“病毒式营销”，形成了口碑效应。慧聪网也发表评论称，王老吉打了一场漂亮的情感营销战。

【分析】从“捐了一亿，王老吉凉茶重庆卖断货”可以看出，本文应用了标题策略，加之借助时事、借势与央视制造王老吉被买断货的社会认同和群体认同，进行大量证明的信息报道，同时在结尾引用红人詹鹏的文章进行侧面分析。从信息的发布来看，百度搜索王老吉新闻，这是唯一一篇在百度新闻里能搜索出 20 篇以上的新闻，新闻源自《重庆晨报》，但是王老吉的事件引爆于网络，所以借助网络红人詹鹏的观点更具有说服力，把握了阅读群众与网络红人的网民相似性。

6.2 软文营销的方法、策略与软文撰写

问题

了解软文的优势后，对于企业开展软文营销时，应采用哪种软文营销策略比较适合？如何下手书写软文？

任务

电子商务专业美工竞赛海报作品网络投票环节，运用软文营销的策略，撰写软文，尝试帮助班级争取获得好名次。

一、软文营销的方法和策略

1. 新闻

新闻是指对最新发生的人们未知的、欲知的、应知的事实的报道。早期的软文就被称为新闻性广告或广告性新闻，随着网络媒体环境的不断演化，网站站长们将“软文”一词进一步深化，或许没有任何的“新闻点”，仅仅是隐含注入了“关键点”。在广告轰炸的年代中，对新闻的认可远远高于广告。

而在整个网络媒体环境中，投放一篇“新闻稿件”，既可以一如既往地通过编辑的手过滤后发布，也可以自己在免费的论坛上发稿；既可以达成媒体、企业、消费者共赢的新闻需求，

也可以仅仅是企业新闻营销的成功。

新闻营销的成本很低但可信度很高，虽然对销售不一定起直接的促进作用，但有利于品牌的创建、推广、维护，后劲比较足，而且有利于二次开发传播。有人说：广告花 10 万元所要达到的效果，新闻策划花 1000 元就能达到。

一般企业网络新闻软文的写作方法如下。

（1）选好新闻点

凡是网络热点、焦点、视点或网络事件的新闻都可以嫁接到网络新闻软文中。

（2）对稿件进行优化

优化是针对搜索引擎优化，优化的主要目的是更好地传播，主要是在搜索引擎当中的自然检索的传播。关键词设计得巧妙，既能满足读者的阅读体验，又能起到软文优化的效果。

（3）集结网络新闻软文

可以将自己投放、他人转播或他人撰稿的有利于企业的网络新闻集合成一个专题页面，提升访客对品牌的认知度和信任度。

2. 话题

目前，话题营销无疑是互联网营销中最快捷、影响力最大的方式之一。

话题营销主要是运用媒体的力量及消费者的口碑，让广告主的产品或服务成为消费者谈论的话题，以达到营销的效果。其核心是“我有话题，等你来发现、讨论、扩散”，这可以认为是一种“勾引”媒体传播的营销方式。

话题营销以话题发起者来区分，其在互联网上的表现形式有两种：一种是经过蓄意策划的话题；另一种是由潜在顾客或利益相关者自发发起的话题。这两种表现形式可以简单概括为由主体发起的话题营销，以及由客体发起的话题被主体顺势引导形成的话题营销。

主体发起的话题，是企业事先构思好内容，通过微博、博客、论坛、官网等平台进行话题的传播，话题营销企业是掌握主动权的。因此企业只要选择精准的话题并经过缜密规划、合理引导，就能发挥话题的营销效果。例如，在 2012 年的京东、苏宁之间的价格战，就是刘强东蓄意谋划的话题营销，他通过微博这个平台发动话题，约架成功，最终使得京东成了当时媒体关注的焦点，继而获得了大批量免费报道的机会。

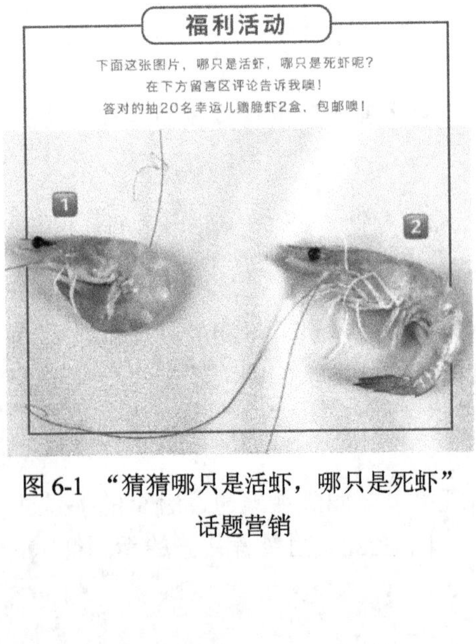

图 6-1 “猜猜哪只是活虾，哪只是死虾”话题营销

由客体发起的话题，往往是企业先在产品或服务上做出优异的表现，促使顾客从满意层面上升到感动层面，于是对企业的产品和服务产生良好的口碑，继而形成褒奖性话题，亦或是基于其他种种原因而促使顾客或利益相关者自发发起话题来评价企业的产品或服务。例如，现在很多企业都建立了官方微博、微信公众号，并对客户评价进行监控，然后及时做出反应，并与顾客互动。在土楼梦工厂公司建立的微信公众号，曾有个“活虾还是死虾”的话题，客户纷纷留言评论，企业顺势做了个猜中答案奖励脆虾的活动，将活动推向高潮，“猜猜哪只是活虾，哪只是死虾”话题营销如图 6-1 所示。由此可见，企业往往可以通过以上过程并借消费者之力顺势制造话题营销。

当前，营销沟通有很多种，但传统的广告传播方式往往是被动的、单向的，且沟通效果越来越差：一是企业抛出来的信息顾客不一定能够看到；二是即使顾客看到也未必有很深的印象，自然也就无法把信息转化为自己的深层记忆，最终，企业精心发起的传播被白白浪费了。

而话题营销强调激发参与者自发传播的能力。这好比很多人聚在一起后都会讨论一些新闻、交流一些热点等，这些其实都是话题。作为社会人，每天都离不开各种各样的话题。尤其是“自媒体时代”的来临，为每个人提供了多种途径表达自己的观点，这也从另一个侧面扩展了话题传播的渠道。

很多企业也越来越意识到话题营销是一种低成本、高效率的传播方式。归纳起来，话题营销通常采取以下几个步骤。

（1）创意选题。企业需要提前构思好创意及寻找网友喜欢的话题。大概在 2005 年，一个“吃垮必胜客”的帖子在网上走红。该帖主要是对必胜客水果蔬菜沙拉的高价表示“不满”，并提供了多盛食物的“秘籍”。随着帖子点击量和转载量的急速飙升，必胜客的顾客流量也迅速增长。

（2）植入捆绑。选定合适的话题，企业需要植入营销的产品或公司信息，或者在话题讨论中捆绑自己的产品或品牌。为了吸引更多的人来吃必胜客，台湾必胜客发动了一次名叫“吃垮必胜客”的网络营销活动。

（3）推波助澜。针对话题的讨论，企业要能在适当的时机顺势扩散话题，扩大话题影响力，助力话题波及更广泛的群体。

台湾必胜客发布了一个帖子“教你如何吃垮必胜客”，里面介绍了盛取自助沙拉的好办法，巧妙地利用胡萝卜条、黄瓜片和菠萝块搭建更宽的碗边，可一次盛到七盘沙拉，同时还配有真实照片。很多收到邮件的网友在第一时间把邮件发给自己身边的亲友或同事，并相约去必胜客一试身手。如图 6-2 所示为网友分享的“必胜客沙拉宝塔”。

图 6-2　网友分享的“必胜客沙拉宝塔”

（4）跟踪引导。企业要及时对话题进行监控，并正确引导话题的走向，要防范话题失控。

（5）评估效果。话题营销的最后一个环节，就是要对话题营销产生的效果或影响力进行评估，并总结经验，从而更好地运用话题帮助企业开展更多有价值的低成本营销。

话题营销不应该是孤立的、随意的、盲目的，一个好的话题营销一定要与企业的目标或整体的经营计划相关。话题营销模式强调的是单一内容的多渠道传播，但并不是所有平台都适合话题营销。博客、社区、电子杂志、邮件等此类平台虽然可以作为整合营销渠道的扩充，但企业在进行营销传播时应考虑不同平台的特点，形成适合该平台传播的内容，产生各平台有效协同、相互增强的传播价值。

3. 专栏

专栏起源于平面广告，当单纯的平面广告无法深层次说明产品功效，以及所能表达的信息通过广告很难完成的时候，广告就成了文字广告，也即今天所谓的“专栏”。

“专栏”被应用最多的领域是保健、美容等类型消费品的宣传，此类产品的特点是内涵较少，消费者对他们很少主动关注，因此简单的平面广告效应十分有限。相反，如果配上较吸引眼球的图片，图文并茂地对消费者进行心理攻击，就能使其产生强烈的购买欲望。值得注意的是，手机、数码相机、MP3、闪存等电子消费产品，在媒体上的文章基本上也是图文并茂，由于这类产品是大众较为关注的产品，所以媒体本身也乐于刊出。

对于“专栏”与投放广告，在操作时一般选择发行量较大的晚报类媒体，“专栏”价格较高，从 5 元/字到 15 元/字不等。如果选择县市级媒体或非主流媒体，价格可以低到 2 元/字。而重量级的中央媒体，如《人民日报》的价格则需要 30 元/字，并且还会受到很多限制。可以看出，做一个 1/3 版面大约 2000 字的专栏，如果是优秀媒体其价格甚至可能达到 2 万～3 万元。由于很多中小企业的市场推广费用有限，选择“专栏”的要么公司资金雄厚，要么确有必要。

“专栏”已经是日常传播中不可缺少的营销方式，它可以配合企业投放企业文化、产品深入介绍、消费环境模拟、试用手记等各种内容。

专栏的常用方式有以下几种。

① 危机感制造。软文让受众产生恐惧感，进而抛出解决办法，水到渠成。

② 消费环境制造。例如，老婆给我买了什么?！用了之后，不仅脸色好了，精神都清爽了。

③ 消费榜样树立。例如，去××地，某某怎么怎么样，自己却……形成鲜明对比。

④ 产品深度介绍。例如，××产品十大功效之一××，有几个功能就设几个专栏。

⑤ 企业文化。例如，这个企业是多么多么“牛”，这么“牛”的企业，产品当然过硬。

⑥ 征文、促销、活动等。例如，在晚报上刊载。

就软文规划而言，“专栏”的价格毕竟很贵，所以在市场推广过程中，能不用“专栏”的，尽量不要用。

二、软文撰写

1. 拟好标题

标题决定文章的点击率，有吸引力的标题可以迅速博得大众的眼球，从而增加文章的曝光量和点击率。在标题的设计上应埋入文章的关键词及品牌词增加文章被检索的次数。一个好的标题，往往决定着软文是不是吸引人，软文是不是可以被人们记住，软文是不是可以被流传得很广。

（1）软文标题的类型。

① 宣事式标题。如实地将广告正文的要点简要地摆明，使人一目了然，这是目前采用较多的形式。

② 新闻式标题。直接告知消费者新近发生的某些事实，多用于介绍新上市产品或生产企业的新措施，目的在于引起大众关心而转读正文。它也是宣事式标题的一种。

③ 诉求式标题。用劝勉、叮咛、希望等口气写标题，意欲催促消费者采取相应的行动。在写作这类标题时要绝对谨慎，否则，易引起反感。

④ 颂扬式标题。用正面的方法，积极地称赞广告商品的优点。此类广告标题容易使人产生良好印象，但必须以事实为根据，切忌夸大，否则，易召人反感。

⑤ 号召式标题。用带有“鼓励性”的词句作标题，号召人们快速做出购买决定。此类标题多用于宣传时尚流行的或即时性的广告，文字要有力量，能起暗示作用，且易于记忆，使

消费者易于接受广告宣传的，产生购买行为。在文学修辞上，文字应力求婉转，以避免通常人们都不愿受他人支配的心理特点。

⑥ 提问式标题。通过提出问题来引起关注，从而促使消费者发生兴趣，启发他们的思考，产生共鸣，留下印象。

⑦ 悬念式广告标题。用令人感兴趣而一时又难以做出答复的语言作为标题，使消费者由于惊讶、猜想而读正文。此类标题应具趣味性、启发性和制造悬念的特点，并能引发正文作答。

⑧ 对比式标题。通过对同类商品的对比，突出本产品的独到之处，使消费者加深对产品的认识。但有关广告条例规定，不能直接指出对方名称进行对比，所以，对比时采用泛比较为宜。

⑨ 寓意式标题。主要利用比喻的修辞方法，使标题增加新意，加深人们的印象。这种标题在形式上处处为消费者着想，容易引起消费者好感。

广告标题要增强广告的宣传效果，就必须兼顾消费者的利益，使消费者产生好奇心或给消费者增加知识，使广告标题更具力量。

（2）拟定标题的要点。

此外，在拟定广告标题时，还应注意以下要点。

① 主题鲜明，简明扼要。标题是广告内容的高度概括，要使人们看到标题就能理解广告的信息内容是什么，因此，广告标题必须结合主题且要鲜明，而不能故作离奇之笔，与广告内容毫无关联。

标题要通俗易懂、朗朗上口，简洁明了的标题对软文的传播至关重要。如果能做到押韵，就更容易记忆。从记忆规律来看，广告标题以7～12字为宜，虽不能做硬性规定，但还是要坚持简洁明快的原则。简而言之，标题写作要求两个重点：第一，用最少的文字，表达出商品的优点、特色；第二，措辞生动，深入浅出，使人易读易记。

② 标题内容具体，不能太大。标题是文章的高度总结，既要富有感染力还要高度概括文章的内容，软文的标题宜小而精。如果软文不能很好地把握内容，盲目使用假大空的标题，成为标题党，从长远来看会影响品牌在用户眼中的价值。广告标题的内容应是具体实在的而不能含糊其词或过于抽象，以免被人忽视，标题最好不出现标点，以及“吗”“啊”“呀”等词。

③ 标题要有新意。软文标题要有新意，只有具有一定的风格和特色，才有刺激性和吸引力，但也不是一味要求前卫、标新立异。最好的效果是：第一眼看过去不是很明白，仔细一看，原来是这样。

④ 引人注目，诱发兴趣。标题的表达形式有多种，其目的是使广告的标题醒目新颖，让消费者眼前一亮，这样容易吸引消费者的注意，引发阅读正文的兴趣。因此，标题在字体、字型和位置等方面，都应考虑视觉化和艺术化，以引起人的注意。同时，对不同的广告宣传对象，广告标题的拟写也要有针对性，不可离题，以充分发挥广告的说服力。

2. 概要

概要是概括文章要点。篇幅较长的科普性软文，或者专栏软文需要添加概要。常见的书写步骤如下。

（1）读。

通读全文，理解作者写这篇软文的意图和要表达的主旨。

（2）抽。

规范的写作中每段的第一句话通常是对本段的总结概括，而本段其余文字都是用来说明第一主句的。这样方便受众在较短时间内快速阅读软文，理解软文表达的核心内容。

（3）理。

将抽取的每段总结句连接并理顺，读起来感到语句通顺并能快速了解文章大意，这需要扎实的文字功底和软文书写经验。在概要书写中还要体现商业价值，有意识地埋设适量的关键词和品牌词，达到宣传的目的。

3. 开头

（1）开门见山。

直奔主题，引出文中的主要人物或点出故事，或揭示题旨或点明说明的对象。采用这种方法开头，一定要快速切入中心，语言朴实，绝不能拖泥带水。

（2）情景导入。

在软文的开头有目的地引入或营造行动目标所需要的氛围、情境，以激起消费者的情感体验，调动消费者的阅读兴趣。采用这种方法去写开头，对于渲染氛围、预热主题有直接的效果。

（3）引用名句或者自创经典话语。

在软文的开头，精心设计一个短小、精炼、扣题又意蕴丰厚的句子，引领软文的内容，凸显软文的主旨及情感。或者找个合适的网络金句、名人名言、谚语、诗词等，既能展露写作者的文采，又能提高软文的可读性。采用这种方法时开头可以引入出故事导入，将富有哲理的小故事，或者与要表达的中心思想或段意相关的小故事直接做开头，也不失为一个容易切入的开头方式。

（4）巧用修辞。

修辞的常用手法是比喻、比拟、借代、夸张、对偶、排比、设问、反问，用这些修辞手法去写开头会非常容易，可以演化出很多开头的方式。

4. 正文

（1）内容的好坏决定软文的转发量。

软文写作中最重要的就是软文的内容。一篇好的内容是消费者能够认真读下去的必要条件，是传达公司产品理念和软文营销效果的核心，也是留住消费者及后续回访的基础条件。内容是软文的核心、灵魂，所以一定要把软文的内容写好。软文的内容主要有以下 3 个特点。

① 实用。软文不必追求辞藻的华丽，关键是能够给消费者提供价值，能够给消费者带去帮助。

② 创意。软文内容要有创意，不落俗套，且有独特的见解，标题的内容只有与消费者的心理需求联系起来，诱发他们的关心、好奇、喜悦等情绪，才能够充分发挥广告的宣传效果。

③ 易懂。软文不要太高深、咬文嚼字，通俗易懂、接地气的软文更容易被消费者所接受。

（2）软文的长度适宜。

太长篇幅的软文由于碎片化时间严重，多数消费者很少能通读全文；太短的软文又难以充分表达主旨，给人一种单薄无说服力的感觉。

（3）排版美观，段落分明，突出重点。

排版比较凌乱的软文，不但会令消费者阅读困难、思路混乱，信息无法准确传递，而且会给人一种不够权威的感觉。软文需要几个段落，每段要说明什么内容，段与段之间有什么内在联系，每段是否需要配图，在每段文字中埋设多少关键词和品牌词等都需要认真思考。

对于高质量的软文，排版时需要做到段落上下连贯，最好在每一段话题上标注小标题，从而吐出软文的重点，让人看起来一目了然。在语言措辞方面，如果需要更好地说服他人，最好加入“据专家称”“某某教授认为”等词语，这样能提高软文的分量。

（4）视频和图片清晰，有说服力。

正文中可以插入图片和视频，毕竟图片和视频会更直观地传达内容。选择恰当、清晰度高的美图、视频搭配软文，可以增强软文的说服力和影响力。图片和视频首先应保证清晰，给人一种权威感和公信力。如果电商网站的产品详情页都模糊不清则会给人一种虚假伪劣的感受。其次图片、视频要贴切地传达出内容，毕竟图片的职能是服务于文字。在视觉表现上要具有一定的冲击力并且紧跟前沿设计风格。

5. 结尾

如果软文收尾掌握了以下几种方法，会让软文撰写“进退自如”，进可以展开，退可以收尾。

（1）首尾呼应式。

结尾与开头遥相呼应，即在软文的开头提出论题或观点，中间不断展开进行分析论证，结尾时再回到开头的话题上来。以这种方法收尾的软文多属于议论性软文，能够让结构更完整，使得软文浑然一体，能唤起消费者心灵上的美感。

（2）点题式。

在软文中没有明确提出观点，而在结尾时，用一句或一段简短的话明确点出软文的观点，起到画龙点睛的作用。采用这种方式结尾能够帮助消费者悟出全文的深意，提升软文的品格，从而给消费者留下深刻的印象。

（3）名言警句式。

用名言、警句、诗句收尾，要么让软文意境深远，要么揭示某种人生的真谛。它往往用简短的话语表述出含义深刻、耐人寻味的哲理性或警醒性内容，使之深深地印在消费者心中，起到“言已尽，意无穷”的效果。如果能够巧妙引用名言警句进行软文结尾，一定能让软文增色。

（4）抒情议论式。

用抒情议论的方式收尾，就是要用真实的情感，激起消费者情感的波澜，从而引起消费者的共鸣，有着强烈的艺术感染力。这种结尾方式应用较为广泛，可以用于公司领导人介绍、公司活动记录、描述产品的记叙性软文。

（5）余味无穷式。

采用在结尾之处留白的方式可让消费者自由驰骋、纵横想象，消费者可以适当补白、续写，这样的思维阅读会有令人惊奇的收获和非同寻常的深刻体验。余味悠长的结尾除了妙手偶得外，绝大部分是对企业、产品有了独特的感情后，再加以精心提炼形成的结晶。以独特的认识和理解，写下深刻含蓄的结语，力求意味深长，引人深思。

（6）请求号召法。

在前文讲清楚道理的基础上，向人们提出某些请求或发出某种号召，如“让我们共同抵制公共场所吸烟的行为吧！”

（7）结尾展开联想。

由此及彼，由表及里，由小到大，由具体到抽象，使主题得到升华。

（8）祝福式。

站在第三者的角度对软文中的人或者事物进行祝福，如“愿土楼梦工厂塑造民族健康品牌之路一帆风顺！”。

练一练

以“双十一”为主题，拟订一个引人入胜、不落俗套的软文标题。

拓展

京东“玩转”话题营销有诀窍

2012 年 8 月，京东发起价格战，刘强东先在微博上挑起战争，宣布“京东商城所有大家电将在未来三年内保持零毛利，并保证比国美、苏宁连锁店便宜至少 10%以上”，然后又宣称京东将在全国招收 5000 名国美、苏宁价格情报员，每店派驻两名。之后又在微博上上传了价格情报员的图片和“攻打”苏宁指挥部的图片，一步步地把话题炒热。这说明，企业在策划话题时，不仅要有主话题，而且要有分话题，只有这样，企业才能持续创造新鲜感，谈资才更有生命力。其次，要懂得分阶段展开，即前期需要投入什么资源，影响哪些人或媒体，后期又要哪些人介入，达成什么结果，企业均应心中有数，只有这样，企业才能将话题营销有序推进。

6.3 论坛营销

问题

你经常逛的论坛有哪些？你在论坛里看到过广告吗？简单描述一下让你印象最深的广告。

论坛即电子公告板，也叫网络社区、BBS，英文全称是 Bulletin Board System。论坛在互联网诞生之初就已存在，BBS 最早是用来公布股市价格等信息的，当时的 BBS 连文件传输功能都没有，而且只能在苹果计算机上运行。早期的 BBS 与一般街头和校园内的公告板性质相同，只不过是通过苹果计算机来传播或获得消息而已。开始有些人尝试将苹果计算机上的 BBS 转移到个人计算机上后，BBS 才开始渐渐普及开来。近些年来，由于爱好者们的努力，BBS 的功能得到了很大的扩充。

任务

请在您本地的知名论坛进行注册，并在论坛中浏览及回复帖子，了解本地论坛中最火热的版块是什么？人们最喜欢参与讨论的话题有哪些？

一、认识论坛营销

论坛营销就是企业利用论坛这种网络交流平台，通过文字、图片、视频等方式发布企业的产品和服务信息，从而让目标客户更加深刻地了解企业的产品和服务，最终达到宣传企业品牌、加深市场认知度的网络营销活动。由于论坛话题的开放性，几乎企业的所有营销诉求都可以通过论坛传播得到有效的实现。在实际的论坛营销活动中，推广效果与帖子条数并不是呈正比关系，真正有效的论坛营销在于网民互动的程度，如有多少独立 ID 用户参与了讨论，有多少网民进行了收藏及转载，这才是论坛营销的核心。因此，论坛营销的核心是互动。例如，王老吉公司策划的“全民封杀王老吉”，安琪酵母粉策划的“一个馒头引发的婆媳大战”等就是较为成功的论坛营销案例。

练一练

通过浏览各大论坛，收集 5 个论坛营销帖子，并与同学进行交流分享。

二、论坛营销的特点

论坛营销主要有以下几个特点。

1. 费用低廉

在论坛上发布信息不需要任何费用，采用论坛营销除了一些人工费用外不需要其他任何费用，因此企业借助论坛营销推广产品或服务的费用十分低廉，十分适合资金不足的中小企业开展宣传推广。

2. 互动性强

论坛营销的核心就是互动，在论坛上企业可以直接与客户进行广泛的交流，并且对于产品或服务方面的任何问题都可以进行实时互动。这样既可加强与客户的感情交流，又有利于及时了解客户的心理需求，使其成为长期、稳定的忠实客户。

3. 针对性强

随着网络的发展，目前论坛的种类非常丰富，既有综合性的论坛，也有专注于各个领域的垂直论坛，细化程度非常高，如汽车论坛、高血压专区、育儿频道、旅游板块等。这就意味着论坛用户群非常精准，更意味着可以通过这些论坛进行针对性的营销。

4. 聚众能力强

论坛的超高人气可以有效地为企业提供营销服务。由于论坛话题的开放性，几乎企业所有的营销诉求都可以通过论坛营销得到有效实现。论坛活动具有强大的聚众能力，利用论坛作为平台举办各类论坛活动，例如，有奖征集、指定楼层获奖等，均可有效调动网友与品牌之间的互动，积聚大量人气。

5. 传播性强

论坛中的用户来自不同的地区及不同的消费群体，如果论坛营销帖子所传递的信息能够激发起用户的关注、讨论，就会在用户的主动分享传播之下，起到较好的传播效应。

想一想

通过浏览论坛营销帖子，总结一下论坛营销的优势有哪些。

三、论坛营销的方法

论坛营销是讲究方法与技巧的。如果企业只是在论坛上发布自己企业的产品和服务等广告帖，简单介绍产品服务，并留下网店信息等联系方式，这是大部分论坛不允许的，结果会被踢出论坛。常见的论坛营销的方法有以下几种。

1. 发布有营养的帖子

每个论坛的版主为了维护论坛的整洁性，都会删除广告帖。其实一般来说，版主并不是完全反对广告帖，而是反对那种赤裸裸的广告帖。如果你的帖子言之无物，毫无营养，只是单纯地夸赞自己的产品，这样的帖子肯定是起不到任何宣传作用的。如果可以将产品信息巧妙地融入一些经验分享、励志故事、技术交流、论坛活动等类型的帖子中，只要能够激发用户的广泛参与，给论坛带来人气，这样的帖子是不会被删掉的。

2. 长帖短发

在论坛发帖不宜过长，因为对于过长的帖子，用户是没有耐心看下去的，导致帖子失去了意义。长帖短发，并不是把帖子内容尽量缩减，而是将一帖分成多帖，以跟帖的形式在不同的时段发布，就像电视剧一样，让观众有等待的欲望，还可以增加帖子的人气。

3. 签名营销

在论坛注册之后，基本上每个论坛都可以设置用户的签名，这个签名可以成为很好的广告，如果将产品信息设置成签名，就可以开始进行论坛推广了，可以自己发布主题，也可以去顶别人的帖，只有布满自己的足迹，才能看到营销效果。

4. 换马甲营销

在论坛里，发帖的人可以同时有多个不同的网名，俗称“马甲”，在适当时候，可以用不同的马甲在论坛中扮演不同的角色。例如，用角色 A 先说某件产品好，然后再用角色 B 提出质疑，然后再换个角色 C 说明产品为什么好；同样也可以先针对产品提出一些质疑，然后用多个角色慢慢引导逐渐说明，最终引导到说明这个产品很好。

5. 话题营销

网络时代，话题频出，要进行话题营销，就要求论坛营销人员不仅需要对产品特性十分了解，而且还要能够把握社会热点信息，尤其要对产品所处行业的热点信息有自己独到的观察与分析能力。只有具有传播性的话题才会引起用户参与的兴趣，才会让公众对其进行更多的关注。话题营销最常见的传播平台就是人流量较大的各类论坛，可以采用幽默形式、恶搞形式、争议形式、社会热点形式来抛出热点话题。这样就会使更多的人去关注甚至对这个话题产生一定的讨论，相关的产品和服务也会受到更多的关注。

探究

开展论坛营销应讲究方法和技巧，除了前边所列举的几种，思考一下还有哪些技巧值得推广。

拓展

一个馒头引发的婆媳大战

安琪酵母股份有限公司是国内著名的酵母生产企业。酵母，在人们的生活中是蒸馒头和做面包用的必需品，很少直接使用。而安琪酵母公司却开发出了酵母的很多保健功能，并生产出可以直接食用的酵母粉。要推广酵母粉这种人们完全陌生的食品，安琪公司首先选择论坛推广。于是，他们开始在新浪、搜狐、TOM 等有影响力的社区论坛里制造话题。

2008 年 6 月，当时有很多关于讲述婆媳关系的影视剧正在热播，因此，安琪公司策划了“一个馒头引发的婆媳大战”事件。事件是以第一人称讲述了一个南方媳妇和北方婆婆关于馒头发生争执的故事：

“我是一个南方女孩，在这个饮食文化大融合的时代，我做菜的手艺真是没得说：酸菜鱼、红烧肉、辣子鸡丁……老公的心和胃都被我紧紧拴着。但唯一的遗憾就是我一直不会蒸馒头。老公是地道的北方人，爱吃馒头的习惯一直保留着，每次看到外边店铺刚出锅的热馒头时，总忍不住上前买两个，吃完了都会说，他妈妈蒸的馒头味道比这香甜得多。”

婆婆要来北京看望他儿子了，这可是我们结婚后的第一次见面，想到天涯论坛上传说的婆媳大战，我非常紧张。最后还是决定实施馒头攻略，我要让婆婆知道，即使她不在，老公也能吃到香喷喷的馒头！婆婆周日中午到北京，我一大早便出去买来面粉、泡打粉，按照从网上找来的制作方法，做得有模有样。真没有想到，就是这次蒸的馒头，引发了一场“婆媳大战”。那天的馒头真是不争气，皮硬硬的，颜色发光，口感也远不如外边买的。中午，老公把婆婆接进家门，我硬着头皮把馒头端上了饭桌，我明显看到婆婆的脸长长地拉了下来。饭桌上，婆婆一直给老公夹菜，漫不经心地问我：“这馒头是拿什么发酵的？”听到我说用泡打粉发酵的，婆婆“腾”地站起来，端起一盘子馒头都倒在垃圾桶里了，还说泡打粉是含铝的，做这样的馒头是想害人吗？

那顿饭我是含着眼泪吃完的，心想，自己的妈妈绝对不会这样对自己。后来的一段日子，我也不愿意跟婆婆多说话，每天都在冷战中，直到婆婆临走的前两天，我看着她做了一次馒头。婆婆手脚麻利地和面、揉挤、制形，每一步都是那样从容不迫、娴熟自如，我嘴上虽没说什么，心里却十分佩服。婆婆那天对我格外亲切，一边忙，一边温柔地跟我说起她的“馒头经”。让我印象深刻的是婆婆拿出一个小袋子，告诉我做好馒头的秘诀就是这小小的“酵母”。于是我打开百度搜索关键词“酵母”，看一看不起眼的酵母到底有什么神奇。这一搜不要紧，原来这小小的酵母还真蕴藏着大大的神奇……

后来婆婆放心地回家了，一场由馒头引发的婆媳战争，也因为我蒸出了同样可口的馒头而平息。

帖子贴出来后，引发了不少网友讨论，其中就涉及了酵母的应用。这时，由专业人士把话题的方向引入酵母的其他功能上去，让人们知道了酵母不仅能蒸馒头，还可以直接食用，并且具有很多保健美容功能，如减肥。由于当时正值 6 月，正是减肥旺季，而减肥又是女人永远的关注话题。于是，论坛上的讨论让这些关注婆媳关系的主妇们同时也记住了酵母的一个重要功效——减肥。

为了让帖子引起更多关注，安琪公司选择了有权威的网站，利用它们的公信力将帖子推到较好的位置上。当时选择了新浪女性频道中关注度比较高的美容频道，把相关的帖子细化到减肥沙龙板块等。果然，有了好的论坛和好的位置，帖子马上引发了更多普通网民的关注。

论坛的帖子和博客都引来了很多跟帖，其中也有不同的声音。对于这种帖子，安琪公司在接纳不同看法的同时，让一些技术人员或者业务人员进行适当的处理。例如，对那些攻击性的帖子，安琪公司没有找网站删帖，而是找到发言的那个人，问清楚他的理由。如果他是消费者，他的不满就可反馈到企业；而如果他是竞争对手的恶意攻击，就在网络上揭露出来。

除了论坛营销，安琪公司又为新浪、新华网等网站提供了新闻稿件，而这些新闻又被网民转到论坛里作为谈资。这样，产品的可信度就大大提高了。在接下来的两个月里，安琪公司的电话量徒增。消费者在百度上输入了关键词“安琪酵母”这个词后，页面的相关搜索里就会显示出“安琪即食酵母粉”“安琪酵母粉”等各个相关搜索，安琪酵母因此获得了较高的品牌知名度和关注度。

【分析】论坛营销不失为品牌推广的一个好方法，它通过在有影响力的论坛制造话题、利用网友的争论及企业有意识的引导，把产品的特性和功能诉求详细地告知潜在的消费者，激发他们关注和购买。通过安琪酵母在网上推广的案例，可以得出一个结论：论坛营销真正的价值在于互动，真正好的网络传播一定是网友自动顶帖或者转帖率高的传播，那些发一个帖子，找无数 ID 自己顶帖和转帖的做法效果并不好，原因就是普通网民的参与度差，广告的达到率也低得多。

6.4 博客营销

问题

你听说过博客吗？看到什么内容的日志，你会转载到自己的空间吗？

博客就是网络日志，英文单词为 BLOG。博客这种网络日记的内容通常是公开的，自己可以发表自己的网络日记，也可以阅读别人的网络日记，因此可以理解为一种个人思想、观点、知识等在互联网上的共享。

任务

通过前面软文的学习，相信你已经可以尝试撰写软文了，那就试试将自己最成功的一篇软文发布在自己的博客中吧，并关注一下博客文章的点击率。

一、博客营销的概念

博客营销是利用博客这种网络应用形式开展的网络营销，它是公司、企业或个人利用博客这种网络交互性平台，发布并更新企业、公司或个人的相关概况及信息，密切关注并及时回复平台上客户的相关疑问及咨询，并通过较强的博客平台帮助企业或公司零成本获得搜索引擎的较前排位，以达到宣传目的的营销手段。

传统营销通常通过媒体宣传来吸引消费者的注意，这种媒体宣传主要体现在广告上。但传统广告千篇一律，使消费者产生“视觉疲劳”。与传统营销不同，博客营销并不用硬性的广告来“轰炸”受众，而是从调动消费者的兴趣点出发，通过客户体验，让消费者主动接受，进而成为企业固定的消费群，渐进地达到营销的目的。因此，开展博客营销的基础是对某个领域知识的熟悉掌握和有效利用，并通过对知识的传播达到营销信息传递的目的。

博客营销与其他营销方式相比，优势如下：

② 细分程度高，定向准确。

② 互动传播性强，信任程度高，口碑效果明显。

③ 影响力大，引导网络舆论潮流。

④ 与搜索引擎营销无缝对接，整合效果好。

⑤ 有利于长远利益和培育忠实用户。

二、博客营销的特点

1. 传播性

博客是一个信息发布和传递的工具。在信息发布方面，博客和其他方式有一定的相似性，即博客所发挥的同样是传递网络营销信息的作用。但博客具有知识性、自主性、共享性等基本特征，正是博客的这种性质决定了博客营销是一种基于个人知识资源（包括思想、体验等表现形式）的网络传递形式。

2. 灵活性

博客和企业网站相比，文章的内容题材和发布方式更灵活。企业网站是开展网络营销的综合工具，也是最完整的网站营销信息源之一，公司产品信息和推广信息往往首先发布在自己的企业网站上，然而作为一个公司的官方网站，企业网站的内容和表现形式往往是比较严肃的产品资料等，而博客文章内容的题材和形式多样，因而更容易受到用户的欢迎。此外，专业博客网站用户数量大，有价值的文章通常更容易获得用户的关注，从而推广效率高于一般的企业网站。

3. 自主性

与门户网站发布广告和新闻相比，博客传播具有更大的自主性，并且无须支付费用。在门户网站和其他专业网站上通过网络广告或新闻的形式进行推广，也是常用的网络营销方法，但是这些网站往往对信息内容有较大的限制，而且需要支付大额费用。

4. 可信性

与论坛营销的信息发布方式相比，博客文章显得更正式，可信度更高。在网络社区（如论坛等）发布信息，这是早期网络营销常用的方式之一，而博客文章与一般论坛信息相比，最大的优势在于每一篇博客文章都是一个独立网页，而且不少文章很容易就能被搜索引擎收录和检索，从而使得博客文章具有长期被用户发现和阅读的机会。

5. 搜索引擎可见性

博客的基本结构本身就有较高的搜索引擎优化的排名效果，例如，一个日志形成一个网页，有利于搜索引擎了解并收录这一页阐述的内容。

练一练

请开通新浪博客，并进行基本设置，之后尝试将自己最满意的一篇软文发布在博客中。

三、博客营销的方法

1. 选择博客开设地点

要找准地点开设博客，选对博客网站是关键。首先，要确定自己的特长，以及想吸引的消费群体，然后，确定相应网站。例如，推广的是女装，最好的选择就是女性频道；而想推广汽车用品时，最好的地方应该是汽车之家。

2. 确定博客内容

确定博客内容，也就是确定自己要写什么，但要挑选自己最擅长的部分。这一点和做广告的博客营销模式不同，一般不要转载而是要原创，因为只有展示出自己的强项，才有可能吸引到对方，如果仅仅是转载，那么对方看到的永远都是别人的东西。

3. 激发读者兴趣

当开始写博客文章的时候，一定要记住，通过博客来扩展人脉，其实就是通过博客文章让对方感觉到你的思想，让对方觉得你是一个有想法、有深度的人，从而产生愿意与你交往的兴趣。如果文章写得让人不想看，那么营销目的就无从谈起。

4. 加强互动

在浏览博客时应尽可能多地给别人帮助，这一点非常重要，任何人都会有自己的口碑圈子，他会在这个圈子里不断传播自己的感受，当你给予对方帮助的时候，对方就有可能在他的口碑圈子里传播你的思想及转载你的博文，这时就能起到一个广告效应。

5. 持之以恒

建立长久的博客人脉，不仅仅是做几单生意，更需要持之以恒。一般情况下，没有几个月的积累，很难收到真正的效果，因此要坚持不懈地打理自己的博客，不断提升自己的博客人脉。

想一想

你的博客要怎样定位呢？你是想做一位汽车发烧友、时尚达人、动漫专家，还是想做一位美妆大师？结合自己的专长，给你的博客进行定位吧！

四、博客营销的技巧

1. 产品功能故事化

博客营销文章要学会写故事，更要学会把自己的产品功能写到故事中去。通过一些生动的故事情节，自然地让产品功能自己说话。如博文“妈妈用去年的粽叶包粽子”就是一篇用故事来展现防潮柜功能的博文。文章发表之后，吸引了很多客户咨询该产品。

2. 产品形象情节化

当宣传自己的产品时，人们总会喊一些口号，这样做虽然也能达到一定的效果，但不一定使产品深入人心，打动客户，感动客户。因此最好的方法，就是把你对产品的赞美情节化，让人们通过感人的情节来感知且认知产品。这样客户记住了瞬间的情节，也就记住了产品。

3. 博文字数精短化

博客不同于传统媒体的文章，既要论点明确、论据充分，又要短小耐读；既要情节丰富、感人至深，又不用花太多的阅读时间。所以，一篇博文最好不超过1000字，坚持短小精悍是博客营销的重要法则。

4. 行业问题热点化

在博客文章的写作过程中，一定要抓住行业热点，并不断提出热点，以引起客户的关注，从而通过行业的比较显示出产品的优势。因此，要求写博文如同打仗一样，博文作者要知己知彼，方能百战不殆。

5. 产品发展演义化

博客营销文章要赋予产品以生命，可从不同的角度、不同的层次来展示产品。例如，可以采用拟人的形式进行诉说，也可以采用童话、无厘头、幽默等形式。越有创意的写法，越能让读者耳目一新，记忆深刻。

6. 产品博文系列化

这一点非常重要，博客营销不是立竿见影的电子商务营销工具，它需要长时间的坚持不懈。因此，在产品的博文写作中，一定要坚持系列化，就像电视连续剧一样，不断有故事的发展，还要有高潮，这样产品的博文影响力才大。

拓展

AMD公司与“中华第一博”的“恋爱故事”

自博客诞生后就一直被越来越多的企业所关注。2006年6月，微博还没有出现，而博客在当时已异常火爆，全球著名的微处理厂商AMD公司正式宣布签约国内著名演员徐静蕾，并在其博客投放广告。具有“中华第一博”美誉的徐静蕾，被AMD看中的除了其作为演员的知名度外，还包括其在博客上的超人气。每天超过1000万的博客点击率，就已经使徐静蕾成为个人化媒体中最引人注目的明星，另外，她还拥有一大批忠诚的网络读者。这些读者素质比较高，具有一定的“小资”气质，这也正是AMD所需要影响的目标群体。一个是技术领先、锐意创新、在业界久负盛名的高科技创新领袖，一个是新锐、知性、兼具导演和演员双重角色的知名才女，其“恋爱故事”吊起了众多AMD追捧者和徐静蕾粉丝的胃口。

从某种意义上说，企业博客营销是站在“巨人”肩膀上进行的营销。因为博客一般建立在大型门户网站的平台上或博客网、中国博客网等专业的博客平台上。首先，这些平台本身就可增加网民对企业博客的信赖感。其次，一旦企业博客的内容被推荐到网站首页或博客频道的首页，企业就会被更多的网民关注。

技能训练

训练：使用新浪博客发布软文帖

实训目的：能够开通新浪博客，并能够利用博客来发布软文帖。

操作要求：以新浪博客为例，进行新浪博客的注册及开通，并能够将自己撰写的软文帖发布到新浪博客。

技能点拨：有新浪微博、新浪邮箱等账号的用户可以直接在新浪博客页面进行登录，直接开通博客即可。

实训步骤：

1. 注册新浪博客账号并开通博客

2. 博客基本设置

开通博客后，需要进行博客基本设置，如风格选择、添加知名博客等。

3. 发布博文

（1）登录博客后，单击“发博文”按钮，即可发布博文。

（2）在博文发布页面，输入标题、正文，并根据博文内容进行格式编辑，可以将自己撰写的软文发布在正文中。

（3）撰写正文完毕后，设置博文分类及标签等项，以便于搜索引擎搜索，如图 6-3 所示。设置完毕后即可成功发布博文。

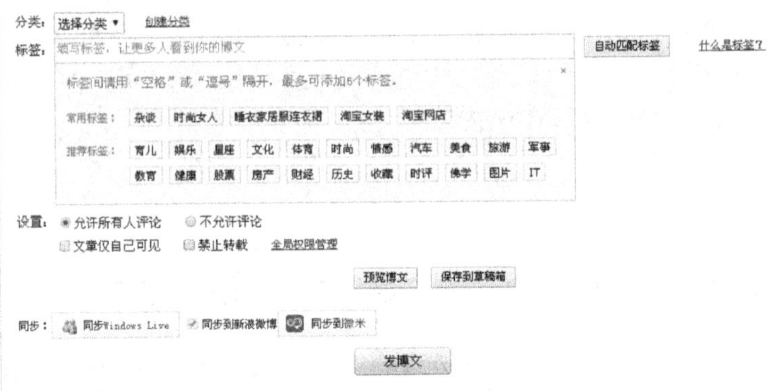

图 6-3 博文分类及标签等设置

（4）在博文的源代码状态下可以导入源代码进行编辑，例如，淘宝店铺中的宝贝推荐、团购等模块的源代码，如图 6-4 所示。

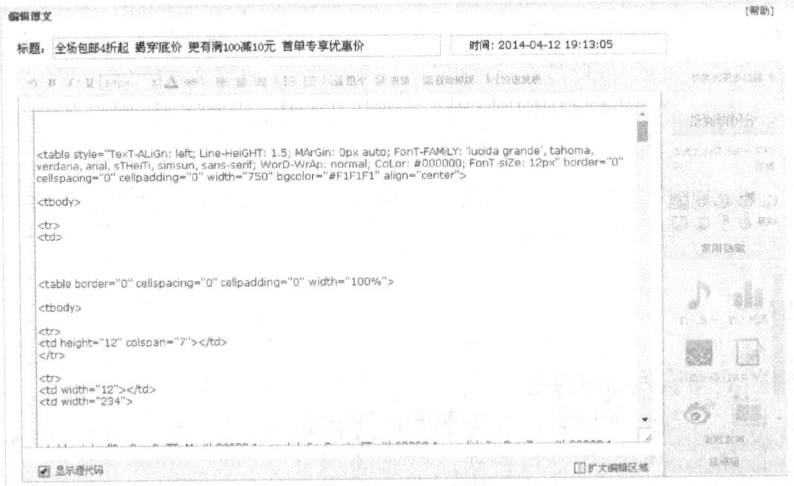

图 6-4 在源代码状态下编辑博文

（5）返回正文状态，查看正文的显示效果，如图 6-5 所示。

图 6-5 正文预览效果

（6）博文发布成功后，可进行最终效果查看，如图 6-6 所示。

图 6-6 发布成功的博文

测一测

一、填空题

1. 软文是通过特定的概念诉求，以摆事实、讲道理的方式吸引消费者走进企业设定的“思维圈”，用强有力的针对性心理攻击获得__________的信任，迅速实现__________的文字模式。

2. 软文营销是企业利用互联网技术，整合国内众多网站优质资源，把企业的相关信息以软文的方式，__________、__________、__________、__________地向社会广泛传播的一种网络营销方式。

3. 内容是软文的核心、灵魂，所以一定要把软文的内容写好。软文的内容主要有以下 3 个特点：__________、__________、__________。

4. __________是话题营销的最后一个环节，就是要对话题营销产生的效果或影响力进行评估，并总结经验，从而更好地运用话题帮助企业开展更多有价值的低成本营销。

5. 论坛营销的核心就是__________，在论坛上企业可以直接与__________进行广泛的交流，并且对于产品或服务方面的任何问题都可以进行交流，这样可及时了解客户的心理需求，使其成为长期、稳定的忠实客户。

二、多项选择题

1. 软文营销的特点有（　　）。

A. 具有隐蔽性　　B. 内容丰富，形式多样，受众面广

C. 吸引力强，可接受度高　　D. 低成本，高效益

E. 以消费者为中心

2. 话题营销通常采取的步骤有（　　）。

A. 创意选题　　B. 植入捆绑　　C. 推波助澜　　D. 跟踪引导

E. 评估效果

3. 以下关于论坛营销的特点，说法错误的是（　　）。

A. 费用高　　B. 互动性强　　C. 针对性强　　D. 聚众能力强

E. 传播性强

4. 软文的长度要适宜，对于这句话，正确的理解是（　　）。

A. 太长篇幅的软文由于碎片化时间严重，多数消费者很少能通读全文

B. 太短篇幅的软文由于碎片化时间严重，多数消费者很少能通读全文

C. 太短的软文难以充分表达主旨，会给人一种单薄无说服力的感觉

D. 太长的软文难以充分表达主旨，会给人一种单薄无说服力的感觉

三、判断题

1. 相对于软文而言，硬性广告是由企业的市场策划人员或专业网络营销公司的文案人员负责撰写的“文字广告”，是通过在报纸、杂志或网络等宣传载体上刊登的一种宣传性、说明性文章，包括特定的新闻报道、深度文章、案例分析等。（　　）

2. 话题营销以话题发起者来区分，其在互联网上的表现形式有两种：一种是经过蓄意策划的话题；另一种是由潜在消费者或利益相关者自发发起的话题。（　　）

3. 正文中可以插入图片和视频，毕竟图片和视频会更直观地传达内容。图片和视频首先应保证占用空间小。（　　）

4. 易懂就是软文要绝对体现专业性，这样的软文更容易被消费者所接受。（　　）

5. 作为一个公司的官方网站，博客文章的内容和表现形式往往是比较严肃的产品资料等，而企业网站内容的题材和形式多样，因而更容易受到用户的欢迎。（　　）

四、问答题

1. 博客营销的特点有哪些？

2. 博客营销的技巧有哪些？

3. 一般企业发布网络新闻软文的做法是什么？

五、实训题

尝试自己策划某产品（如手机、衣服、水杯、鞋子等）的博客营销，撰写博文，设计营销方案。

第 7 章
电子邮件营销

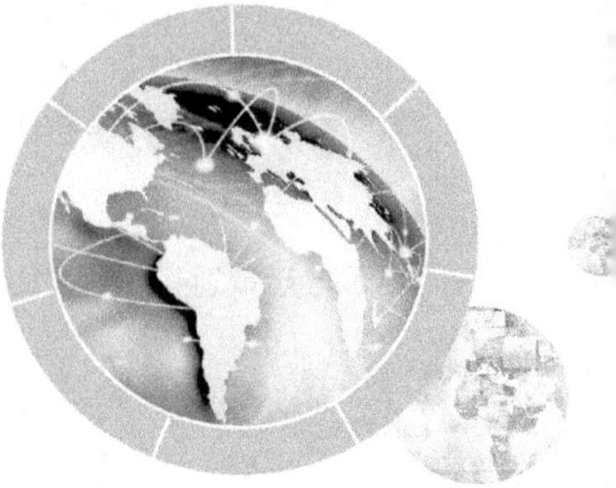

知识要点

（1）电子邮件营销的含义。
（2）电子邮件营销的策划与实施。
（3）电子邮件营销的效果评估。

能力要点

（1）正确认识电子邮件营销的概念，了解电子邮件营销的分类和优势。
（2）能够策划电子邮件营销并实施。
（3）了解电子邮件营销的评估方法，初步懂得评估电子邮件营销的效果并适时进行调整。

引例

百雀羚成功实施电子邮件营销

电子邮件群发因传播快、内容多样、操作简单、成本低，被认为是网络营销性价比最高的方法。后因垃圾邮件的冲击，80%的人会说："邮件群发如同鸡肋，食之无味，弃之可惜。"看似性价比很高，但是没有什么实际的效果，实用性不强，正因为如此，电子邮件营销至今仍是非常具争议的营销手段。

在淘宝网推出"双十一"优惠大狂购活动之初，百雀羚作为国产历史最悠久的老字号化妆品，也决定策划一场最低折扣来回馈新客户。这次活动为了扩大影响力，公司整合了各种营销渠道共同宣传，其中也包含了电子邮件群发的营销推广。在"双十一"活动结束后，对各项营销效果进行了创收统筹，难以置信的是，通过邮件群发 1 天，带来的销售额竟然高达 79 万元之多。产出与投入成本比高达 80 倍，成为所有营销手段中产出比最高的营销来源。

不得不说，这次电子邮件营销的成功，使人们真实地认识到，不是电子邮件营销没有效果，而是之前没有用对方法，没用心做好充足的准备工作。例如：是否通过每一次邮件群发任务去认真分析用户的喜好；是否比较过邮件不同标题不同内容的效果；有没有认真研究过成功邮件的特性；是否清楚邮件群发工具没有选好的根本问题；等等。这些都是影响电子邮件营销效果的重要因素。

通过百雀羚成功实施电子邮件营销的案例，说明进行电子邮件营销时需要注意很多细节，只要处理好营销细节，电子邮件营销的推广活动也会很顺利。

7.1 电子邮件营销概述

问题

什么是电子邮件？在哪些情况下会接收和发送电子邮件？

人们对"E-mail"（Electronic Mail）这一名词并不陌生，因为收发电子邮件已经成为人们工作和生活的一部分。通常情况下，上网的人至少会拥有 1～2 个免费的或者收费的电子邮箱，并且越来越多的公司也开始采用 E-mail 营销模式，因为电子邮件营销可以带来许多看得见的好处——互联网使营销人员可以立即与成千上万的潜在客户和新老客户取得联系；E-mail 营销的投资小，针对性、服务性更强。某家企业算了一笔账，过去类似的品牌宣传可能要花上亿元，而现在不到 1000 万元就能完成，而且企业还能直接接触到消费者，这实在是很实用的营销方式。

任务

申请免费电子邮箱，练习电子邮箱的使用，和同学互相收发电子邮件，分享学习心得和生活趣事。

一、电子邮件营销的定义

在你收到过的 E-mail 邮件中，有没有出现过一些不认识的寄件人发来的邮件？邮件主题一般是产品的介绍或者企业的推广。其实它就是广义上所说的电子邮件营销，有时被认为是垃圾邮件，那么，真正意义上的电子邮件营销指的是什么呢？这需要首先知道电子邮件是什么？电子邮件有什么特点？

1. 电子邮件的定义

电子邮件是一种利用电子手段提供信息交换的通信方式，是互联网应用最广泛的服务之一。通过网络的电子邮件系统，用户可以用非常低廉的价格（不管发送到哪里，都只需负担网费）、非常快速的方式（几秒钟之内可以发送到世界上任何指定的目的地），与世界上任何一个角落的网络用户联系。电子邮件可以是文字、图像、声音等多种形式。同时，用户可以得到大量免费的新闻、专题邮件，并实现轻松的信息搜索。电子邮件的存在极大地方便了人与人之间的沟通与交流，促进了社会的发展。

2. 电子邮件营销的定义

电子邮件营销是利用电子邮件与受众客户进行商业交流的一种直销方式，同时也广泛地应用于网络营销领域。电子邮件营销是在用户事先许可的前提下，通过电子邮件的方式向目标用户传递有价值信息的一种网络营销手段。电子邮件营销有 3 个基本因素：基于用户许可、通过电子邮件传递信息、信息对用户是有价值的。3 个因素缺少一个，都不能称为有效的电子邮件营销。因此，真正意义上的电子邮件营销也就是许可 E-mail 营销（简称“许可营销”）。“许可”的意思是根据顾客的意愿进行营销而非强势推销。基于用户许可的电子邮件营销与滥发邮件不同，许可营销相比传统的推广方式或未经许可的邮件营销具有明显的优势，例如，可以减少广告对用户的滋扰、增加潜在客户定位的准确度、增强与客户的关系、提高品牌忠诚度等。

练一练

申请一个免费的电子邮箱，以 163 网易邮箱为例，书写一封电子邮件，其内容是向其他同学介绍什么是电子邮件营销。发送电子邮件给其他同学，抄送一封给老师，密送一封给你的朋友。

想一想

在你接收到的电子邮件中，判断哪些邮件属于电子邮件营销，哪些邮件不属于电子邮件营销。

开展电子邮件营销需要解决 3 个基本问题：向哪些用户发送电子邮件、发送什么内容的电子邮件和如何发送这些邮件。因此，真正意义上的电子邮件营销应该具备以下 3 个基础条件。

（1）有用户的 E-mail 地址。基于用户许可的前提下，通过线上与线下的方式获得足够多的用户 E-mail 地址资源，是电子邮件营销发挥作用的必要条件。线上收集 E-mail 地址一般有网站在线注册、订阅等，线下收集 E-mail 地址一般有展会、名片交换、线下活动收集等。用户线上注册的时候，发送确认邮件进行激活，可保证 E-mail 地址的准确性。

（2）有专业的电子邮件营销服务商，或者企业内部拥有开展电子邮件营销的能力。通过E-mail传递信息，是电子邮件营销的技术基础。所以首先要保证E-mail的正确送达，才能谈得上邮件营销。要想保证邮件的正确送达和跟踪，以实现对用户资料的管理，最好选择第三方专业的电子邮件营销服务商。

（3）用户对于接收到的电子邮件营销的内容有一定的兴趣和反应。只有向用户传递有价值的信息，才能引起用户的关注，这是电子邮件营销的核心环节。

探究

电子邮件营销有哪些类型？对于企业而言，电子邮件营销有哪些优势？

不同形式的电子邮件营销有不同的方法和规律，并不是所有的电子邮件营销都符合法规和基本的商业道德，在实际操作中存在着大量的不规范现象，所以必须明确电子邮件营销有哪些类型。

二、电子邮件营销的分类

1. 按照是否经过用户许可分类

根据发送信息是否事先经过用户许可来划分，可以将电子邮件营销分为许可电子邮件营销和未经许可的电子邮件营销。未经许可的电子邮件营销也就是通常所说的垃圾邮件，真正的电子邮件营销都是基于用户许可的。

2. 按照E-mail地址的所有权分类

根据对用户E-mail地址资源的所有形式来划分，可以将电子邮件营销分为内部电子邮件营销和外部电子邮件营销，或者称为内部列表和外部列表。内部列表是将用户自愿注册的资料提供给企业或网站，企业再对内部列表开展电子邮件营销。而外部列表是指提供专业服务的机构向企业提供的电子邮件营销服务，企业本身并不拥有用户的E-mail地址资料，也无须管理维护这些用户资料。

3. 按照营销计划分类

根据企业的营销计划来划分，可以将电子邮件营销分为临时性电子邮件营销和长期性电子邮件营销。临时性电子邮件营销主要指不定期的产品促销、市场调查、节假日问候、新产品发布等。长期性电子邮件营销主要指新闻邮件、电子杂志、顾客服务等，通常以企业内部注册会员资料为基础。

4. 按照营销的功能分类

根据电子邮件营销的功能来划分，可以将电子邮件营销分为顾客关系电子邮件营销、顾客服务电子邮件营销、在线调查电子邮件营销、产品促销电子邮件营销等。

在开展的营销活动中，用户所面对的往往不是单一形式或者单一功能的电子邮件营销，而是一些复合类型的电子邮件营销，因此，要根据实际情况选择适合本企业的营销方式。

三、电子邮件营销的优势

1. 低成本优势

电子邮件营销最重要的特点在于成本低廉而效果显著。据统计，无论是基于许可的电子邮件营销还是未经许可的垃圾邮件，其成本都比传统的直邮或电话营销低得多。

2. 促进客户关系

电子邮件营销最大的优势在于维系客户关系方面。E-mail 首先是一种互动的交流工具，然后才是其具有营销功能，这种特殊功能使得电子邮件营销在客户关系方面比其他网络营销手段更有价值。通过邮件通信方式，可以获得更多的顾客反馈，有助于提高客户忠诚度。

3. 满足用户个性化需求

用户可以根据自己的兴趣预先选择有用的信息，当不需要这些信息时，还可以选择退出，不再接收相关信息。所以，用户在电子邮件营销中拥有主动的选择权，选择与自己的兴趣和需要相关的信息，因而对接收到的信息关注程度更高，这是许可电子邮件营销获得较好效果的基本原因。

4. 反应迅速，缩短营销周期

E-mail 的传递时间较短，只需要几秒钟到几个小时就可以完成数以万计的电子邮件发送，对于无法送达的邮件也可以立即退回，这样一个营销周期在几天内就可以全部完成，大大缩短了营销周期。

5. 便于营销效果监测

电子邮件营销在准确、实时的效果监测方面具有更大的优越性，可以根据需要监测若干评价营销效果的数据，如送达率、点击率、回应率等。可以通过分析网站访问日志对电子邮件的效果进行精确的测量，还可以积累用户基本数据和行为数据，展开数据库营销，实施有成本效率的深度销售和交叉销售。

6. 相对保密性

与媒体广告、公关等其他市场活动相比，E-mail 营销并不需要大张旗鼓地制造声势，信息直接发送到用户的电子邮箱中，不容易引起竞争对手的注意，信息相对保密。

拓展

垃 圾 邮 件

电子邮件营销的起源要追溯到 1994 年 4 月 12 日，一对从事移民业务的夫妇坎特和西格尔，把一封“绿卡抽奖”的广告信发到他们可以发现的 6500 个新闻组，在当时引起疯狂的下载与转发。他们的“邮件炸弹”使很多服务商的服务处于瘫痪状态。然而现在看来，这种以未经用户许可而“滥发”邮件的行为并不能算是真正的电子邮件营销，而是垃圾邮件。

垃圾邮件是指未经用户许可就强行发送到用户邮箱中的任何电子邮件。在垃圾邮件出现之前，美国一位名为桑福德•华莱士（或称“垃圾福”）的人，成立了一家公司，专门为其他公司客户提供收费广告传真服务，由于惹起接收者的反感，以及浪费纸张，于是美国立法禁止未经同意的传真广告。后来“垃圾福”把广告转到电子邮件，于是垃圾邮件便顺理成章地出现了。有以下特征的电子邮件都可以定义为垃圾邮件。

（1）收件人事先没有提出要求或者同意接收的广告、电子刊物、各种形式的宣传品等宣传性的电子邮件。

（2）收件人无法拒收的电子邮件。

（3）隐藏发件人身份、地址、标题等信息的电子邮件。

（4）含有虚假的信息源、发件人等信息的电子邮件。

（5）含有病毒、恶意代码、色情等不良信息或有害信息的电子邮件。

（6）利用价值较低且用户频繁收到，使用户无法忍受的电子邮件。

7.2 策划和实施电子邮件营销

问题

了解了电子邮件营销的含义和优势后，我们是如何策划和实施这种营销呢？

电子邮件是一对一的，与网站广告相比，客户对收到邮件的印象更深刻，也更容易找到忠实的客户。电子邮件营销也可以理解为企业利用现有的客户 E-mail 地址资源，在客户许可的前提下，向客户发送含有商品和服务信息的电子邮件，并期望获得客户关注和参与的营销过程。下面来学习怎样策划和实施电子邮件营销。

任务

学校举行冬季运动会，要求每个班级都要设计“班旗”。班主任组织了一支设计团队，如果你是设计团队的队长，并且你和你的团队设计出了“班旗”初稿，请通过电子邮件营销的方式，把设计初稿发给其他同学和亲朋好友，希望得到他们对初稿的看法和建议，以便设计出全班同学都满意的“班旗”。

一、电子邮件营销的步骤

一个成功的电子邮件营销活动离不开周密的营销策划，开展电子邮件营销一般要经历以下几个主要步骤。

1. 确定主要目标

简单来说，就是进行电子邮件营销的主要目标是什么，例如，新产品宣传、公司形象宣传、销售产品、提供服务、引导客户进行注册等。

2. 做好需求分析

分析公司目前的情况，其中包括分析目前所拥有的 E-mail 地址资源（如果公司本身拥有客户的 E-mail 地址资源，首先应该利用这些内部资源）、新 E-mail 地址获取的最佳渠道、成本、发送 E-mail 的频率、目前的电子邮件营销的预算等。根据需要，制订电子邮件营销计划。此外，还需要分析竞争对手的情况，撰写一份竞争力分析报告。

3. 找准目标群体

要从商业的角度来考虑每个群体。可以售卖额外的产品给现有的目标群体来预测这个产品的市场前景，不要仅仅局限于现有的目标群体，要让潜在客户有兴趣并感觉到可以获得某些价值或服务，从而加深印象，使其能够按照营销人员的期望，自愿加入许可的行列中。此外，还应继续提供激励措施，以保证潜在客户维持在许可名单中。

4. 决定采取哪种类型的 E-mail 来满足需要

决定采取哪种类型的 E-mail 时，应针对内部和外部邮件列表分别设计邮件内容，内容策略包括 E-mail 的内容摘要及细节、发送的频率等。

5. 定制 E-mail 模板

定制 E-mail 模板后，每次发送 E-mail 时都可以使用同样的模板来节约成本。同时 E-mail 模板的确定也要求在内容上保持统一连贯的风格，这样更能体现企业文化。

6. 为客户提供更多的激励

通过为客户提供更多激励，就能获得更大范围的许可，提高个性化服务程度。例如，给予会员更多的优惠，或者邀请会员参与调查，提供更加个性化的服务等。

7. 对电子邮件营销活动的效果进行分析、总结

电子邮件营销的效果是可以监控的，可利用各类指标参数分析营销活动，评估执行结果，并对策略进行相应的修改和完善。

练一练

请到京东网站订阅电子邮件，并对收到的电子邮件进行分析，然后尝试退订电子邮件。

京东（https://www.jd.com）是目前中国 B2C 市场中最大的电子产品网购专业平台和综合网上购物商城，是中国电子商务领域最受消费者欢迎和最具影响力的电子商务网站之一。

二、订阅/退订电子邮件

1. 订阅电子邮件

以消费者的身份注册为京东会员，并订阅京东网站的“促销、订单和账户消息”邮件。

（1）免费注册京东会员账号，如图 7-1 所示。

图 7-1 免费注册京东会员账号

（2）登录京东网站，单击会员账号，进入“我的京东”，在“账户设置”下拉菜单中选择

“邮件订阅”项，如图 7-2 所示。

图 7-2　京东会员中心和邮件订阅

（3）在订阅状态页面中，勾选自己需要订阅的电子邮件，京东提供了 3 个电子邮件服务，分别是促销消息提醒、账户相关提醒、订单相关提醒。单击“提交”按钮完成京东电子邮件的订阅，如图 7-3 所示。

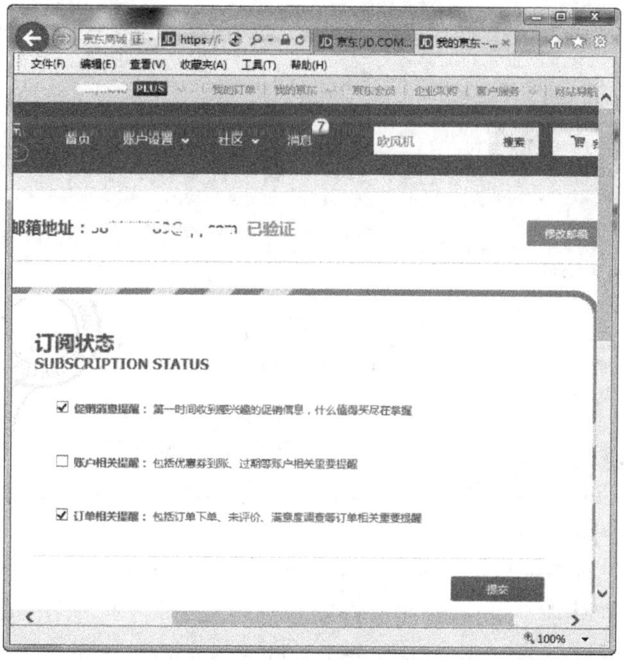

图 7-3　订阅京东电子邮件

2. 变更、退订电子邮件

以京东会员身份登录，并退订邮件。

（1）打开收到的京东促销、订单邮件，邮件正文右上角通常会有“退订投诉”的链接，或者在邮件正文下方会有“退订本类邮件”的链接，如图 7-4 和图 7-5 所示。

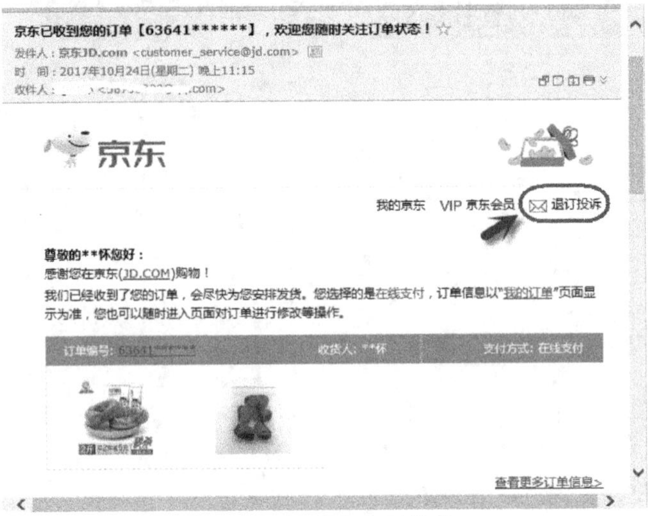

图 7-4　退订京东电子邮件 1

图 7-5　退订京东电子邮件 2

（2）单击“退订投诉”或“退订本类邮件”链接，进入京东“订阅中心”，可以在此快捷地变更京东电子邮件订阅及退订设置，选择相应的选项后单击“提交”按钮，新的邮件订阅设置预计于 24 小时内生效，如图 7-6 所示。

（3）变更或退订京东电子邮件，还可以在“账户设置”“邮件订阅”窗口中进行设置。为了帮助企业改进电子邮件服务，一般在退订电子邮件服务后，会弹出填写退订原因的窗口，企业收集到邮件退订的原因后，可以进行分析、改进，如图 7-7 所示。

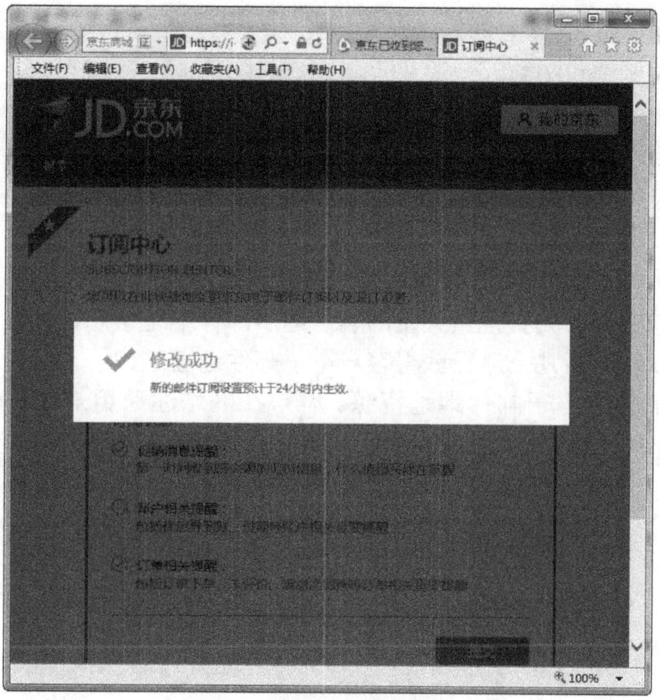

图 7-6 退订京东电子邮件 3

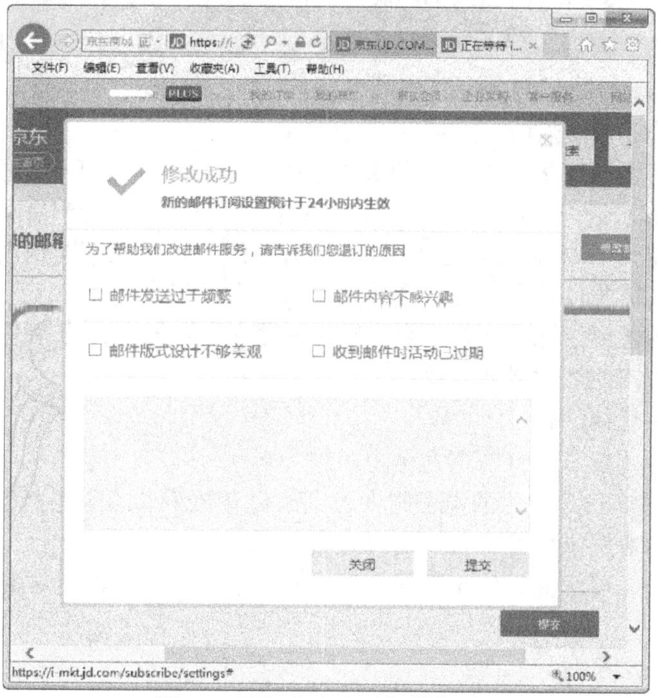

图 7-7 退订京东电子邮件的原因

想一想

假设你是公司营销部的主管，今年的“双十一”活动很快就要到来了，应该怎样策划和实施公司的电子邮件营销呢？

电子邮件营销的策划和实施，一般从收集客户的邮件地址资源开始，撰写营销邮件，策划电子邮件内容，选取电子邮件营销平台，设计电子邮件标题，选择合适的受众群体，最后实施发送和效果监测。

三、策划和实施电子邮件营销

1. 建立客户电子邮件地址数据库

进行电子邮件营销，首先要搜集大量的客户电子邮件地址信息，即建立客户电子邮件地址数据库。通常可以从以下几个途径获得客户电子邮件地址。

（1）公司积累的客户电子邮件地址资源。客户在网站注册用户时，用户名可以是客户的 E-mail 地址，或绑定客户电子邮件地址进行用户激活，在用户成功注册后，可进入自己的邮箱，通过单击相关的链接来激活所注册的用户名。因此，每个用户的电子邮件地址都是真实的。还可以通过网站邮件列表订阅、线下业务往来等方式收集客户的电子邮件地址。

（2）从目标论坛上获取。目标论坛上的用户都是公司的潜在客户，可以通过在论坛上发放样品、产品目录等形式，吸引客户主动提供电子邮件地址进行接收，进而获得客户许可的电子邮件地址。

（3）通过目标 QQ 群获得电子邮件地址。QQ 群是目前客户交流中使用较多的即时聊天工具，客户的 QQ 号码都会对应一个 QQ 邮箱，因此 QQ 邮箱也是目前使用较多的电子邮箱之一。当加入目标 QQ 群后，群内所有 QQ 账户都可能是潜在客户，可以直接将客户的 QQ 号加上@qq.com 获得客户常用的电子邮件地址。

2. 明确电子邮件营销的目的

电子邮件营销是企业整体营销战略的重要组成部分，因此，在开展电子邮件营销活动前，要考虑营销的目的——是为了品牌形象宣传，还是为了销售具体的产品和服务、维护客户关系、拓展新客户；这是一个相对独立的邮件营销活动，还是一个长期营销活动的组成部分。只有明确了电子邮件营销的目的，才能为企业整体营销提供有力的保障。并且需要为此次电子邮件营销制定合理的营销指标，例如，点击转化率是多少；投资回报率是多少；此次营销活动在整体市场活动中的期望效果如何等。

3. 选取电子邮件营销平台

常用的电子邮件营销平台有以下几种。

（1）专业邮件营销平台。专业的电子邮件营销平台有数千台的服务器和海量固定 IP 资源，同时与主要的邮件服务提供商签订协议，对来自此平台的邮件予以放行。因此，通过这类平台发送的邮件速度快，可达到日均千万级点对点精准投递量，成功送达率高，并有详细的数据统计报表。

（2）小型邮件发送平台。

（3）邮件群发软件。

小型邮件发送平台和邮件群发软件都无法实现邮件的个性化定制，很难实现营销效果的监测和分析。大企业自己也可以开发公司的电子邮件营销发送平台和营销数据分析平台，减少邮件列表泄露的风险，但较专业邮件营销平台少了与邮件服务商的良好公共关系，邮件到达率会有所降低。

4. 策划电子邮件内容

电子邮件营销内容是营销策划和实施中很重要的一步，邮件内容直接影响电子邮件营销的最终效果。邮件的内容策略涉及的范围较广，灵活性较大，邮件内容设计是营销人员要经常面对的问题，相对于客户电子邮件地址资源的获取，电子邮件内容设计制作的任务显得压力更大。因为没有合适的内容，即使再好的邮件营销平台和再多的客户邮件地址资源，也无法向客户传递有效的信息。

对于网站来说，电子邮件的内容就是一个小型的静态页面，通过这个页面可让受众群体成为注册会员、点击目标网页、回复邮件等。电子邮件营销内容主要是普通格式、HTML、模板 3 种。因为经过邮件病毒风波及邮件能使用 HTML 格式后，现在基本上没有人使用附件格式来传递邮件广告内容了。如今大部分邮件内容采用 HTML 格式，利用图文排版，甚至加上音频、视频等。

（1）普通格式邮件。纯文字格式的营销邮件现在使用较少，至少都会加上相关链接。主要是因为用户在网站注册后，确认的邮件及垃圾邮件居多。

（2）HTML 格式邮件。现在的邮件通常是 HTML 格式。从编写的技术上看，是与网页一样的，但着重点有所区别，在设计过程中比单纯地做网页要求更高，即要求色彩搭配协调、创意独特、视觉冲击力强、简洁美观，同时又要在小小的网页中表达营销的内容。

（3）专门的模板邮件。为了更好地体现网站的品牌形象，达到宣传商品和网站的目的，一般会设计专门的模板，尽可能保持简洁美观，以吸引浏览者的眼球，提高用户黏性。

一般来说，设计完善的邮件内容应具有以下几个基本要素。

（1）邮件主题。本期邮件最重要内容的主题，或者是通用的邮件列表名称加上发行的期号。

（2）邮件列表名称。一个网站可能有若干个邮件列表，一个客户也可能订阅多个邮件列表，仅从邮件主题中不一定能完全反映出所有信息，需要在邮件内容中表现出列表的名称。

（3）目录或内容提要。如果邮件信息较多，给出当期目录或者内容提要是很有必要的。邮件内容 Web 阅读方式说明（URL）：如果提供网站阅读方式，应在邮件内容中给予说明。

（4）邮件正文。本期邮件的核心内容，一般安排在邮件的中心位置。

（5）退出列表方式。这是正规邮件列表内容中必不可少的内容，退出列表的方式应该出现在每一封邮件内容中。

（6）其他信息和声明。如果有必要对邮件列表做进一步的说明，可将有关信息安排在邮件结尾处，如版权声明和页脚广告等。

5. 设计电子邮件标题

营销邮件到达目标客户的邮箱只是成功的第一步接下来才是关键的一步，即让客户主动阅读电子邮件。因此，电子邮件标题的好坏将决定该邮件是被客户打开，还是进入客户的垃圾邮件/广告邮件文件夹，或者被防火墙拦截，或者被收件人直接“删除”。所以只有设定一个好标题才能让客户主动点击并阅读邮件内容。电子邮件标题的设定不能偏离电子邮件内容，常用的邮件标题有以下几种。

（1）团购式标题。团购网站基本上每天在开团之前都会给注册客户发送一封当天的团购信息邮件。这类电子邮件的标题有较为统一的格式，标题中有团购平台的名称、项目名称、打折的信息等。

（2）承诺式标题。承诺给受众带来一定的优惠或保障，如“满299元减60元”“包邮”“七天包退换”等。若使用这种标题，就一定要有实现承诺的保证，不能夸大效果。否则，会欺骗客户的感情，对公司或产品造成不利影响。

（3）悬念式标题。采用这个方式可抓住网民好奇的心理特点，从而促使其点击阅读邮件。悬念式标题对非传统的产品或服务的营销效果更好，例如，“关于女人的那点事儿！”。

（4）数字式标题。数字代表精准，如果邮件的标题有数字则可以更明确标题的意思，不会产生误解。大部分数字标题多为商品的价格、产品的使用时间、服务时间的说明等。例如，“你来就送1000元！”。

（5）故事情节式标题。这种故事情节标题，能够引起受众关注，引起客户的情感共鸣，吸引客户阅读邮件内容。例如，“结婚不买房，愧对丈母娘!”。

总之，一个能够为客户接受的电子邮件标题，要注意平衡企业与客户之间的关系，学会换位思考，即把自己放在客户的位置上，思考一下客户对邮件的关注点会在哪里，邮件能够给客户带去什么，并注意不断跟踪邮件效果，测试邮件标题，不断优化标题。

6. 选择合适的受众群体实施发送

选择优质的受众群体是提高电子邮件营销质量的关键。发送电子邮件的优质目标客户首选公司的老客户和公司网站的注册用户，其次可以考虑选取电子邮件营销服务商有偿提供的客户邮件地址资源和社交论坛的忠实网民。

发送电子邮件的频率应该与客户的预期和需要相结合，这种频率预期因时、因地、因产品而异，从每小时更新到每季度的促销诱导，各不相同。过于频繁的邮件“轰炸”，会因让人感到厌烦，而被视为垃圾邮件，不利于企业电子邮件营销的实施。另外，在接到邮件业务询问时，应及时做出回复。这样做，不仅可以表示公司重视客户的问询，也显示出公司的工作高效，以及公司对客户服务的重视，增强客户信心，提高客户黏性。

探究

邮件列表是许可电子邮件营销的一种具体表现形式，那么邮件列表是什么？有什么特点？

邮件列表（Mailing List）的起源可以追溯到1975年，是互联网上最早的社区形式之一，也是Internet上的一种重要工具，用于各种群体之间的信息交流和信息发布。

四、邮件列表

1. 邮件列表概述

邮件列表是为了解决一组用户通过电子邮件互相通信的要求而发展起来的，是一种通过电子邮件进行专题信息交流的网络服务。它一般是按照专题进行组织的，目的是为从事同样工作或者有共同志趣的人提供信息，开展讨论，相互交流或寻求帮助。用户可根据自己的兴趣和需要加入不同主题的邮件列表，每个列表由专人进行管理，所有成员都可以看到发给这个列表的所有信件。

邮件列表有以下两种基本形式。

（1）公告型（邮件列表）。公告型（邮件列表）通常由一个管理者向小组中的所有成员发送信息，如电子杂志、新闻邮件等。

（2）讨论型（讨论组）。所有的成员都可以向组内的其他成员发送信息，其操作过程简单来说就是发一个邮件到小组的公共电子邮件，通过系统处理后，将这封邮件分发给组内所有成员。

2. 邮件列表的分类

根据电子邮件的发送权限不同，邮件列表可以分为公开型、封闭型和管制型。

（1）公开型。邮件列表可供所有人自由讨论，即使不是这个邮件列表的订阅用户也可以自由地发送电子邮件给这个邮件列表的所有订阅用户。常见于公开的论坛和讨论组。

（2）封闭型。只有邮件列表的订阅用户才能互相发送电子邮件。常见于网络社团、俱乐部或者公司内部的讨论组等。

（3）管制型。只有经过邮件列表管理者许可的电子邮件，才能发送给邮件列表的其他订阅用户。常见于电子刊物。

3. 邮件列表的特点

邮件列表主要有以下几个特点。

（1）邮件列表具有传播范围广的特点。可以向 Internet 上数个用户迅速传递信息，传递的方式可以是主持人发言、自由讨论和授权发言等方式。

（2）邮件列表具有使用简单方便的特点。只要能够使用 E-mail，就可以使用邮件列表。

（3）邮件列表的注册和取消注册非常方便，只要通过电子邮件的方式告知即可。

（4）可以在很大程度上取代纸张，节省印刷费用和邮寄费用。

4. 邮件列表存在的问题

邮件列表目前存在的问题主要有以下几个。

（1）邮件列表的数量很少。由于邮件列表向收费方向发展，因此邮件列表供应商的数量也越来越少。

（2）很多邮件列表的邮件是经过整理后再发送给用户的，造成邮件的延时，用户得不到及时的反馈。

（3）邮件列表的主题都是由那些邮件列表供应商提供的，用户只能在那些邮件列表的主题中进行讨论和交流。

（4）邮件列表的分类不明确，用户得到的信息可能并非自己最关心的。

拓展

如何使用邮件列表

邮件列表可以简单理解为一个小组成员通过电子邮件讨论某一个特定话题，一般称为讨论组。如果用户要向一个人发出一封电子邮件，就必须指定一个邮件地址。如果用户希望向不止一个人发送同一封电子邮件时，可以设置一个特殊的名字，可称之为“别名”。在这里，别名代表的是一组人，这里的组可称为“讨论组”，提供的两个邮件列表“讨论组 A”与“讨论组 B”就是两个别名，分别代表参与这两个组的所有组员。

举个例子，假设“讨论组 A”有 3 个人参加，他们分别是小陈、小灶、小楼，那么这个别名“讨论组 A”代表的就是这 3 个人的邮件地址。不管在什么时候，如果用户发电子邮件给“讨论组 A”，那么邮件程序就会自动地将这一电子邮件发送给这 3 个人中的每一位。

可以想象一下，这 3 个人是怎样利用别名来组成一个讨论组的。假设小灶有了一个想法，他要和其他人共享。这样，他所需要做的一切就是将电子邮件发给“讨论组 A”，随后，每个人都会收到这封电子邮件的一个副本。假设小陈希望在小灶的看法中加上自己的不同意见，他也只需将自己的意见发电子邮件给“讨论组 A”，然后，这封电子邮件就会自动地发送给列表中的每个人。

下面，考虑一下在更大范围内的情况。可以想象，一个别名可能包含几十个或者几百个用户的电子邮件地址，并且各个用户散布于 Internet 的各个地方。任何发送到别名中的信息都会自动地转发给组中的每一位成员。这样，无论谁发送了电子邮件，组中的所有成员都会知道，有利于在用户之间进行交谈、争论、帮助他人、讨论问题、共享信息等。

这就是邮件列表，它提供了与 BBS 不同的另外一种交流方式，只有参与其中，才可以成为组员，体会此中乐趣。

7.3 电子邮件营销的效果评测

问题

实施了电子邮件营销，电子邮件就发出去了，那么客户有没有阅读呢？营销的目的有没有达成呢？这些问题值得去思考。

目前，越来越多的企业开始采用电子邮件营销方式，通过对相关营销指标的监控和分析，来评价营销活动的效果，而且还通过在营销活动中发现的问题，对营销活动进行一定的控制，这有助于企业与客户保持紧密联系，提升客户对企业产品或服务的满意度。

任务

现在需要设计运动会的“班旗”，通过电子邮件营销的方式开展讨论交流。邮件有没有被阅读，有没有转发，有没有退订，有没有反馈或回复，这些都是需要监测和评价的地方，以便及时完成“班旗”的制作。那么，应该通过哪些指标来评估电子邮件营销的效果呢？

在电子邮件营销活动中，通过对一些指标的监测和分析，不仅可以用来评价营销活动的效果，还可以通过这些指标发现电子邮件营销过程中的问题，并对电子邮件营销活动进行一定的控制。

一、电子邮件发送效果的评估

电子邮件的发送效果主要通过邮件送达率和退信率两个指标来评估。

1. 邮件送达率

邮件送到率是电子邮件营销效果最重要的评估指标。电子邮件营销是向用户发送电子邮件信息的一种网络营销手段，邮件送达率直接影响着电子邮件营销的效果。由于垃圾邮件对网络营销环境的破坏，邮件服务商屏蔽邮件、Rich Media（富媒体，具有与使用者强烈的交互性及对视觉强烈的震撼及感染力）的影响，即使是经过用户许可的邮件列表，也同样面临着邮件送达率降低引起的整体营销效果下降的难题。邮件送达率的计算公式为：

邮件送达率 =（邮件送达总数 ÷ 邮件发送总数）× 100%

上式中，邮件送达总数由邮件自动回复系统提供；邮件发送总数由邮件群发系统提供。自动回复是指当信箱收到一封来信时，邮件系统会按照预先的设置内容自动发送邮件回复对方。一般邮件服务平台都具有这个自动回复功能，只要简单设置即可使用。

2. 邮件退信率

退信率是指没有送达的邮件的比率。客户使用的一般是免费邮箱或者 ISP（互联网服务提供商）赠送的邮箱，加上邮件服务商出于自身利益考虑，对邮件列表进行屏蔽，造成邮件退信率不断增高。同时，许多免费电子邮件服务商停止提供免费服务，实行有偿的邮件服务，使企业收集的原有电子邮件地址资源失效，这在很大程度上提高了电子邮件的退信率。邮件退信率的计算公式为：

邮件退信率 =（邮件退信总数 ÷ 邮件发送总数）× 100%

邮件退信率与邮件送达率的关系用公式表示为：

邮件退信率 + 邮件送达率 = 100%

二、电子邮件点击效果的评估

电子邮件的点击效果主要通过邮件开信率、引导点进率、附件（广告）点进率、反馈率和转信率等指标来评估。

1. 邮件开信（浏览）率

开信（浏览）率是指用户在收到信件后打开阅览的比例。未经许可的垃圾邮件不仅让客户反感，而且也严重影响了电子邮件营销的声誉，导致很多客户将邮件广告视为垃圾邮件，大大地降低了邮件营销的开信率。因此，要提高开信率，就必须避免“垃圾邮件”之嫌。由此可见，邮件的主题设计是否有吸引力，是否有“垃圾邮件”之嫌，是否有针对性，都将直接影响电子邮件的开信率。另外，有些客户由于更换电子邮件地址，但未在加入的邮件列表中更新，也造成发送的电子邮件变成无效邮件，降低了开信率。邮件开信率的计算公式为：

邮件开信率 =（邮件阅读总数 ÷ 邮件送达总数）× 100%

上式中，邮件阅读总数由邮件服务系统中嵌入的点击统计系统提供，只要用户点击该邮件，系统就会自动记录点击行为并进行统计分析。

2. 引导点进率

引导点进率，又称点击通过率，是在电子邮件中嵌入企业营销站点或者营销网页的地址访问链接，用户阅读电子邮件时，被引导点击进入企业营销站点或者营销网页的比例。引导点进率的计算公式为：

引导点进率 =（引导点进次数 ÷ 邮件开信总数）× 100%

上式中，引导点进次数由网站流量统计系统提供，引导点进率的高低直接受邮件送达率和邮件开信率的影响，三者的关系为：邮件送达率>邮件开信率>引导点进率。

3. 附件（广告）点进率

因为电子邮件营销的需要，可在电子邮件中添加广告按钮或者附件，用户对该邮件的关注程度可以通过用户对广告按钮和附件的点进率来说明。附件（广告）点进率和引导点进率类似，二者的区别在于：附件（广告）点进率统计的是用户对电子邮件广告或者附件的关注程度，主要评估电子邮件广告的设计质量；而引导点进率统计的是用户对公司营销站点或者营销网页的关注程度。影响附件（广告）点进率的主要因素有客户定位、附件设计、广告设计等。其计算公式为：

附件（广告）点进率＝(附件或广告点击总数÷邮件开信总数)×100%

4. 反馈率

反馈率衡量的是电子邮件用户收到邮件后的反馈程度。影响反馈率的主要因素包括客户定位是否准确、产品（服务）是否有吸引力、企业在邮件中设置的反馈方式是否便捷等。反馈率的计算公式为：

反馈率＝(邮件反馈总数÷邮件开信总数)×100%

5. 转信率

转信率是电子邮件客户收到邮件后，分享并转发此邮件给其他客户的比例。影响转信率的主要因素包括客户定位是否准确、产品（服务）是否有吸引力、电子邮件质量的好坏、转信操作是否便捷等。转信率的计算公式为：

转信率＝(转信人次总数÷邮件开信总数)×100%

三、电子邮件经济效果的评估

电子邮件的经济效果主要通过转化率和直接收益指标来评估。

1. 转化率

转化率是指用户收到信件后产生购买、用户注册、期刊订阅等预期行动的比例。以用户注册为例，转化率的计算公式为：

转化率＝(因邮件营销增加的用户总数÷邮件开信总数)×100%

2. 直接收益

直接收益是指电子邮件营销直接给公司带来的营业收入、利润等收益。直接收益受影响的因素较多，如成本、网站交易、支付等因素，因此直接收益不可作为电子邮件营销效果评估的唯一依据。

目前使用比较广泛的电子邮件营销效果评估指标是开信率和转化率，其次是引导点进率和退信率。以上指标各有利弊，所以不同的企业采用的方法往往各不相同，最好能灵活运用各种方法，使多个指标相互印证。

练一练

某企业采用电子邮件营销方式发布新产品，通过专业邮件营销平台向客户发送电子邮件100 000封，据平台提供的数据显示，有2 500封退信，通过邮件链接进入企业网站注册的用户新增加18 000个。请计算一下这次电子邮件营销活动的邮件送达率和转化率。

计算出这次电子邮件营销活动的邮件送达率和转化率后，可尝试计算其他指标，并通过这些指标评估这次电子邮件营销活动的效果。

想一想

在实施电子邮件营销活动中，有什么办法可以跟踪电子邮件的开信（浏览）率？

只有在实施电子邮件营销的活动中对邮件的页面进行相应的布置，才能进行跟踪邮件的开信（浏览）率。具体的方法是在邮件的HTML版本中，嵌入一个1像素×1像素的跟踪图片文件，给每封邮件的这个跟踪图片文件区别取名，当用户打开邮件的时候，邮件客户端就会调用该跟踪图片文件，那么在邮件服务器日志中就可记录该图片文件被调用的次数，从而知道邮件被打开阅读的次数。

探究

通过电子邮件营销的效果可以评估该营销活动成功与否，那么如何使电子邮件营销活动发挥最大的效果呢？

评估电子邮件营销活动是否发挥最大的效果时，可以从以下几个方面着手。

（1）数据库资源是基础。数据库资源是有效进行电子邮件营销活动的基础，强大的数据库提供了更广泛的潜在客户资源，可以协助企业准确定位目标客户，并根据企业的特殊要求（如行业、地域、年龄、性别、喜好差异等）量身定制个性化服务，而数据的准确性和安全性更是进行电子邮件营销的重中之重。

（2）技术平台是保障。专业的邮件群发服务平台确保了用最短的时间锁定并到达企业全部目标客户群体，实现高效率电子邮件营销。退订程序的设计，更体现了对收件人的尊重，收件人能够轻松订阅或退订，使他们有权选择自己想要获得并长期接收的信息。后台植入的跟踪监测程序，可有效地运用电子邮件评估系统，实时查看信件的查阅、点击、回复和转发的情况，测算电子邮件的一些指标，这些都有助于更好地实现营销的预期效果。

（3）内容和设计是关键。电子邮件内容和样式是关键，因此应依据企业文化和企业产品定位，提供有吸引力的邮件内容和精美的页面创意设计，这也是提升电子邮件营销效果的重要元素。

拓展

提升电子邮件营销转化率的技巧

电子邮件营销活动中，邮件送达率、开信率是基础，而转化率才是终极目的。要达成交易，则适时、恰到好处、准确点缀的链接必不可少。这些链接能指向目标所在，帮助邮件阅读者快速进入网站相关页面或栏目，完成购物环节中的部分操作。在电子邮件使用链接时需要注意以下几点。

（1）生成链接的关键字要少。链接的关键字如果过多，不仅喧宾夺主占用邮件空间，而且会妨碍到邮件在移动设备上的显示效果。

（2）链接点击前后最好有明显的颜色变化，例如，换一种颜色，或颜色加深，当鼠标移动到链接上时，会有明确提示。

（3）对于提示链接的文字，可以使用最简单的命令式，如“点击这里”，也可以用设置悬念的方式激起好奇心，或者用言简意赅的字词更进一步浓缩出链接的内容，例如，“我要购物”“注册”“了解详情”“更多优惠”等。

（4）链接的时效性要长。有些客户打开邮件和邮件送达的间隔期越来越长，往往当客户打开邮件时，其内容已失去时效性。此外，还有一些客户会存档他们感兴趣或觉得有用的电子邮件，如果过了一段时间后打开邮件，发现链接已无法访问的话，会令客户失望。所以邮件内容的链接要保持一定的时效性。

（5）链接一定要和邮件内容相对应。也就是说，不仅内容高度关联，就连设计风格也高度相似，如果两者大相径庭，就会让客户迷惑不解。

除了链接外，还有其他提升电子邮件营销转化率的技巧。例如，增加其他联系方式时，在邮件显著位置放置客户支持或呼叫中心电话号码（当客户拿起手机时可直接拨打）、微信二维码（支持扫码）、微博等方便添加。总而言之，多一些成交途径，客户就可以随时随地通过不同平台达成交易。

技能训练

训练 1：使用电子邮件列表

实训目的：会创建电子邮件列表和邀请客户加入邮件列表，知道客户主动申请加入邮件列表的操作步骤，懂得如何利用邮件列表给客户发信。

操作要求：以网易邮件列表为例，创建网易邮件列表并邀请客户加入，设置邮件列表，通过邮件列表发信给客户。

技能点拨：提前申请网易免费邮箱，使用达到 10 级以上的邮箱用户创建邮件列表。提前收集客户邮件地址，实施邮件列表加入邀请。

实训步骤：

（1）登录网易电子邮箱，单击“通讯录”页面，选择左栏“邮件列表”选项，进入邮件列表创建和加入申请窗口，如图 7-8 所示。

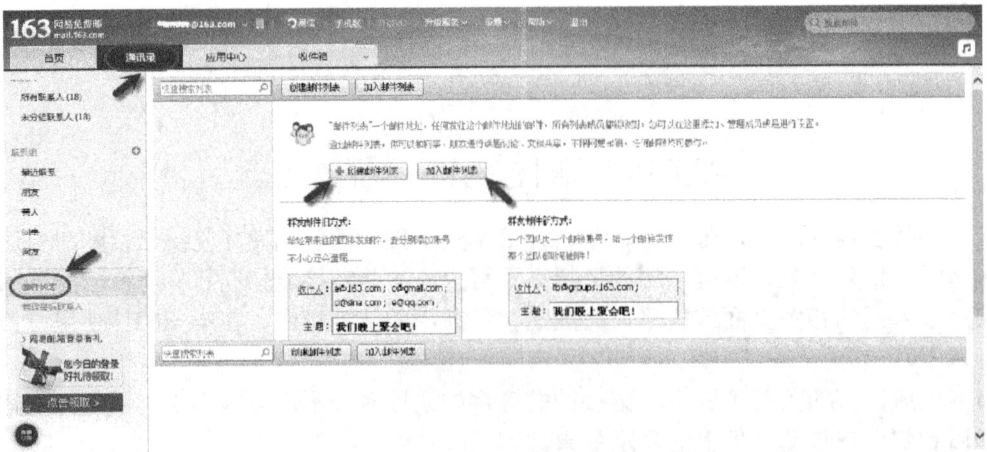

图 7-8　创建、加入申请网易邮件列表

或者，直接访问网易邮件列表的网站（http://groups.163.com），用网易邮件地址登录，如图 7-9 所示。

图 7-9　直接访问网易邮件列表登录窗口

如果使用非网易邮箱，在“登录网易邮件列表”页，单击下方的“立即开通”按钮，如图 7-9 所示。输入一个已有的非网易邮箱地址，并设置好密码及验证码，单击下方的“注册”按钮，如图 7-10 所示。此时，邮箱会收到一封验证信，进入邮箱单击验证链接完成注册。非网易邮箱暂时不具有创建网易邮件列表的功能，但可以申请加入网易邮件列表。

图 7-10　非网易邮箱注册网易邮件列表

（2）创建网易邮件列表。如图 7-8 所示，单击“创建邮件列表”按钮，在网易邮件列表创建窗口转入邮件列表的详细信息，包括邮件列表账号、邮件列表名称、分类、描述及隐私设置等，完成后单击下方的“创建邮件列表”按钮，如图 7-11 所示。

目前，网易邮箱需要 10 级以上用户才能创建邮件列表，每个特权等级的用户能够创建的邮件列表个数也不一样。普通用户（1～10 级）不可创建邮件列表，白银用户（11～20 级）可创建 1 个邮件列表，黄金用户（21～30 级）可创建 3 个邮件列表，钻石用户（31～40 级）可创建 5 个邮件列表。

隐私设置选项中，“公开列表”选项允许所有人加入，而且公开邮件列表成员；“普通列表”选项需要通过管理员认证才可以加入邮件列表，对外只公开群组邮件列表信息与成员。

“私密列表”选项只能通过邀请加入本邮件列表，邮件列表成员对外不公开。

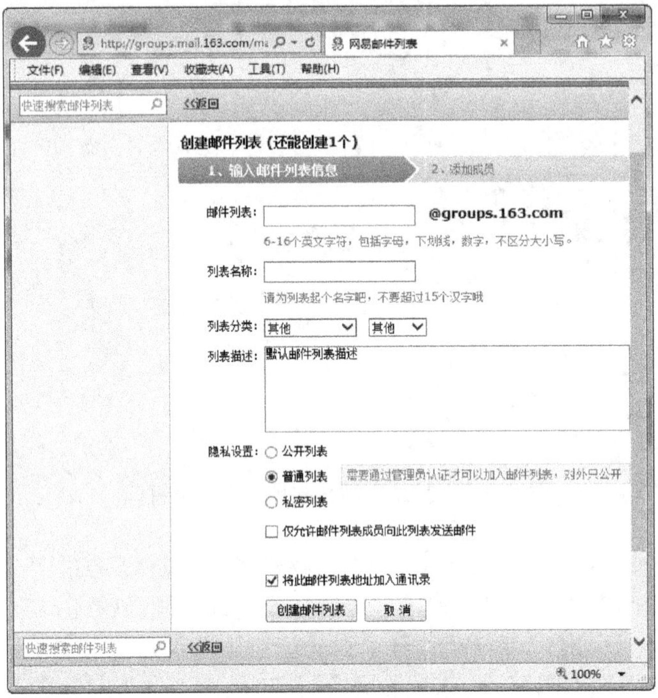

图 7-11 创建网易邮件列表

（3）邮件列表创建成功，如图 7-12 所示。复制页面下方的链接地址发送给好友，邀请好友加入邮件列表。

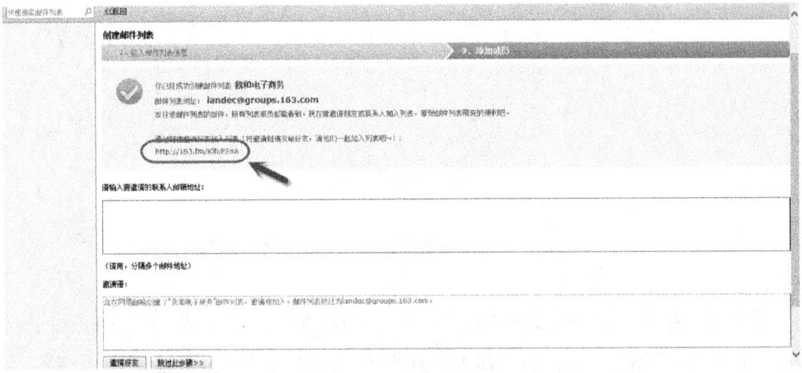

图 7-12 成功创建网易邮件列表

还可以在邮件列表窗口单击“邀请”按钮，添加列表成员，如图 7-13 所示。

（4）邀请客户加入邮件列表时可以通过两种方式：方式一，复制邮件列表链接地址给客户，邀请加入；方式二，通过直接输入客户的邮件地址，发送邮件邀请加入，客户同意后即可加入邮件列表，如图 7-17 所示。

（5）加入网易邮件列表。加入网易邮件列表的方式有两种：收到邀请同意加入、自己申请加入。邮件列表的管理员和拥有者都可以邀请用户加入，收到邀请的用户会收到一封邮件，如果愿意加入，单击邮件中的“同意并加入该邮件列表”按钮即可成为列表成员，如图 7-15 所示。

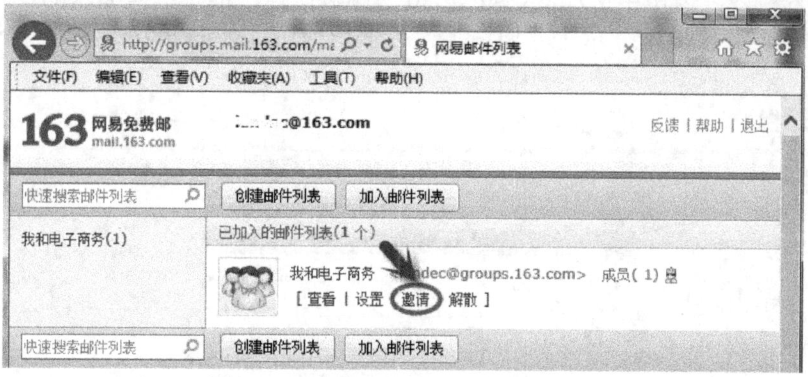

图 7-13　邀请成员加入网易邮件列表

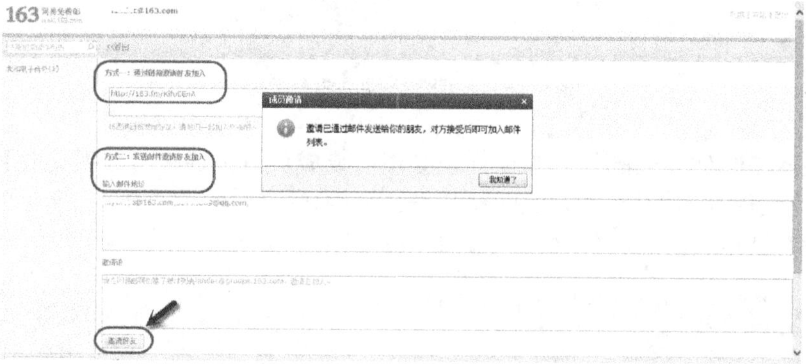

图 7-14　邀请好友加入邮件列表的两种方式

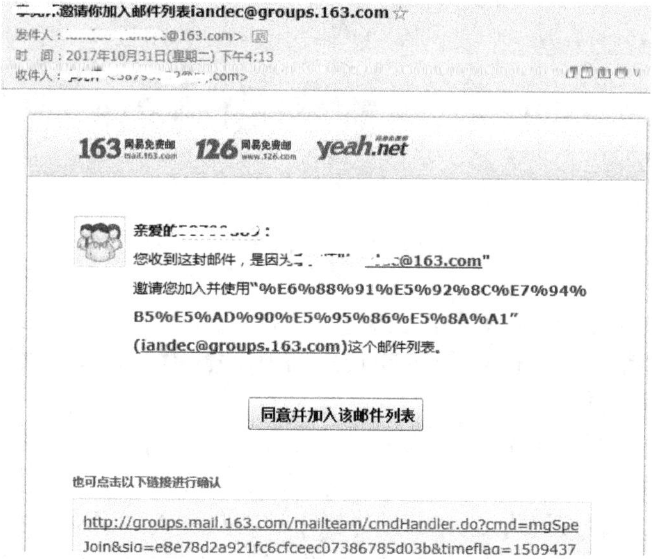

图 7-15　接受邀请加入邮件列表

非网易域邮箱暂不支持邀请加入，需通过“请求加入”方式加入网易邮件列表。客户希望加入一个邮件列表，并且客户知道这个邮件列表的地址，这时可以开通登录网易邮件列表，单击“加入邮件列表”按钮申请加入，如图 7-8 所示。在弹出的“申请加入邮件列表”窗口，输入要加入的邮件列表地址，单击“申请加入”按钮即可，如图 7-16 所示。

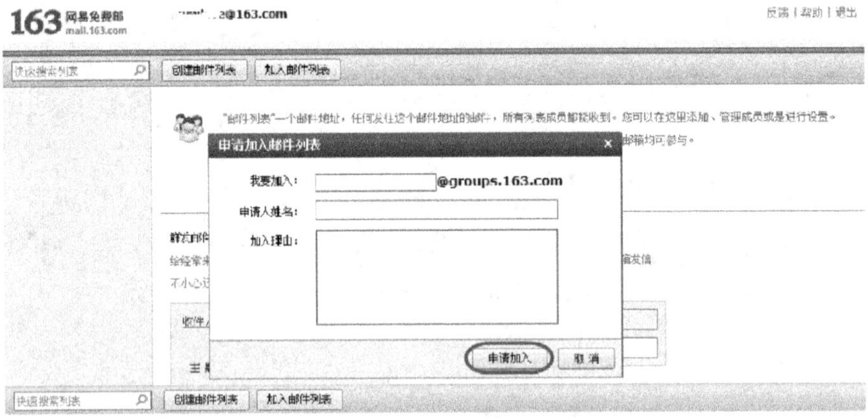

图 7-16　申请加入网易邮件列表

（6）撰写网易邮件列表邮件。邮件列表管理员或成员可以通过登录网易邮箱，单击“通讯录”，选择“邮件列表”，在加入的邮件列表选项中单击“写信”链接，之后的操作和平时撰写邮件、收发邮件相同，邮件列表“写信”页如图 7-17 所示。

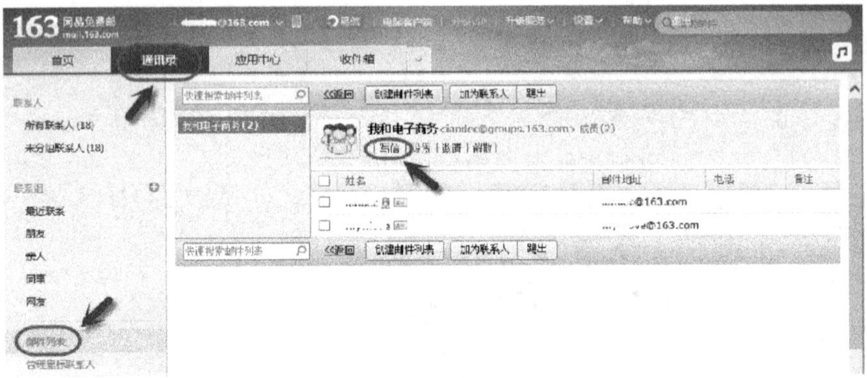

图 7-17　通过邮件列表写信

训练 2：策划和实施电子邮件营销方案

实训目的：通过策划公司智能手机产品的电子邮件营销，加深对电子邮件营销的理解，学会设计电子邮件营销方案。

操作要求：学生分组，采用小组讨论的形式，以小组为单位策划电子邮件营销，设计一份电子邮件营销方案。

技能点拨：4～6 人组成团队，选出营销方案设计的负责人，按不同的工作任务进行分工，例如，团队组织、资料搜集、营销调研、文案撰写等。小组之间互相交流分享，分析各小组方案的优缺点，重点对比邮件内容和标题。

实训步骤：

（1）将学生按4～6人进行分组，建立公司营销团队。

（2）营销团队选派电子邮件营销方案设计的工作岗位，如营销部长、调研员、资料员、文书等。

（3）研读公司策划电子邮件营销的具体实施要求。

国庆节、中秋节即将到来之际，“月亮”手机公司营销部正在策划利用节日实施电子邮件营销，下面是具体的营销要求。

① 给公司“月亮”系列手机的潜在客户发送一封E-mail，实施电子邮件营销。

② 向客户传达公司的活动：为了答谢客户对公司多年的关注，公司准备在国庆节和中秋节期间举办大型的产品让利酬宾活动。活动时间之长、力度之大，前所未有，望广大客户抓住时机。

③ 邮件主题鲜明，紧扣活动主题，能吸引客户打开邮件；邮件对客户的称呼合理；邮件结构严谨、文笔通顺，邮件内容能突出产品的卖点，并把促销信息传递给潜在消费者。

④ 邮件内容的字数在200字左右。

⑤ 设置邮件签名，客户可以方便快捷地知道公司的联系方式和发件人信息。

（4）完成电子邮件营销方案策划后，在训练1创建的邮件列表中实施电子邮件营销。

（5）计算电子邮件营销的评估指标，并分析、调整营销策略，优化营销过程，完善营销方案。

（6）团队提交完善后的方案（文档），以小组为单位在全班分享交流。

测一测

一、填空题

1. 电子邮件营销是在用户事先许可的前提下，通过__________的方式向__________传递有价值信息的一种手段。

2. 按照电子邮件地址的所有权分类，可以将电子邮件营销分为__________电子邮件营销和__________电子邮件营销。

3. 电子邮件营销的3个基本因素是__________、__________和__________。

4. 用户阅读电子邮件时，被引导点击进入企业营销站点或者营销链接网页的比例，是企业评估电子邮件营销效果中的__________指标。

5. 根据电子邮件的发送权限不同，邮件列表可以分为__________、__________和__________3种类型。

二、单项选择题

1. 下列叙述中，属于电子邮件营销效果评估指标中转化率的含义的是（　　）。

A. 没有送达的邮件的比率

B. 用户在收到信件后打开阅览的比例

C. 用户收到信件后点击其中的链接进入营销网页的比例

D. 用户收到信件后产生购买、用户注册、期刊订阅等预期行为的比例

2. 下列叙述中，属于真正意义上的电子邮件营销的是（　　）。

A. 许可电子邮件营销

B. 未经许可的电子邮件营销

C. 内部 E-mail 营销

D. 长期的 E-mail 营销

3. 以下关于邮件列表的描述中，错误的是（　　）。

A. 邮件列表基于用户许可原则

B. 邮件列表在邮件内容中可加入适量促销信息

C. 邮件列表是一组垃圾邮件

D. 邮件列表可以退订

三、判断题

1. 实施电子邮件营销时，群发的邮件内容最好都携带附件，这样有利于客户看到自己想要的内容。（　　）

2. 电子邮件营销最重要的特点就在于成本低廉而效果显著。（　　）

3. 邮件列表只能订阅,不可以变更或退订。（　　）

4. 电子邮件的标题往往决定该邮件是否会被客户打开，所以只有设定一个好标题才能让客户点击并阅读邮件内容。（　　）

5. 影响反馈率的主要因素包括客户定位是否准确、产品（服务）是否有吸引力、企业在邮件中设置的反馈方式是否便捷等。（　　）

四、问答题

1. 电子邮件营销有哪些优势？

2. 提升电子邮件营销转化率的技巧有哪些？

3. 开展电子邮件营销一般要经历哪几个主要步骤？

五、案例分析题

鲜花网站“七夕”电子邮件营销

“七夕”，这个节日被戏称为中国情人节，同时也是商家推广的好时机。在资讯发达的当今时代，人们对于一封电子邮件的专注时间越来越短，邮件营销人员应深刻认知“读图时代”的阅读习惯。促使经营鲜花的企业调整营销策略，选择了“用图片说话”的电子邮件营销方式。

电子邮件的第一张图片：开门见山点明主题“七夕有你，爱是唯一”，仪态优雅、端庄、矜持的女主人公手握鲜花，含笑凝视，幸福的感觉一望便知。紧接着，推出一款“新品”和“热卖”商品的特写，照片画质清晰，对比分明，无须更多语言，读者能直观地看到精美而匠心独具的包装礼盒及缤纷怒放的鲜花。在邮件中提供“专卖店”图样，提醒客户去商家的专卖店实地查看和当场预订。同时附加了点击选择“专卖店”的链接，很便利消费者。最后在群发邮件末尾，集合了诸多营销联系方式，有热线电话、邮箱、网址和微信等。并且提醒读者可以“退订”邮件列表。

思考：在该案例中，使用了哪种网络营销手段？这种营销方式在此案例中有什么优势？请提出营销过程美中不足的地方，并制订出调整营销的策略。

六、实训题

1. 创建网易邮件列表或QQ邮件列表，邀请其他同学或好友加入你的邮件列表，比较谁的邮件列表会员数量多。通过邮件列表发信，内容为“请会员分享并转发你的邮件列表地址给他（她）的好友，并邀请加入你的邮件列表”。

2. 尝试自己策划某产品（如手机、衣服、水杯、鞋子等）的电子邮件营销，设计营销方案，内容要求包括电子邮件营销的全过程。

第 8 章
移动营销

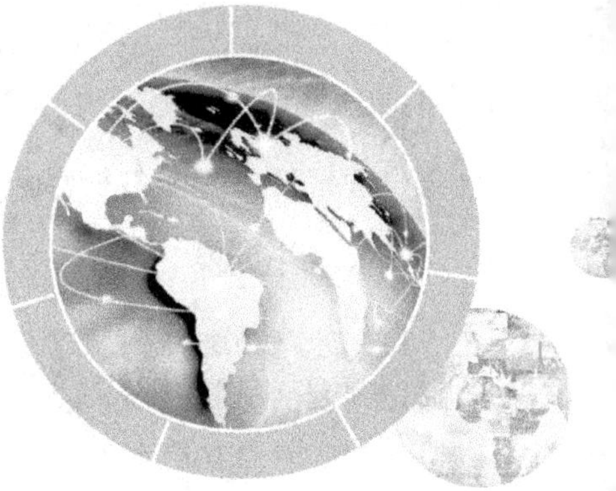

知识要点

（1）移动营销的概念（移动互联网、移动支付、移动营销）。
（2）常用移动营销工具的特点、优势、策略和技巧。

能力要点

（1）正确认识移动互联网、移动支付等概念，深入了解移动营销的特点，发挥移动营销的优势。
（2）正确认识移动营销与传统营销、互联网营销等多种营销方式整合的意义。
（3）熟练使用微信、微博、QQ 进行营销推广，熟练使用微信、支付宝等支付工具，懂得结合实际使用多种方式进行网络营销。

引例

抢便利店竟没现金，“90 后”小贼崩溃

2017 年 3 月 27 日凌晨 4 点 20 分左右，天还没亮，大街上的行人和车辆还很稀少，只有沿街的 24 小时便利商店仍在开门营业……

两名歹徒在夜间连续对三家便利店进行抢劫，到 3 月 27 日中午 11 点，民警在杭州市某网吧内将正在上网的犯罪嫌疑人殷某和邓某抓获，并当场查获作案所用的刀具、电动车及抢劫所得的现金。

据了解，这两名犯罪嫌疑人系表兄弟关系，而且都是“90 后”青年人。其中一人从宁波坐大巴，另一人从云南乘飞机，先后来到杭州。结果，让这两人崩溃的是，他们费尽心思大老远跑来，连抢三家便利店却只抢到 2 000 多元，还不如来回的路费多……

犯罪嫌疑人问：“你们杭州人到底怎么回事啊，出门都不带现金？”

杭州人回答：“是啊，现在在杭州生活，根本就不需要带钱包！出门吃个饭，扫二维码；打个车，扫二维码，就连路边卖安徽料理的都有二维码！可以说现在在杭州做生意，就没有不使用二维码的！”

8.1 移动营销概述

问题

移动支付是什么？你在哪些情况下使用过移动支付？

根据中国互联网络信息中心（CNNIC）发布的《第 43 次中国互联网络发展状况统计报告》，截至 2018 年 12 月，我国网络支付用户规模达 6.00 亿人，较 2017 年年底增加 6930 万人，年增长率为 13.0%，使用比例由 68.8%提升至 72.5%。手机网络支付用户规模达 5.83 亿人，年增长率为 10.7%，在手机网民中的使用比例由 70.0%提升至 71.4%。网民在线下消费时使用手机网络支付的比例由 2017 年年底的 65.5%提升至 67.2%。手机网络支付用户规模及使用率如图 8-1 所示。

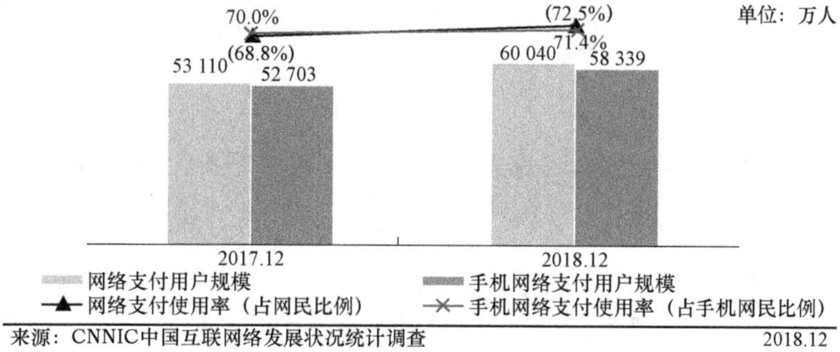

图 8-1 手机网络支付用户规模及使用率

手机网上支付所依赖的条件为移动互联网与移动设备，移动互联网就是将移动通信和互

联网二者结合起来，成为一体。要知道你的移动设备能否接入移动互联网，需要先清楚有哪些移动设备，知道移动互联网是怎样进行网络传输的。

根据 CNNIC 的报告显示，接入互联网的设备主要有如图 8-2 所示的几种。

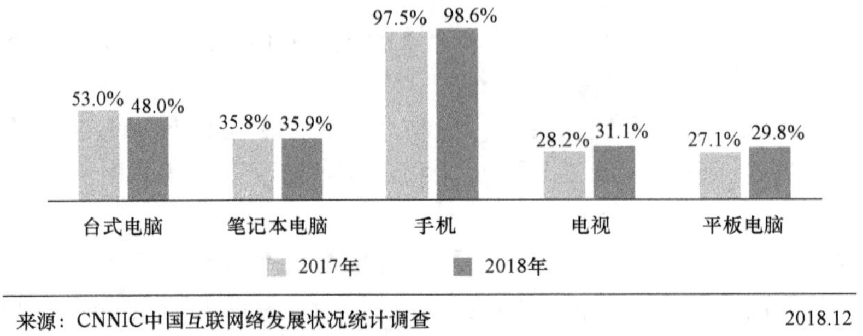

图 8-2　互联网接入设备使用情况

其中，手机等便携设备通过移动通信运营商的无线信号（目前已经发展到第五代移动通信，即 5G）接入互联网，或者通过无线局域网（WLAN）技术接入互联网。

任务

移动互联网已经无孔不入，你是其中一分子吗？请举例说明移动互联网为你带来了哪些生活上的便利。

一、认识移动营销

移动互联网的发展推动了消费模式共享化、设备智能化和场景多元化。移动互联网的发展为共享经济提供了平台支持，网约车、共享单车等共享模式的出现进一步减少了交易成本，提高了资源利用效率；移动互联网用户工作场景、消费场景向多元化发展，线上线下不断融合，推动了不同使用场景细化，同时推动服务范围向更深更广扩散。

1. 移动营销的概念

移动营销（Mobile Marketing）是指面向移动终端（手机或平板电脑）用户，通过移动终端直接向用户推送个性化营销信息，通过与终端用户的信息沟通达到市场营销目标的行为。

想一想

你常用的手机 APP 有哪些？在这些 APP 中，你看到过哪些营销行为？

2. 移动营销的发展

当今已经进入一个大数据时代，在大数据覆盖的时代，用户每天上网产生大量的数据信息，这些碎片化的数据通过大数据挖掘技术和应用逐渐浮现出潜力巨大的商业价值。智能手机、平板电脑等移动终端设备不断进入千家万户，从而深刻改变着整个广告市场营销的生态，大数据、智能化、移动化必将引导未来的市场营销形态。

随着移动互联网技术的发展，企业对移动营销也更加重视，移动互联网最主要的特点是：比传统互联网更快速、更准确、更方便，而且不会有任何地域或者场合限制，手机毫无疑问将发展为重要的上网终端。很多企业也开始大举进入移动营销这片市场，力求在移动互联网大战中争得一席之地。

探究

你关心的，才是头条！“今日头条”APP 会聪明地分析你的兴趣爱好，理解你的阅读行为，自动为你推荐喜欢的内容，并且越用越懂你！“今日头条”为什么能够知道你喜欢什么样的内容呢？

“今日头条”基于个性化推荐引擎技术，根据每个用户的兴趣、位置等多个维度进行个性化推荐，推荐内容不仅包括狭义上的新闻，还包括音乐、电影、游戏、购物等资讯。

用户可使用微信、微博、QQ 账号或注册今日头条账号登录今日头条 APP。根据其社交行为、阅读行为、地理位置、职业、年龄等挖掘出兴趣。通过社交行为分析，5 秒钟就可计算出用户兴趣；通过用户行为分析，在用户每次动作后的 10 秒内就可更新用户模型。

任务

移动营销有什么特点呢？

二、移动营销的特点

1. 移动营销的高速增长

借着手机的便利性，移动营销可以在任何时间、任何地点精准地接触手机用户，并通过各种 APP 等方式把信息推广到用户手中，APP 成为移动广告新载体。根据 CNNIC 发布的《第 43 次中国互联网络发展状况统计报告》数据（见图 8-3），截至 2018 年 12 月，我国手机网民规模达 8.17 亿人，全网新增手机网民 6 433 万人，网民中使用手机上网人群的占比由 2017 年年底的 97.5%提升至 2018 年年底的 98.6%，网民手机上网比例在高基数基础上进一步攀升。

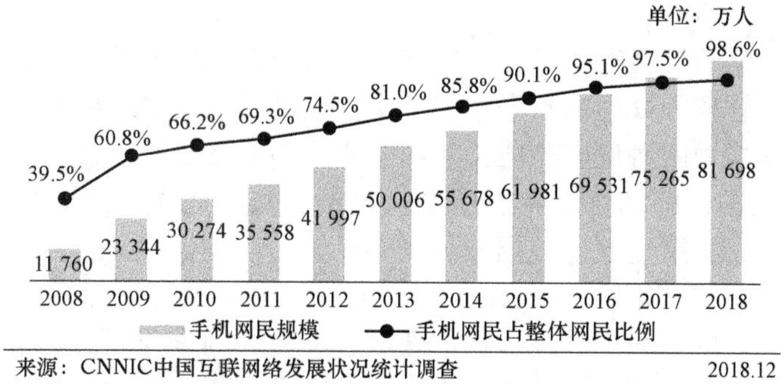

图 8-3 手机网民规模及其占网民比例

现阶段移动互联网流量主要由各种 APP 产生，APP 产生的流量占 70%以上，在 iOS 和 Android 上 APP 的数量达百万个以上，毫无疑问，APP 已成为移动营销的主要形式。庞大的 APP 数量和广告形成两个巨大的长尾市场，通过大数据分析可以让用户在合适的时间、合适的地点、合适的场景，看到合适的广告信息。

2. 移动营销的社交结合

使用移动设备来更新社交站点正变得越来越普遍，有 30%的智能手机用户通过手机浏览器来访问他们的社交网络。社交网络一般拥有自己的 APP，这使得用户可以更方便地更新自己的个人资料、确认朋友请求，并可随时签到。实际上，一些社交网络就是围绕着移动设备来设计的。

典型社交 APP 应用使用率如图 8-4 所示，截至 2018 年 12 月，微信朋友圈、QQ 空间用户使用率分别为 83.4%、58.8%，微博使用率为 42.3%。

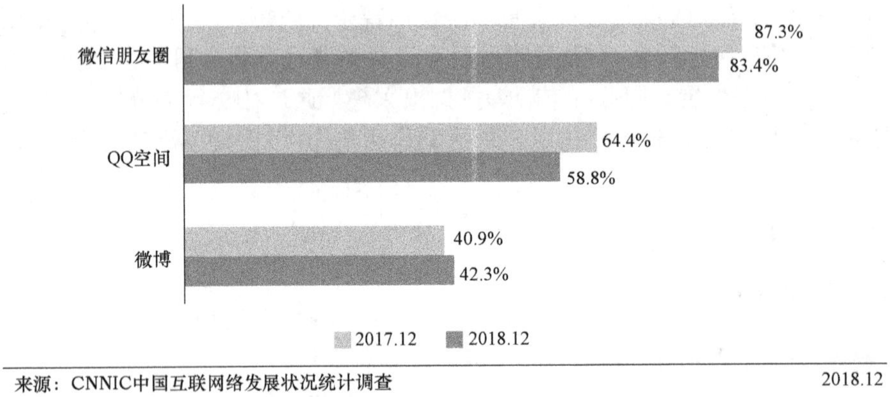

图 8-4　典型社交 APP 应用使用率

社交应用与传统媒体互为补充、融合发展，社交应用商业模式不断成熟。一方面，广告依然是社交平台变现的主要方式。相对于其他网络广告，社交平台广告具有社交化、视频化、智能化的特点。另一方面，内容生产者能通过社交平台实现商业变现。2018 年内容生产者在微博上的收入规模达 268 亿元。其中，网红电商是目前发展最快、最主要的变现方式，2018 年网红电商收入达 254 亿元，占比为 94.8%，同比增长 36%，商业变现能力稳步上升。

3. 移动营销的技术创新

移动营销对大数据的发展提供了良好的平台。大数据是指无法在一定时间范围内用常规软件工具进行捕捉、管理和处理的数据集合，是需要新处理模式才能具有更强的决策力、洞察发现力和流程优化能力的海量、高增长率和多样化的信息资产。

大数据的深入挖掘使移动营销更加精准、投资回报率更高。大数据移动营销不仅仅表现在数量上，更主要的作用是通过数据发现用户的喜好、特征等。移动营销公司利用大数据挖掘技术，分析用户的个人特征、媒介接触、消费行为甚至生活方式等，从而找出目标受众，然后对广告信息、媒体和用户进行精准匹配，从而达到提升营销效果的目的。大数据的应用促使移动营销更精准地体现在 3 个方面：一是精准定制产品，通过对移动用户大数据的分析，企业可以了解用户需求，进而定制个性化产品；二是精准信息推送，避免向用户发送不相干的信息造成用户反感；三是精准推荐服务，通过对用户现有的浏览和搜索行为数据的分析，预测其当下及后续的需求，由此开展更精准和更实时的营销推广。

想一想

相比传统的营销方式，移动营销的优势有哪些？

练一练

使用手机，通过浏览网页或使用各类 APP 等，寻找一个你认为比较好的营销案例，并指出这个案例的优点有哪些。

拓展

马云再发小目标：5 年内多数城市将不再用现金

是使用微信还是使用支付宝？这是在支付的时候经常遇到的问题。然而对于现金支付，商店老板既爱又恨。现金支付最不方便的就是找零。因此，人人都愿意在自家商店门口贴上大大的支付二维码，一键支付，既快捷又方便。

在无现金支付领域，微信、支付宝做得风生水起，就连做支付的银联都屡战屡败，后来入局的万达，也只能使劲砸钱，效果却并不如意。每次支付的时候，商店老板只会询问，是使用微信还是使用支付宝。

相对于微信支付而言，阿里的支付宝可谓优势较大，这在于阿里不断致力于推广无现金社会，按照阿里的逻辑，在支付的时候不再使用现金，尽可能多地使用支付宝。马云在 2017 年接受采访时表示，“未来 5 年，中国多数城市将成为无现金社会”，而这个无现金社会已经在杭州实现了。

马云的小目标还是比较伟大的，至少对于用户而言，不再需要取钱、花钱、存钱的程序，只需要扫码！扫码！扫码！对于部分城市而言，已经实现不再使用现金，大多数只需要支付宝，这种情况甚至在路边摊都可以实现。

无现金社会，你准备好了吗？你所在的城市准备好了吗？谈谈你对无现金社会的看法。

8.2 二维码营销

问题

二维码是什么？常见的二维码有哪些作用？

任务

请收集二维码，并尝试使用二维码。

一、认识二维码

1. 二维码的概念

二维码（也称二维条码）是用某种特定的几何图形按一定规律在平面（二维方向上）分布的黑白相间的图形记录数据符号信息的；在代码编制上巧妙地利用构成计算机内部逻辑基础的“0”“1”比特流的概念，使用若干个与二进制相对应的几何形体来表示文字数值信息，通过图像输入设备或光电扫描设备自动识读以实现信息自动处理。二维码具有条码技术的一些共性：每种码制都有其特定的字符集；每个字符都占有一定的宽度；具有一定的校验功能等。同时二维码还具有对不同行的信息自动识别功能及处理图形旋转变化等功能。

2. 二维码的特点

（1）高密度编码，信息容量大。可容纳多达 1 850 个大写字母或 2 710 个数字或 1 108 个字节，或 500 多个汉字，信息容量是普通条码的几十倍。

（2）编码范围广。对图片、声音、文字、签字、指纹等可被数字化的信息进行编码，并用条码表示出来；可以表示多种语言文字；可以表示图像数据。

（3）容错能力强，具有纠错功能。这使得二维码在因穿孔、污损等引起局部损坏时，照样可以被正确识读，损毁面积达 50%仍可恢复信息。

（4）译码可靠性高。它比普通条码的百万分之二的误码率要低得多，其误码率不超过千万分之一。

（5）可引入加密措施。保密性、防伪性好。

（6）成本低，易制作，持久耐用。

（7）条码符号形状、尺寸大小比例可变。

（8）二维码可以被激光或 CCD 阅读器识读。

二、常见的二维码功能

1. 二维码名片

因为微信、QQ、支付宝等 APP 都有二维码名片，所以微信、QQ、支付宝等用户只需要进入个人信息界面，就可以找到自己的二维码，并可向其他客户展示或者打印出来，客户只要用手机扫描用户特有的二维码，就可将用户添加为好友。

2. 二维码支付

二维码支付是一种基于账户体系搭建起来的新一代无线支付方案。在该支付方案下，商家可把账号、商品价格等交易信息汇编成一个二维码，并印刷在各种报纸、杂志、图书等载体上。

用户先通过手机客户端扫描二维码，便可实现与商家支付宝账户的支付结算，然后商家根据支付交易信息中的用户收货、联系资料，就可以进行商品配送，完成交易。

二维码支付主要有两种形式：第一种是用户先扫描商家的支付二维码，然后输入金额进行支付，如图 8-5 所示；第二种是商家输入金额后，扫描用户的支付二维码进行收款，如图 8-6 所示。

想一想

不同 APP 之间生成的二维码可以互相扫描吗？扫描之后的效果如何？

图 8-5 用户扫描商家的二维码支付

图 8-6 商家扫描用户的支付二维码收款

练一练

向身边的同学展示你的微信二维码名片，并互相添加为好友。

三、二维码营销

1. 二维码营销的起源

国内的二维码购物最早起源于一号店。目前，国内一些大城市的地铁通道中已经有二维码商品墙，消费者可以边等地铁边逛超市，看中哪个扫描哪个，然后通过手机支付直接下单。如果是宅在家里，在家里的米、面、油、沐浴露等用完时，只要，对着商品包装的二维码一扫，马上就可以查到促销信息、价格和商品详情。而且，因为商品的二维码直接标示了商品的身份证，扫描后链接的商品真实有效，所以通过二维码购物可保障购物的安全。将来，二维码应用于 O2O 电商模式，实体店将变成网购体验店。因此，实体店应尽可能多地设在消费者方便体验的地方，如公交站或居民区，而不是商业中心。

2. 二维码营销的技巧

凭二维码可享受消费打折，是目前业内应用较广泛的方式。例如，商家通过短信方式将电子优惠券、电子票发送到消费者手机上，消费者进行消费时，只要向商家展示手机上的二维码优惠券，并通过商家的识读终端扫码、验证，就可以得到优惠。

2012 年 7 月，海南蕉农在香蕉滞销时，与淘宝合作进行网上团购促销，消费者可在网上预订，网下凭手机二维码提货，成功化解了香蕉危机。2013 年 9 月，在成都春熙路上的钟表文化节中，依波表举办了限时扫码活动，在规定的时间内现场扫描二维码，顾客就能以折扣价购买手表。例如，到达一家餐饮店后，用餐饮店的设备扫描一下手机上的二维码，立即就可顺利地点下自己“最爱”的菜品，还可以获得当日优惠信息，如果有 VIP 折扣券、代金券等，系统还可以自动计算应付金额。或者，用手机扫描菜谱上的二维码，即可随时把点单传递到服务台或厨房，不需要服务员现场点单。用餐完毕，如果通过手机对菜品和服务进行评价，餐饮系统将自动为消费者积分。

想一想

手画的二维码能被识别吗？

二维码具有容错功能，当二维码图片被遮挡一部分后，仍可以被扫描出来。

容错的原理是二维码在编码过程中进行了冗余操作，类似 123 被编码成 123123 的情况，这样只要扫描到一部分二维码图片，二维码内容也可以被全部读到。

二维码容错率是指二维码图标被遮挡多少后，仍可以被扫描出来的能力。容错率越高，二维码图片能被遮挡的部分就越多。

探究

如何提高二维码被扫描的机会？

某高校的学生相墉在准备毕业展览的时候，想展现自己 4 年的学习成果，因为学的是书法篆刻专业，所以作品要以书法和印章的展示为主体。但参加展览很重要的一点是“吸引眼球”——一个展厅里有数百件作品，观者不会对每件作品都认真去看，他们只愿意看自己感兴趣的作品。相墉认为，如果在展览上把印章贴成寻常印屏，估计大部分观展人都只是匆匆一瞥就过去了，很少有人驻足观看，所以应采用一种不一样的、能够吸引人的展示方式。

有一天，他在刷微信的时候，突然想到了一种方式——二维码，然后就行动了，他的印章刻的都是汉赋中的句子，于是就在需要写字的地方抄了一篇《归田赋》，接着“手作二维码”就出现了，如图 8-7 所示。

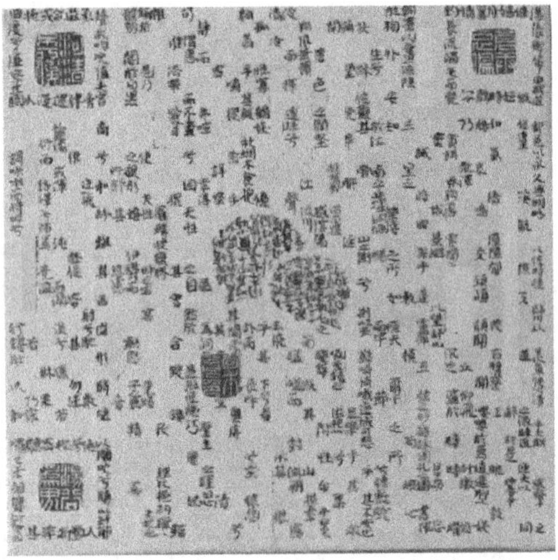

图 8-7　手作二维码（已经过处理无法扫描）

从开馆到展览结束，总共有 400 多人通过“扫一扫”加他为好友，他的成功说明可以利用别人“倒要试试看你行不行”的心态来引起他们的扫码冲动。

人们通常看到的二维码大多数是由软件生成的黑白格子，吸引力很弱，看多了也确实无聊，没兴趣扫码。因此，除更加吸引人的扫描二维码文案外，其实二维码的外观也可以改变，毕竟年轻化的消费受众更喜欢新鲜事物。

拓展

如何防范二维码带来的风险

二维码之所以会发生恶意吸费、诈骗等行为，主要有以下原因。

（1）二维码生成方式简单，内容无人监管。网络上有大量的二维码软件、二维码在线生成器，方便人们制作二维码，几乎不存在制作门槛。与此同时，这也为手机木马或恶意软件制造者打开了方便之门，可瞬间完成恶意下载链接到二维码的转换。

（2）二维码暗藏木马等病毒。一些不法分子会将有毒或带插件的网址生成一个二维码，对外宣称为优惠券、软件或视频等，以诱导用户进行扫描。而这种专门针对手机上网用户的诈骗手段，多是采用强制下载、安装应用软件等方式，达到获取推广费用或恶意扣费的目的。

（3）消费者防范意识不足。部分消费者出于好奇，看到二维码后，往往马上拿起手机拍一拍、扫一扫，却忽视了安全问题。殊不知，一旦通过手机扫描二维码直接下载的应用中染有病毒，那么安装到手机中就会遭遇麻烦。如果扫描的内容是有木马的网址，则有窃取消费者手机通信录、银行卡号等隐私信息的风险，甚至被乱扣电话费、消耗上网流量。

8.3 APP 营销

问题

APP 是什么？网上购物、网上下载、浏览新闻时你主要用哪些 APP？

APP（应用程序，即 Application）一般指手机软件，主要指安装在智能手机上的软件，完善原始系统的不足与个性化需求，是手机完善其功能，为用户提供更丰富的使用体验的主要手段。

手机软件的运行需要有相应的手机操作系统，目前，主要的手机操作系统有苹果公司的 iOS 与谷歌公司的 Android（安卓），其中 Android（安卓）系统占据着大部分市场份额，如图 8-8 所示。

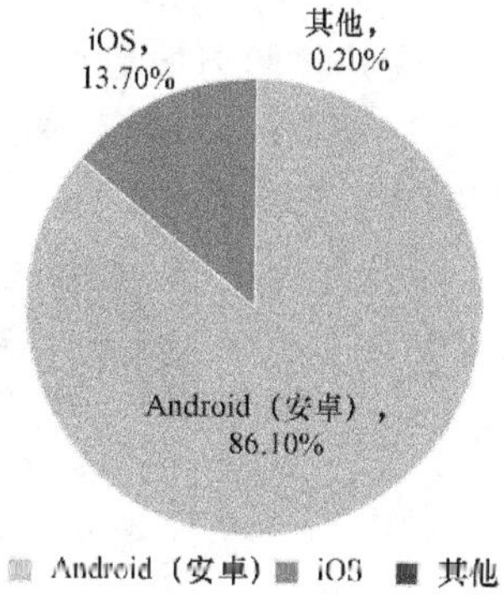

图 8-8 2017 年第一季度智能手机市场份额对比

早期的手机主流操作系统主要有 Symbian、BlackBerry OS、Windows Mobile。但在 2007 年，苹果推出了运行自己软件的 iPhone；Google 宣布推出 Android 手机操作系统平台。苹果与安卓两款操作系统凭着强大的优势，迅速占领了智能手机市场大部分份额。

任务

了解什么是 APP 营销，APP 营销有什么技巧。

一、APP 营销的概念

当前，很多企业把建设一个宣传型网站作为互联网宣传的第一步，在互联网上展示企业形象和主营业务，吸引浏览者关注其网站，从而促进销售、提升企业价值。同样，在移动互联网时代，谁先占领用户的手机桌面，谁就占据了数据流量的入口。可以说，APP 是移动营销时代的企业标志。

在认识 APP 营销前，必须了解什么是 APP。APP 其实就是移动应用程序的简称（也称手机软件），它可以在移动设备上使用，满足人们咨询、购物、社交、娱乐、搜索等需求。

想一想

为什么很多平台、网站、软件等已经建有 PC 端页面，还要大力发展 APP 端营销呢？

手机 APP 营销是整个 APP 营销的核心内容，是品牌与用户之间形成消费关系的重要渠道，也是连接线上和线下的天然枢纽。不仅如此，随着智能手机的快速普及，移动互联网高速发展，促使移动终端成为天然的营销利器，而且 APP 的不断推广必将给移动营销带来一场新的革命。相关数据表明，APP 给手机电商带来的流量远远超过了传统互联网（PC 端）的流量，越来越多的互联网企业、电商平台都将 APP 作为销售的主战场之一。事实表明，各大电商平台对移动 APP 的倾斜，不仅仅是由于每天增加的流量，更重要的是由于移动终端的便捷性，为企业积累了更多的用户，一些用户体验不错的 APP 极大地提高了用户的忠诚度、活跃度，从而为企业的效益提升和未来的发展起到了至关重要的作用。

二、APP 营销的特点

（1）成本低。

采用 APP 营销模式，其成本相对于传统广播、电视和纸质媒体要低很多，只要开发一个适合品牌的应用就可以了。虽然 APP 营销需要推广费用，但这种网络营销模式的效果肯定是传统媒体无法比拟的。

（2）人性化体验。

用户体验方面更加人性化，可极大地满足手机用户的浏览习惯。APP 浏览界面通过调整商品详情页面以适应手机的分辨率，突出显示商品的重要信息，以吻合手机用户的视觉习惯和需求。如图 8-9 和图 8-10 所示分别为某商城 PC 端主页和手机端主页。

图 8-9　某商城 PC 端主页

（3）精准营销。

通过可量化的精确市场定位技术突破传统营销定位的局限，借助先进的数据库技术、网络通信技术及现代高度分散物流等手段，保障与顾客的长期个性化沟通，使营销达到可度量、可调控等精准要求；摆脱了传统广告沟通的高成本束缚，使企业低成本快速成长成为可能；保持了企业与客户的密切互动沟通，从而不断满足客户个性需求，建立稳定的企业忠实客户群，实现客户链式反应增值，从而满足企业的长期、稳定、高速发展的需求。移动应用本身具有很强的实用价值，手机应用程序本身也是一种实用性很强的工具，通过应用程序，可以向用户提供生活、学习、工作等需要的各种功能。

（4）互动性强。

APP营销的这种营销效果是电视、报纸和网络所不能代替的。例如，将时下最受年轻人欢迎的手机“签到”与APP互动小游戏相结合等多种互动形式，如图8-11所示。消费者接受“签到玩游戏”任务后，通过手机完成任务，就可获得相应的勋章并赢得抽奖机会。

图8-10 某商城手机端主页

图8-11 某APP签到页面

三、APP营销的技巧

（1）抓住入口，提升安装量。

开发一个APP并不难，如何有效推广一款APP才是更为关键的问题。想取得良好的营销效果，首先要提高下载和安装量。应该通过微信、微博、网络社区等推广途径，以及各种第三方应用市场，收录、引导用户下载和安装APP。如图8-12所示为iOS APP排行榜（示例）。

（2）注重实用性，关注用户生活细节。

从用户的吃、住、行、玩、用等日常生活细节着手，探寻还没有被满足的需求，然后结合产品观察是否能植入进去。

如针对“起床困难户”，星巴克推出了一款Early Bird（早起鸟），安装这个APP后，可

图 8-12 iOS APP 排行榜（示例）

以设定时间提醒起床。用户在设定的起床时间闹铃响起后，只需按提示点击“起床”按钮，就可得到一颗星；如果能在一小时内走进任一星巴克店，验证这个 APP，即可打折买到一杯咖啡。

当然这个 APP 还可以设置不起床的后果，如“再不起床，迟到了罚款 100 元”，只需输入公司相关规定即可。

再如，共享单车的品牌渗透力得益于用户的口碑传播，而口碑是基于存在已久的出行需求。在沿街任意路段，单车的每一次投放都等同于推广；一排颜色显眼的单车本身就是一种视觉营销。由于需求的巨大流动性且属于每日高频使用的产品，使各品牌共享单车迅速打开品牌市场。

（3）发掘创意，提升体验品质。

很多产品都可以将体验形式开发成小游戏，如对服装可以试穿衣服大小和搭配颜色，啤酒瓶可以作为游戏的道具，饮料可以自己酿造。

2014 年，滴滴专车以“全力以赴的你，今天坐好一点”为核心，发起一场极具创意和互动性的营销活动，当城市中亿万个“奔波族”人看到道路上流动的轿车和男女主角安静地坐在汽车中，瞬间心都会暖化。接着，滴滴团队没有停止，以 Social、PR 联合发起猛烈的情感攻势，围绕核心广告语“把车外的留在车外，把自己的还给自己”“逞强的背后都是爱”进行创意包装，发起传播活动。最终，“滴滴体”海报引起了 26 位一线明星和京东、华为、联想等 52 家知名企业的响应，大大提升了滴滴专车的品牌认知度和好感度，创下多项营销界的纪录。

探究

针对产品的 APP 营销方面，你认为有什么方法可以提升营销效果？

拓展

如何快速提高 APP 的下载量

首先需要确保自身 APP 具备足够的实用性，简洁易用，功能齐全，并且具有其他同类 APP 没有的特点。而提高 APP 下载量主要有以下几个要点。

1. 应用市场的推广

由于应用市场进入的时间比较早，用户比较多，具有用户群集中、用户质量高、用户数量庞大、表现形式最为专业、应用最为集中等特点。

业内的推广公司有第三方电子市场，如 360、百度 91、应用宝、豌豆荚、安智等；手机厂商，如 OPPO 的可可软件商店，联想的乐商店，小米商店等；移动 MM，联通沃商店，电信天翼的电信运营商。

与此类应用商店的合作方式有两种：第一种是免费合作，主要是首发、活动等合作；第二种是付费合作，大多数市场会有对外公布的标准，与市场运营部门谈好价格进行付费推广。

2. 限时免费

苹果的 APP Store 限时免费就是将付费应用免费几天供用户下载。对于本身就免费的应用来说，可以将某项应用内购买更改为限时免费，这项应用内购买最好是非消耗品，即用户购买一次就能长期使用，这样对用户的吸引力才会更强。

3. 登上苹果推荐位

登上 APP Store 推荐位的方法有两种：第一种是通过自荐渠道申请；第二种是被苹果编辑选中。

4. 应用图标

应用图标是否吸引人会直接影响用户的点击率。图标要怎么做才有吸引力呢？答案就是测试！假如有两个版本的图标，将它们推送给一群正常用户进行测试，哪个点击率更高就可以考虑用哪个。确定图标后可采用同样的方法来确定截图和视频。

5. 口碑传播

可以联合你所认识的开发者互相在微信朋友圈、微博等社交平台为自己的 APP 做口碑传播，用户在互相了解和一定的信任基础上会更乐意去安装你的产品并且传播给他们身边的朋友，就像很多微信“爆文”一样都是通过较有影响力的几个人传播出去，最后形成口碑的。

8.4 微信营销

问题

（1）什么是微信？微信的主要用途是什么？

（2）你在微信上看过哪些营销的案例？

截至 2018 年 10 月，“家乐福中国”小程序访问量超过 2 亿次，用户突破千万人，优惠券发放量超千万张，在家乐福探索智慧零售业态的里程碑上再次实现了质的飞跃。

2018 年年初，作为老牌零售巨头的家乐福，持续深化智慧零售的发展方向，并把目光瞄向了微信的新生宠儿——小程序。在短短 9 个月内，家乐福对“家乐福中国”小程序、扫码购小程序及网上商城小程序做了诸多尝试且收获颇丰。

“家乐福中国”小程序（如图 8-13 所示）在此期间完成了多次迭代，日访问量和日均访问人数惊人。“家乐福中国”小程序内设线上优惠券领取、送货到家服务、电子海报浏览、会员权益查询，同时也加入了拼团营销等社交活动玩法，让其功能更人性化、鲜活化。

任务

微信是什么时候推出的？它提供了哪些主要功能？

一、认识微信

微信（WeChat）是腾讯公司于 2011 年 1 月 21 日推出的为智能终端提供即时通信服务的

图 8-13 “家乐福中国”小程序

免费应用程序。微信支持跨通信运营商、跨操作系统平台通过网络快速发送免费（需消耗少量网络流量）语音短信、视频、图片和文字；同时，也可以共享流媒体内容等资料，使用基于位置的“摇一摇”“漂流瓶”“朋友圈”“公众平台”“语音记事本”等社交插件。

2013 年 7 月 25 日，微信的国内用户超过 4 亿人；2013 年 8 月 15 日，微信的海外用户超过了 1 亿人；2018 年，微信全球月活用户突破 10 亿人大关。

1. 微信的基本功能

（1）聊天。支持发送语音短信、视频、图片（包括表情）和文字。微信是一种聊天软件，支持多人群聊。

（2）添加好友。微信支持查找微信号、查看 QQ 好友添加好友、查看手机通信录和分享微信号添加好友、摇一摇添加好友、扫描二维码添加好友等多种添加好友的方式。

（3）实时对讲机功能。用户可以通过语音聊天室和一群人语音对讲，但与在群里发语音不同的是，这个聊天室的消息几乎是实时的，并且不会留下任何记录，在手机屏幕关闭的情况下仍可进行实时聊天。

（4）朋友圈。用户可以通过朋友圈发表文字和图片，同时可通过其他软件将文章或者音乐分享到朋友圈。用户可以对好友新发的照片进行“评论”或点“赞”，用户只能看相同好友的评论或赞。

（5）微信公众平台。微信公众平台主要有实时交流、消息发送和素材管理功能。用户可以对公众账户的粉丝进行分组管理、实时交流，同时也可以使用高级功能——编辑模式和开发模式对用户信息进行自动回复。

（6）微信支付。微信支付是集成在微信客户端的支付功能，用户可以通过手机完成快速的支付流程。微信支付向用户提供安全、快捷、高效的支付服务，以绑定银行卡的快捷支付为基础。

（7）腾讯服务及第三方服务。在“钱包”选项中，提供各项理财、生活缴费、出行等多种服务。

想一想

微信提供了多种多样的功能服务，你能运用其中的哪几种进行营销呢？

2. 微信营销的优势

（1）庞大的微信用户群体。

微信营销的传播范围十分广泛。无论是公众号营销还是朋友圈营销，微信营销的范围都十分广泛，而且随着时间的推移会不断扩大。微信用户数量的不断增加，使得微信营销范围进一步扩大成为可能。大范围、低成本的营销方式在微信营销中得到了很好的印证。

（2）点对点的精准营销。

微信好友之间的沟通交流是双向对等、一对一的关系。相比微博太多无关的粉丝，微信的私密性和实时性更能体现用户的真实性和价值。通过微信的社交和位置定位等功能，每个消息都能精准地送达。

（3）营销的成本低廉。

微信营销的重要特点在于其成本低，传播速度快。微信营销不需要进行过多的营销策划设计，尤其是朋友圈营销，只需通过简单的图片设计和文字搭配就可完成营销，从而降低营销成本。同时，微信营销的传播速度非常快，如微信公众号营销，一旦对相关营销内容进行了推送，便可直接到达所有用户的手机，实现即时营销。

（4）营销的方式丰富。

微信提供了搜索、附近的人、摇一摇、漂流瓶、二维码、LBS 位置服务、个性签名、语音视频等一系列强大的功能，为用户提供了形式丰富的营销模式。针对机构用户，微信还推出了公众平台，方便用户管理微信客户、群发消息等。

任务

微信朋友圈营销的技巧有哪些？

二、微信朋友圈营销

微信朋友圈指的是腾讯微信上的一个社交功能，于 2012 年 4 月 19 日微信 4.0 版本更新时上线，微信朋友圈营销有以下技巧。

1. 微信朋友圈内容设置技巧

（1）文字。

客户第一眼看到的是朋友圈的文字，一个好的文案内容能在第一时间吸引客户的注意力。虽然对朋友圈的字数没有限制，但要注意突出重点，适可而止。字数太多会被系统折叠，折叠后就容易被忽略，阅读率就会大大降低。而且字数过多也容易让人反感。

（2）图片。

图片可以描绘出文字无法表达的意思，好的图片内容可以更直观地达到营销效果，如图 8-14 所示。用户发布图片时要注意以下几点。

① 图片数量优先选择 1、3、6 张，这样的数量可以使朋友圈的图片组合起来是完整的，其他数量的图片发出来后都是缺一块或者缺一角的，如图 8-15 所示，不符合人的审美要求。图片数量并不是越多越好，只要能够充分反映主题即可。

② 同一条朋友圈文案不要用多张重复、类似的照片，尤其在展示产品的时候，建议将整体图、细节图、场景照片图和不同角度的照片图进行组合，否则容易让人乏味。

③ 图片要清晰，重点要突出。在不影响美观的情况下，发布的图片应尽量选择正方形的，这样可以完整显示，如图 8-16 所示。

图 8-14 某微信朋友圈广告

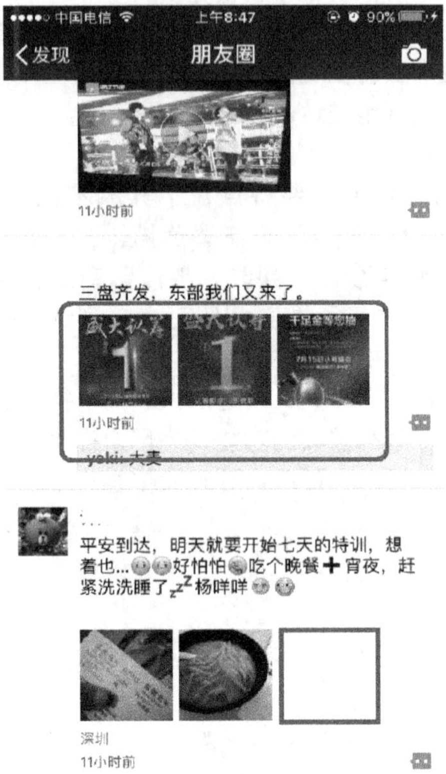

图 8-15 朋友圈发布 3 张与 2 张图片的效果对比

2. 微信朋友圈推送时间和频次技巧

要将朋友圈营销做好，达到更好的营销效果，不仅要有好的内容，还应该注意以下技巧。

（1）最佳推送时间。

针对都市人的生活作息习惯，最佳推送时间为以下 3 个时段。

① 早晨 7：00—9：00：这个时候是起床时间，第一件事情就是看微信。

② 中午 12：00—2：00：很多人会趁中午休息的时候看微信。

③ 晚上 20：00—22：00，这是最高峰、最活跃的时段，很多人都会在这个时段上微信，晚饭后、睡觉前都是上微信的高峰期。

可以在以上 3 个时段多发广告，多做互动。

（2）最佳推送频次。

推送频次并不是越多越好，因为平台面对的是客户，所以先要感受一下客户的体验需求。如果推送频次太高则广告效果太明显，即便客户不屏蔽你，也会对你产生反感，这对与客户建立良好关系没有好处，建议每天的推送频次要有节奏感，可以每隔几个小时分享一些不同的内容，这样营销内容就不会在朋友圈骚扰别人，记住千万不要刷屏。如图 8-17 所示的发布到朋友圈的信息过于频繁重复，建议每天发布信息内容最好不要超过 10 条，以 5～6 条为最佳。

图 8-16 发布微信朋友圈

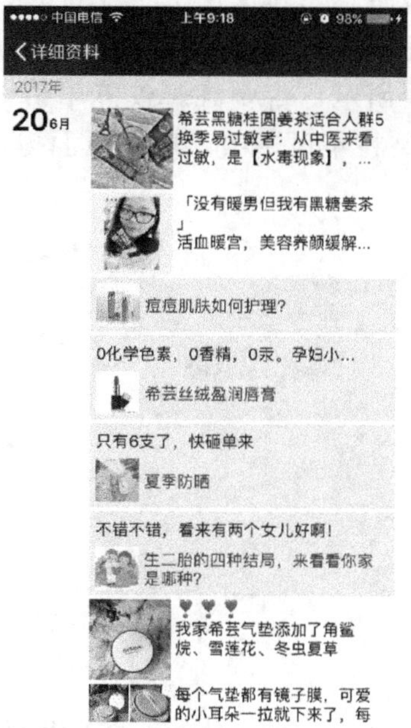

图 8-17 发布到朋友圈的信息过于频繁重复

练一练

选择合适的营销项目，并以图文的形式在朋友圈发布一则营销信息。

三、微信公众号营销

1. 微信公众号的主要功能和分类

微信公众平台，简称微信公众号，是主要面向名人、政府、媒体、企业等机构推出的合作推广业务。通过这个平台可以将品牌推广给众多用户。

微信公众号又分为服务号、订阅号、小程序和企业号。一般情况下，企业或组织按照自己的需求申请服务号、小程序和企业号，若运营主体是媒体和个人则申请订阅号。如图 8-18 所示为微信公众号分类。

图 8-18 微信公众号分类

2. 微信公众号的注册及使用

首先打开微信公众号主页，单击右上角的“立即注册”按钮，需使用电子邮件进行注册，如图 8-19 所示，每个邮箱仅能申请一种账号：服务号、订阅号或企业号，一旦成功建立账号，类型将不可更改。根据页面提示输入公众号信息登记后，将完成注册，之后登录公众号。

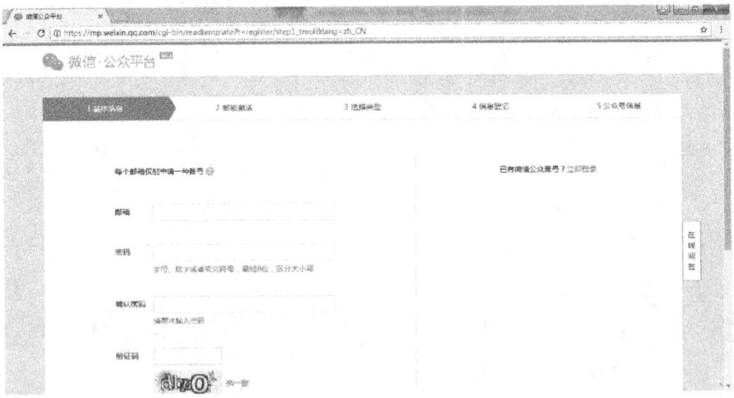

图 8-19 微信公众号的注册

登录公众号后，首页会提示新增的关注人数及发来的新消息条数，可以看到，腾讯推送的系统公告界面左侧是菜单栏，可以对公众号进行管理，如图 8-20 所示。

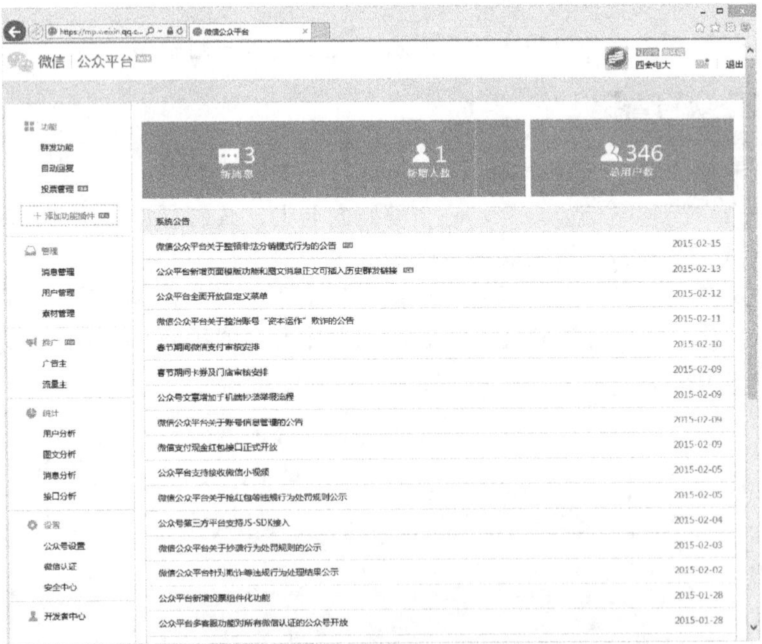

图 8-20 微信公众号首页

微信公众号的主要功能如下所述。

（1）群发功能。公众号主动向用户推送重要通知或内容，如图 8-21 所示。在编辑栏中，可以选择群发的对象、性别、群发地区等，然后输入文字、图片及语音、视频等信息。

图 8-21　微信公众号的群发功能

（2）自动回复。用户关注公众号后，系统会自动发送一条欢迎信息给用户，如图 8-22 所示。用户可以根据指定关键词，主动向公众号提取常规消息，如图 8-23 所示。在微信公众平台设置关键词自动回复功能时，可以通过添加规则来进行，如果订阅用户发送的消息内有用户设置的关键词，便可把设置在此规则中回复的内容自动发送给订阅用户，如图 8-24 所示。

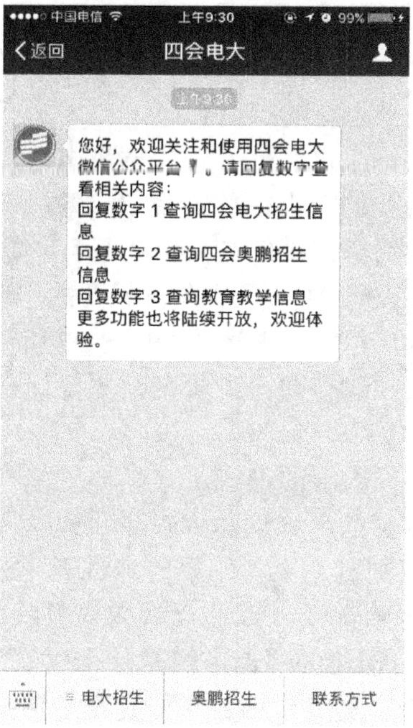

图 8-22　用户关注后自动发送信息

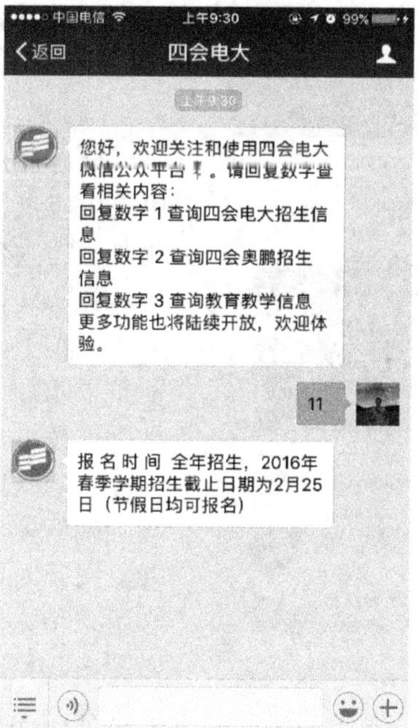

图 8-23　指定关键词自动回复获取信息

图 8-24　通过添加规则来设置自动回复功能

（3）消息管理。查看订阅用户发来的信息及对信息进行回复；进行一对一交流；客服针对用户的特殊疑问，为用户提供一对一的对话解答服务。单击其中一位用户的名称后，将弹出聊天对话框，可以查看用户发送过来的信息及系统自动回复的信息。通过此对话框还可以向用户发送文字、图片、音频、视频等进行交流。

微信公众号有很强大的功能，使用者使用自带的接口就可以为用户提供基础性服务。如果想进一步提升公众号的品牌与质量，则可以使用“开发者中心”，通过第三方服务器与微信平台提供的接口进行链接，以提高公众号的品牌形象，提供更好的服务。

练一练

搜索并关注一个微信公众号，分享你认为较好的一条营销信息。

3. 微信公众号的营销技巧

（1）微信公众号内容的制造。

微信公众号是一个自媒体，首先要考虑内容问题。内容的定位应该结合企业的特点，并为用户服务，切忌只推送企业自己的内容，因为微信不仅是为企业服务，更是为用户服务。用户只有从公众号中获得了自己想要的东西，他们才会更加忠实于该平台，并持续关注。如图 8-25 所示，该公众号发布了教师考试及招聘信息，此类信息无疑比普通的推广信息更具吸引力。

图 8-25　发布信息页面

（2）微信公众号内容的形式。

微信公众号内容的形式切忌太过于正式、严肃，在移动端上阅读时以快速浏览为主，如果内容过于死板、严肃，会给用户带来乏味的感觉，以致还没看完内容就关闭窗口了。如图 8-26 所示，口语化的“街道赛是什么鬼？”一下子点燃了读者浏览的欲望。另外，内容不一定都是图文专题式的，也可以是一些短文本，文本字数一般为一两百字，关键在于内容能引发读者进行思考，产生思想火花，形成良好的互动效果。如图 8-27 所示，该平台推送了一则【趣读】，目的就是引起读者的回忆思考。

图 8-26 口语化的内容

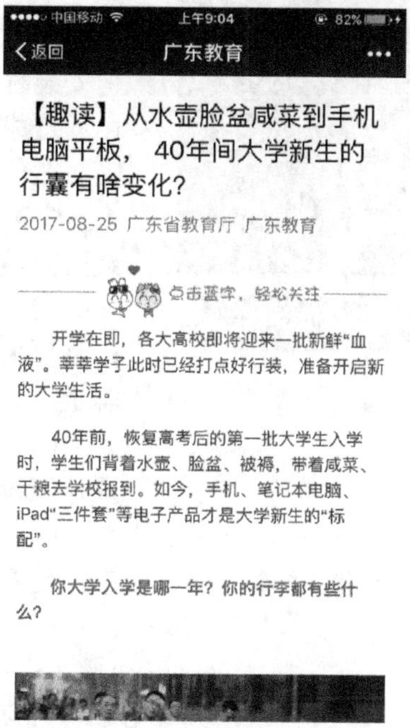

图 8-27 发布【趣读】信息

（3）微信公众号内容推送频次。

微信公众号每天都有一次群发消息的功能，但很多用户常会订阅多个公众号，推送的信息根本看不过来。因此，内容推送的频次建议一周不要超过 3 次，太多则会打扰用户，很可能使用户取消对你的关注；当然，若推送频次太少，用户也会抱怨，觉得从公众号中根本不会获得信息。

探究

微信公众号营销与微信营销的区别是什么？二者各有什么优势？

拓展

微信小程序

微信小程序是一种不需要下载安装即可使用的应用，它实现了应用“触手可及”的梦想，用户扫一扫或搜一下即可打开应用。

全面开放申请后，主体类型为企业、政府、媒体、其他组织或个人的开发者均可申请注册小程序。小程序、订阅号、服务号、企业号是并行的体系。如图 8-28 所示为肯德基自助点餐微信小程序。

图 8-28 微信小程序

微信小程序相较于网站及 APP 的优势是什么呢？

在传统的计算机端观看的网站，因其数据量过大而不方便在手机端看。手机存储容量有限，又不可能一个应用或一个需求就装一个 APP。虽然 APP 在体验上非常突出，但安装时需要消耗流量，并且还占用手机有限的桌面空间，由此造成的麻烦甚至大于 APP 优势。

微信小程序的优点如下。

（1）不用安装，即开即用，用完退出。省流量，省安装时间，不占用桌面空间。

（2）对于小程序拥有者来说，开发成本更低，他们可以将更多财力、人力、精力放在如何运营好产品并做好内容上。

（3）对于用户来说，相较于各种 APP，微信小程序的操作流程更统一，降低了用户的使用难度。

（4）对于小程序拥有者来说，相较于 APP，小程序的推广更容易、更简单，也更省成本。

8.5 微博营销

问题

什么是微博？

任务

什么是微博营销？微博营销的技巧有哪些？

一、认识微博及微博营销

1. 微博的概念

微博（Weibo）即微型博客（MicroBlog）的简称，如图 8-29 所示。微博是博客的一种，是一种通过关注机制分享简短、实时信息的广播式社交网络平台。

图 8-29 新浪微博 Logo

微博是一个基于用户关系信息分享、传播及获取的平台。用户可以通过 Web、APP 等各种客户端组建个人社区，以 140 字以内（包括标点符号）的文字、图片、视频等更新信息，并实现即时分享。微博的关注机制分为可单向、可双向两种。

微博作为一种分享和交流平台，更注重时效性和随意性。微博更能表达出每时每刻的思想和最新动态，而博客则更偏重于梳理自己在一段时间内的所见、所闻、所感，因此通过微博诞生出了微小说这种小说体裁。

2014 年 3 月 27 日晚，在中国微博领域一枝独秀的新浪微博宣布改名为“微博”，并推出了新的 Logo 标识。

常见的微博平台有新浪微博、腾讯微博、网易微博、搜狐微博等，如若没有特别说明，本书的微博是指新浪微博。

探究

全球范围内最早诞生的微博是什么？

最早也是最著名的微博是美国的 twitter，如图 8-30 所示。2006 年 3 月，博客技术先驱 Blogger 创始人埃文 • 威廉姆斯（Evan Williams）创建的新兴公司 Obvious 推出了微博服务。在最初阶段，这项服务只是用于向好友的手机发送文本信息。

图 8-30 twitter（推特）Logo

Twitter 的原意为“小鸟的叽叽喳喳声”，用户能通过发手机短信等数百种工具更新信息。twitter 的出现把世人的眼光引入了一个称为微博的小小世界里。twitter 是一个社交网络及微博客服务网站。用户可以经由 SMS、即时通信、电邮、twitter 网站或 twitter 客户端软件（如 twitterrific）输入最多 140 字的更新文字，twitter 曾被 Alexa 网页流量统计评定为最受欢迎的 50 个网络应用之一。

2. 微博营销的概念

微博营销是指通过微博平台为商家、个人等创造价值而执行的一种营销方式，也指商家或个人通过微博平台发现并满足用户的各类需求的商业行为方式。微博营销以微博作为营销平台，每个听众（粉丝）都是潜在的营销对象，企业通过更新自己的微型博客向网友传播企业信息、产品信息，从而树立良好的企业形象和产品形象。企业每天更新内容既可以跟用户交流互动，又可以发布大家感兴趣的话题，以此达到营销目的。

想一想

微博与微信的朋友圈有什么共同点和不同点？

任务

微博营销有什么特点？如何将微博营销的特点转化为营销优势？

二、微博营销的特点

1. 微博营销的特点

随着移动互联网时代的来临，消费者的消费行为发生了深刻的变化。搜索与分享成为消费者行为过程中的重要环节，微博就是一个性能优异的营销平台。由于使用方便快捷、进入门槛低、应用丰富多彩、能够快速获得信息并与他人进行交流等特点，微博聚集了巨大的人

图 8-31 微博内容可发布的形式

气，其营销特点主要有如下几点。

（1）成本较低，内容丰富。

通过很短的文字发布信息，远比博客发布容易，而且可以选择文字、拍摄、相册、直播等形式，如图 8-31 所示。相对于同样效果的广告则更加经济。与传统的大众媒体（报纸、流媒体、电视等）相比，受众同样广泛，前期一次投入，后期维护成本低廉。

（2）开放性。

微博上的话题范围非常广泛，平台拘束不多，用户还可以在平台上开展活动，平台将最大化地开放功能。

（3）传播效果好，覆盖范围广。

微博信息支持各种平台，包括手机、计算机与其他传统媒体；传播方式多样，转发非常方便。例如，利用名人效应能够使事件的传播量呈几何级放大，名人的一张照片就可能引来 10 万条转发及 10 万多条的评论。

（4）互动性强，拉近距离。

在微博上，总统可以和平民进行点对点交谈，政府可以和民众一起探讨话题，明星可以和粉丝互动。

（5）传播速度快。

微博最显著的特征之一就是传播迅速。一条微博如果在触发微博引爆点后短时间内进行互动性转发，就可以抵达微博世界的每个角落，就可达到最多的受众人数。

练一练

发布一则附带图片或小视频的微博营销信息，并对同学们发出的微博营销信息进行点赞与评论。

任务

如何充分利用微博的各种特点通过营销技巧实现营销优势？

三、微博营销的技巧

1. 微博资料的设置技巧

微博营销要提高转化率，首要的因素是诚信，要上传真实的头像，资料设置要完善。

微博的昵称设置方法和 QQ 不太一样，QQ 首先考虑的是吸引眼球，让人好奇。微博要考虑到搜索的需要，设置时要注意用户的搜索习惯，以保证被其他消费者尽早发现。

个人微博的基本信息中，个人标签、个人介绍、头像这几项内容一定要填写完善，工作信息、职业信息也要完善，这样可使用户根据基本信息中的关键词搜索到商家，而且还会给人真实的感受，增加用户的信任感。

简介是微博账号设置基本信息的最后一项内容。企业可根据自己的产品准备很多词组，除个人标签用的几个外，其余的可填写到简介中，如图 8-32 所示。

2. 微博内容推广技巧

对微博来说，仅做好前期工作还不够，后期的内容更新及推广技巧更为重要。微博提供了进行微博发布的多种内容形式进行微博发布，主要包括文字、拍摄、相册、直播、话题等形式。巧妙地利用这些形式可提高微博内容的吸引力，如图 8-33 所示。

图 8-32　某名人的微博基本信息

图 8-33　微博附带现场照片进行宣传

3. 微博标签设置技巧

微博个人标签的作用不仅仅是让用户在搜索的时候能快速找到企业，还能够使企业在搜索结果中排名靠前。

4. 微博提高粉丝数量的技巧

首先要知道现在微博的状况，粉丝量决定了微博的不同阶段，每个微博账号最多只能加 2 000 个关注，如果是诚信互粉的话，那么最多只能获得 2 000 个粉丝。因此，建议粉丝量达到 1 000 的时候就进行诚信互粉，同时每天要有计划地发布内容，发一些有趣的、高质量的内容，长此以往，粉丝量将迅速增长。

5. 微博互动营销技巧

获得用户信任的重要方法是不断保持与粉丝之间的互动，让粉丝感觉到企业的真诚与热情。企业要经常转发、评论粉丝的信息，在粉丝遇到问题时，还要及时地帮助其解决问题。只有凡事站在粉丝的角度来考虑问题，才能与粉丝结成比较紧密的关系，如此，在企业发布营销信息时，粉丝也会积极帮助企业进行转发。

探究

一个好的微博营销，要结合实际，寻找合适的图片、视频，并写出好的软文才能达到吸引眼球的效果。请结合本校实际，为本校开展的活动（各种球赛、技能比赛、文娱活动等）发布一则微博宣传信息。

拓展

新兴媒体——微博

微博用户之所以选择微博来关注新闻和热点话题，主要的原因是微博的快速响应。在传播速度和传播深度上，微博比传统的新闻媒体有天然的优势。

微博作为新兴媒体，除具有其社交媒体的属性外，还有很大的服务价值。目前，微博的商业化产品比较丰富，用户参与较多的首先是周边信息搜索和电影、音乐、美食、酒店点评，其次是站内广告、购买站内商品、网站发起的活动等。从当前商业化举措对网民体验的影响来看，超过一半的微博用户认为微博的商业化活动对自身使用体验没有影响。

在微博用户中，有十分之一的人会关注企业账号，他们关注企业账号的目的首先是了解企业发展动态，其次是了解促销信息。因为微博用户都以休闲的心态来浏览微博，所以，微博企业账号的内容要尽量轻松幽默，这有利于增加品牌的亲和力。另外，配以图片和视频对提高微博内容质量也有较大作用。企业的官方微博是企业的品牌形象所在，只有特征明显、有个性的企业账号才能更好地体现企业文化。

随着智能手机的普及和移动互联网的发展，手机已成为人们刷微博的主要设备之一，88.8%的微博用户会在手机端使用微博，随时关注微博动态，随时参与微博话题，可以说微博已成为他们生活中重要的一部分。

8.6 QQ 移动营销

问题

什么是 QQ 移动营销？QQ 移动营销有什么特点？

腾讯 QQ（简称“QQ”）是由腾讯公司开发的一款基于 Internet 的即时通信（IM）软件。腾讯 QQ 支持在线聊天、视频通话、点对点断点续传文件、共享文件、网络硬盘、自定义面板、QQ 邮箱等多种功能，并可与多种通信终端相连，其标志是一只戴着红色围巾的小企鹅。

任务

QQ 主要通过什么形式进行营销？它的特点是什么？

一、认识 QQ 移动营销

1. QQ 移动营销的概念

基于巨大的用户基数，QQ 移动营销越来越趋于多元、智能、立体化的营销模式，QQ 移动营销已经被越来越多的客户接受与认可。

如图 8-34 所示为 iOS 系统的手机 QQ 移动界面。QQ 移动营销是指通过 QQ 的各个公开平台和移动设备，向目标客户和潜在客户推广、销售的一种移动营销方式。现在，QQ 移动营销的平台有 QQ 好友营销、QQ 群营销、QQ 邮件营销、QQ 空间营销等。

2. QQ 移动营销的特点

（1）成本低廉，操作简单。

QQ 移动营销在聊天的同时起到销售平台的作用，在销售的同时又会起到为客户服务的作用，无须建立其他平台，只需要登录 QQ 与客户进行沟通即可，而且 QQ 移动营销不需要扎实的专业化技能，只要会简单的操作就能成为 QQ 移动营销高手，所以可节省人力成本、固定资产投入等。

（2）无地域限制，沟通方便。

无论客户在哪里，也无论客服人员在哪里，只要双方使用 QQ 移动端即可实现即时沟通。企业与客户保持良好的互动关系及为客户提供一对一的营销服务，能大大提高客户的忠诚度。

（3）渠道、模式多样。

QQ 移动营销除可与链接结合外，在利用网页进行二次营销时，还可以通过 QQ 群内的邮件、QQ 空间内的论坛进行营销，并且营销的模式既可以是文字，也可以是图片。

想一想

与传统的 PC 端营销对比， QQ 移动端营销有什么优势与劣势？

二、QQ 移动营销的技巧

1. QQ 账号的设置技巧

（1）昵称设置。QQ 的昵称一定要简明扼要，一看就知道你是谁、你要干什么。通常情况下，昵称可以是自己的姓名、产品的名称、公司名称、业务名称，以及与产品相关的内容等。另外，不要轻易换 QQ 昵称，以免客户找不到，QQ 昵称设置如图 8-35 所示。

（2）头像设置。因为头像是客户看到 QQ 后产生的第一印象，所以头像设置非常关键。一般情况下，QQ 头像要与 QQ 昵称相对应，通常有三种情况，如表 8-1 所示。

（3）个性签名设置。个性签名是除昵称和头像外，能给人留下印象的重要因素。企业利用 QQ 进行营销时，个性签名能使用户更进一步了解产品的重要功能，企业可以在个性签名中放一些广告语如企业的理念、产品的简介、业务的介绍、网址等。QQ 账号资料设置如图 8-36 所示。

2. QQ 群移动营销技巧

QQ 群堪称 QQ 最伟大的应用，其伟大之处不在于用户数量的多少，而在于这里是最活跃的信息交流平台，QQ 群的好友基本上与该群主题相关，如图 8-37 所示为某育婴交流群。

图 8-34 手机 QQ 移动界面

图 8-35 QQ 昵称设置

表 8–1 QQ 昵称与 QQ 头像选择对应表

QQ 昵称	QQ 头像选择情况
个人姓名	个人的真实照片
产品名称	产品的真实照片
公司名称	公司的 Logo

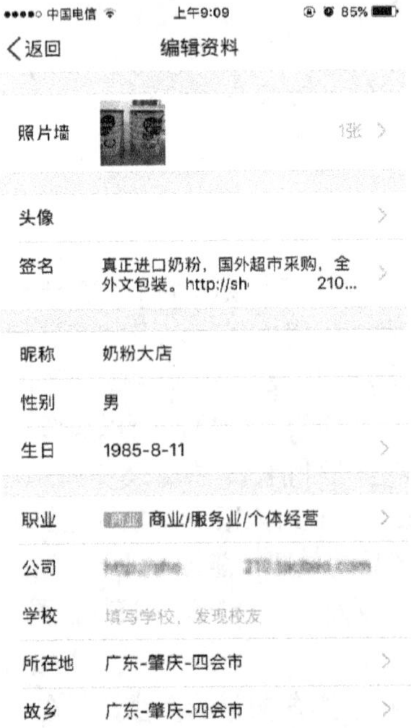

图 8-36 QQ 账号资料设置

图 8-37 QQ 群设置

在 QQ 群上发布营销信息可以直达目标潜在客户，达到事半功倍的效果。如图 8-38 所示为“小米手机交易群”介绍，群友都是对“小米手机”有兴趣的人，所谈论的问题也都与手机交易相关，在此平台上做小米手机的产品营销就可以有的放矢，提高转化率。

3. QQ 空间营销技巧

QQ 空间具有娱乐性、用户黏性高的特点，好友动态、特色链接等功能均具有较大的营销价值。如图 8-39 所示，企业可以把 QQ 空间当成一个小公告栏，在这个公告栏发布信息后，消费者只要打开自己的 QQ 空间就能看见信息。

利用 QQ 空间进行营销，要充分利用 QQ 日志和 QQ 相册的功能。利用 QQ 日志进行营销最关键的是向“粉丝”传递有价值的信息，并且能够持之以恒。在 QQ 空间发布照片时，除在相册中显示照片外，在 PC 端，当鼠标指向 QQ 名称的时候，也会出现该好友最近更新的 3 张照片，如图 8-40 所示。因此，合理利用上述 3 张照片的位置，就会达到很好的宣传效果，从而吸引用户点击查看空间相册。

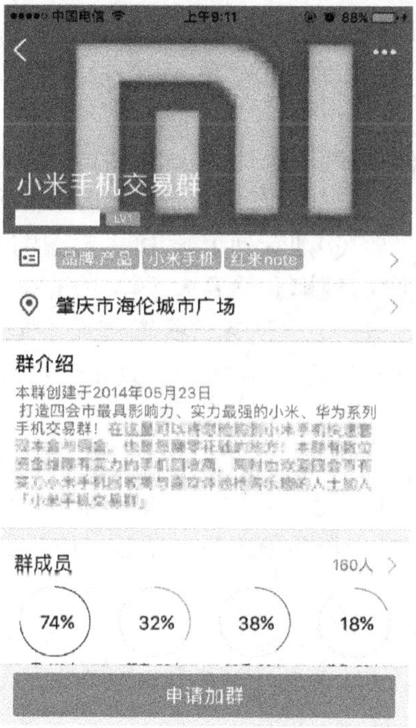

图 8-38 QQ 群介绍

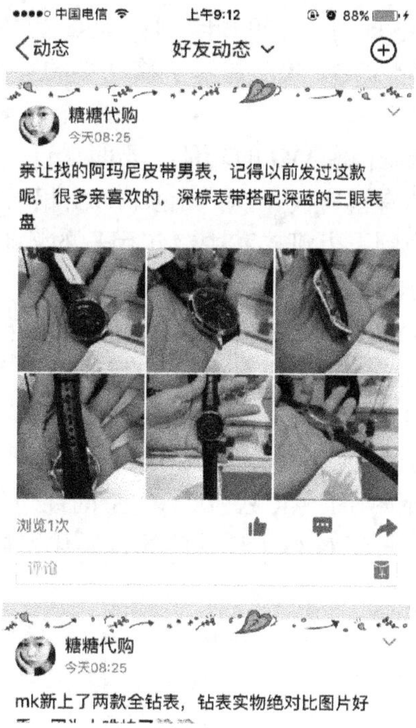

图 8-39 QQ 空间营销

图 8-40 QQ 空间显示 3 张更新照片

探究

如何通过 QQ 发起群活动，并把营销信息融入活动中？

拓展

微信比 QQ 诞生要晚，为什么微信用户数比 QQ 用户数要多?

市场调查机构艾瑞曾给出过中国移动 APP 排名。按月度独立设备这一指标，微信占据着移动 APP 榜首，其覆盖的独立设备超过 9 亿台，并且保持着增长的趋势。与此相对应的是，在月度独立设备上，QQ 只有 6 亿人左右，和微信存在 3 亿的差距。

那么，在移动互联网时代，为什么越来越多的人使用微信，而不是 QQ 呢？原因主要在以下多个方面。

首先，QQ 诞生于 1999 年，属于 PC 互联网时代，而微信诞生于 2011 年，属于移动互联网时代。相对于 QQ，微信是基于移动端的互联网即时通信和社交应用平台，更加适应智能手机等移动终端。

其次，从微信和 QQ 的功能、界面来看，微信更加简洁、快捷，如微信朋友圈相对于 QQ 空间，后者拥有留言板、QQ 日志、QQ 相册等比较复杂的功能，而微信朋友圈则简单明了。由此，微信受到了上班族和中老年用户的欢迎，而 QQ 则受到了学生等年轻用户的欢迎。但是，从移动互联网用户来看，上班族和中老年用户的规模显然要大于学生群体，这是微信用户数超过 QQ 的重要原因。同时，对于中老年用户来说，之所以选择微信而不是 QQ，主要在于微信的使用门槛比 QQ 低。微信可以通过手机号码和验证码来直接注册，并且可直接导入手机通信录中的好友。

最后，对于 QQ 来说，虽然用户规模已经被微信超越，但是，QQ 也在不断朝着年轻化的方向发展，如推出了 AR 红包、QQ 空间红包等更加多元化的玩法，来迎合学生等年轻用户的需求。因此，腾讯对 QQ 和微信的差异化发展策略，帮助腾讯覆盖了国内绝大部分的互联网用户。

技能训练

训练 1：体验移动营销

实训目的：初步了解移动营销的概念、特点，模式、应用和发展。

操作要求：使用手机的浏览器打开某网站（如新浪、网易、百度、搜狐等），浏览网页找出 3 个推广项目。

技能点拨：目前很多推广项目都在不知不觉间完成信息推送，部分放置在“登录”按钮上，部分穿插在新闻栏目中，等等。

实训步骤：

（1）在浏览器中输入 http://www.sina.com，页面会自动切换至触屏版网页，下拉后仔细观察，会发现新闻中间穿插着一些广告，如图 8-41 所示。

（2）在浏览器中输入 http://www.baidu.com，浏览该页面，仔细观察会发现部分信息下会出现“广告”字眼，如图 8-42 所示，则该条信息为推广项目。

图 8-41　新浪推广项目

图 8-42　百度推广项目

（3）在浏览器中输入 http://www.163.com，此网页一打开即在首页顶端发现一个广告栏目，如图 8-43 所示。

图 8-43　网易推广项目

训练 2：微信营销

实训目的：掌握微信朋友圈营销方式。

操作要求：通过微信朋友圈发布一则营销信息。

技能点拨：营销信息所需的图片、软文等经过仔细编辑后再进行发布可达到事半功倍的效果。

实训步骤：

（1）找出合适的推广项目。

（2）对项目产品进行拍照，并对照片进行适当的编辑。

（3）编写营销软文，若有需要，可直接在图片内进行软文编辑。

（4）发布到朋友圈。

训练 3：综合营销

实训目的：掌握多种营销工具。

操作要求：为达到产品的营销效果，组织一次活动，并通过多种方式对该活动进行宣传。

技能点拨：为达到营销效果，鼓励其他用户采用集赞、转发等方式进行二次营销推广。

实训步骤：

（1）找出合适的推广项目（此处以推广校园内某义卖活动为例）。

（2）制作义卖活动的宣传海报（海报需图文并茂）。

（3）通过微信、微博、QQ等多种营销方式，对活动进行宣传。

（4）利用奖励等方式，鼓励用户运用各种营销工具内的点赞、转发等方式进行二次营销。

（5）义卖活动期间，通过微信朋友圈、微博、QQ等对活动的现场进行直播营销。

（6）活动结束后，分析营销效果。

测一测

一、填空题

1. 常用的移动营销工具有____________、____________、____________等。
2. 微信公众号分为____________、____________、____________、____________4种类型。
3. 有多家公司推出过微博，但目前微博一般指的是____________微博
4. QQ营销可以通过____________、____________、____________进行。
5. 移动支付主要有____________、____________等方式。

二、单项选择题

1. 微信是由（　　）公司在2011年推出的一个即时聊天软件。

   A. 网易　　B. 淘宝　　C. 新浪　　D. 腾讯

2. 目前世界上最早出现、最著名的微博是（　　）。

   A. 网易　　B. Twitter　　C. 新浪　　D. Facebook

3. 下面不属于微博可以发布的形式的是（　　）。

   A. 文字　　B. 相片　　C. 视频　　D. 音频

4. 在下面各项中，手机支付不包括（　　）。

   A. 微信支付　　B. 支付宝支付　　C. APPle Pay　　D. 信用卡

5. QQ营销与其他营销的最大不同点在于（　　）。

   A. QQ群　　B. QQ即时聊天　　C. QQ空间　　D. QQ个性签名

三、判断题

1. 对于微博发出的营销信息，只有关注的好友才能看到。（　　）
2. 微信的营销方式就是公众号。（　　）
3. 手机支付只有支付宝支付与微信支付。（　　）
4. QQ空间与微信朋友圈都可以发布营销信息。（　　）
5. 通过微信朋友圈发布营销信息时，任何人都可以看到。（　　）

四、问答题

1. 微信营销有哪些方式？请分别说出其特点。
2. QQ营销中的QQ群营销，除在群聊中发布信息外，还可以通过什么形式进行？

五、案例分析题

华美食品：会说话的月饼，首创“四微立体式营销”。

华美食品在临近中秋之际，用微信、微博、微视这“三微”举办了一场促销活动——华美“会说话的月饼”！

华美“会说话的月饼”活动运作方法如下。

（1）用户购买华美月饼后扫描二维码，进入华美微信服务号活动主页面。

（2）定制祝福。拍摄微视频短片，录制并上传祝福视频，复制微视频祝福链接，输入华美月饼独有的祝福编码，然后单击“提交”按钮。

（3）如果分享祝福到朋友圈，就有机会抽取华美食品提供的万元钻戒、iPhone 5S、名牌手表、华美月饼等丰厚奖品。而收到月饼礼物后，同样扫描二维码即可查看祝福视频。

华美“会说话的月饼”活动，在网络上掀起一场前所未有的浪潮，越来越多的普通用户也加入了月饼送祝福活动的热潮中。全新的祝福方式，广受年轻人的喜爱和支持，更是吸引了网络红人的参与，如“天天向上”阿毛及微博红人@回忆专用小马甲等人，也大力支持华美“会说话的月饼”微活动。

月饼原本是节令性食品，如今华美“会说话的月饼”凭借一次全新的创意祝福方式，以及过硬的品质与服务，创造了前所未有的销售高峰。这与华美食品的营销新法有着密不可分的联系——企业互联网思维技术的运用。

思考：在该案例中，运用的移动营销工具有哪些？为什么需要这些工具？

六、实训题

1. 通过微信朋友圈发布营销信息，并将其同时发布到QQ空间中。

2. 先自行制作一个手工艺品，然后拍摄相应的照片，通过微博、微信、QQ等工具对该商品进行营销。售出成功的人，写出一份售出的心得报告。没售出成功的人，分析滞销的原因。

第 9 章
O2O 营销

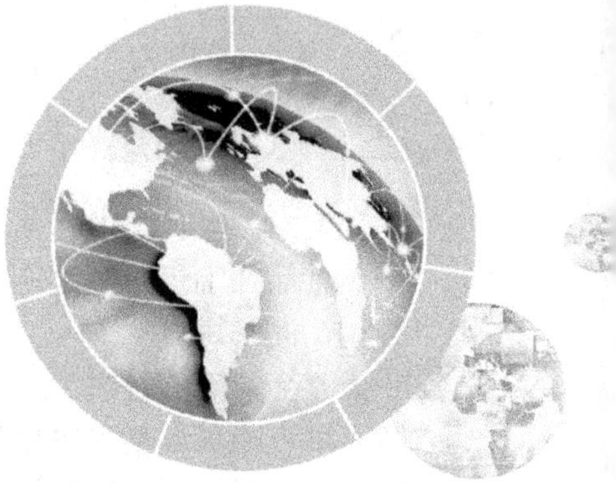

知识要点

（1）O2O 营销的概念。
（2）O2O 营销的 4 种模式。
（3）O2O 营销的 4 种技巧。

能力要点

（1）正确表达 O2O 营销的定义，归纳出 O2O 营销的特点。
（2）理解 O2O 营销的 4 种不同模式。
（3）掌握 O2O 营销技巧，并结合实际经验和所学知识，熟练运用 O2O 营销技巧。

引例

绫致时装的 O2O 营销之路

绫致时装作为最早进入中国的服装企业之一，旗下拥有 ONLY、JACK & JONES、VERO MODA、SELECTED 等知名品牌，且在中国市场上拥有很高的销量，其实体店铺在中国覆盖 300 多个城市，有 6 000 多家门店。但从 2012 年开始，绫致时装就遭遇了店铺客流下滑明显、客户体验单一、客流转化率低的问题。因此，绫致时装与微信合作，开展 O2O 营销，打破了传统服装行业的营销方式，为企业带来了新的商机。

绫致时装通过与微信平台合作，打破传统交易模式，打通利益链条，开辟出独特的私人定制模式：消费者进入绫致时装旗下某家实体服装店铺时，如看中某款心仪的衣服，可以打开微信扫描吊牌上的二维码，手机马上会根据库存状况显示相关的服饰搭配。消费者可以选中某款衣服在店里下单，也可以通过微信下单，或者收藏相应款式，回家后参考家人的意见后再考虑要不要购买。消费者可以直接在店里下单并拿走货品，也可以回家下单后通过快递送到家。还可以把服装信息分享到微信朋友圈、QQ 空间、腾讯微博，征集朋友的意见。

绫致时装主要通过服装吊牌上的二维码开展 O2O 营销，打通了用户与线下商铺之间的通路，帮助线下门店吸引了更多用户，同时，借助 O2O 线上营销，导购员获取用户信息，为用户提供更精准的服务。

9.1 O2O 营销概述

问题

用自己的语言解释什么是 O2O。在日常生活中，你是否体验过 O2O？举例说明 O2O 模式给你的生活带来了哪些便利。

人们对于美团、大众点评、滴滴出行、携程网等网站或者软件并不陌生，它们已越来越成为人们日常生活中不可缺少的工具，给人们的生活带了很多便捷，如足不出户就可以享受到美食，打开手机连接网络就可以打车，利用互联网就可以订机票、订酒店，等等。由于消费者的大部分消费仍然是在线下实现的，那么如何把线上的消费者吸引到线下实体店进行消费是企业 O2O 营销的重点。

任务

黄太吉是一家煎饼铺，营业面积仅有十几平方米，只能放 13 个座位，但就是这家小小的店铺一年销售额竟达到人民币 500 万元。黄太吉之所以这么火，并不是因为它的环境好、服务好、味道一流，而是它采取了 O2O 模式来卖煎饼。黄太吉通过微博吸引用户、聚焦人气，它的官方微博有近 6 万名粉丝，工作人员每天通过微博与粉丝互动，增加用户黏性，并且黄太吉不定期地推出优惠活动，吸引用户在线下消费或在线上订餐。除此之外，黄太吉在微信平台上也有营销活动。

阅读以下文字，结合案例分析黄太吉是如何进行 O2O 营销的，以及这样做的好处？

一、初识O2O营销

1. O2O的概念

O2O即Online to Offline，直译是“线上到线下”，指将线下的商务机会与互联网结合，让互联网成为线下交易的平台。O2O这个概念最早来源于美国，是由TrialPay的CEO和创始人Alex Rampell于2010年8月提出的。2010年10月，一篇题为“万亿美元的新模式O2O：Groupon只是沧海一粟”的文章在中国网络上发布，正式将O2O的概念引入中国。

图9-1 O2O形象示意图

O2O的概念非常广泛，只要产业链既涉及线上又涉及线下的，就可通称为O2O。O2O形象示意图如图9-1所示。图中左侧的“O”代表Online（线上服务），右侧的“O”代表Offline（线下体验），中间的“2”是指英文“to”，代表连接线上与线下。此外也有观点认为，O2O是B2C（Business to Customers）的一种特殊形式。

2. O2O的发展

随着电子商务的不断发展和智能手机的逐渐普及，O2O经历了以下3个发展阶段。

在早期1.0阶段，O2O是简单的线上与线下初步对接。例如，以美团网为代表的团购网站，主要利用互联网推广产品，吸引消费者的关注，线上下单，线下体验。

发展到2.0阶段，随着移动电商平台的出现和逐步完善，以及移动支付的日趋成熟，O2O方式越来越贴近人们的日常生活。这个阶段的主要特色是O2O成为服务性电商模式，如上门按摩、上门送餐、上门送生鲜、上门化妆、滴滴打车等各种O2O服务开始层出不穷，省略了传统的等候环节，节省了消费者的时间。2013年，O2P营销出现，即本地化的O2O营销模式，正式把O2O营销模式带入了本地化进程。

在3.0阶段，O2O出现了明显的分化，不同领域的细分更加明显，O2O服务变得更加专业化，如专注于餐厅排位的“美味不用等”，专注于快递物流的“速递易”，专注于外卖服务的“饿了么”等。其中，“美味不用等”界面如图9-2所示，餐厅顾客可在“美味不用等”APP或微信公众号实现远程排队取号，并可实时查询排队等位进程，解决了顾客用餐高峰期排队难的问题。“饿了么”网上订餐界面如图9-3所示，消费者使用“饿了么”APP网上订餐，可以快速搜索附近外卖，直接从网上下单，由“饿了么”送餐员送到指定地点。

3. O2O营销的概念

O2O营销指商家通过互联网进行线上营销，线上生成订单，吸引网络消费者到线下体验商品和服务。在“万亿美元的新模式O2O：Groupon只是沧海一粟”一文中提到的O2O营销模式的核心就是把线上的消费者带到现实的商店中——在线支付线下商品、服务，再到线下去享受服务。通过打折（团购）、提供信息、服务（预定）等方式，把线下商店的消息推送给互联网用户，从而将他们转换为自己的线下客户。这就特别适合必须到店消费的商品和服务，如餐饮、健身、看电影和演出、美容美发等。

图 9-2 “美味不用等”界面

图 9-3 “饿了么”网上订餐界面

练一练

下载“美味不用等”软件或者关注其微信公众号，注册账号成为其会员，选择自己喜欢的餐厅，完成网上排号、查询排队等位进程。

二、O2O 营销的特点

1. 对消费者而言

对消费者而言，O2O 营销的特点有以下几点。

（1）获取更丰富、全面的商家及其服务的内容信息。

（2）更加便捷地向商家在线咨询并进行预订。

（3）获得比线下直接消费更便宜的价格。

2. 对商家而言

对商家而言，O2O 营销的特点有以下几点。

（1）能够获得更多的宣传、展示机会吸引更多新客户到店消费。

（2）推广效果可查、每笔交易可跟踪。

（3）掌握用户数据，大大提升对老客户的维护与营销效果。

（4）通过与用户的沟通、释疑更好地了解用户的消费心理。

（5）通过在线有效预订等方式合理安排经营，节约成本。

（6）更加快捷地拉动新品、新店的消费。

（7）降低线下实体店面对黄金地段旺铺的需求，大大减少租金支出。

3. 对O2O平台本身而言

对O2O平台本身而言，O2O营销的特点有以下几点。

（1）与用户日常生活息息相关，并能给用户带来便捷、优惠、消费保障等好处，能吸引大量高黏性用户。

（2）对商家有强大的推广作用及其可衡量的推广效果，可吸引大量线下生活服务商家加入。

（3）数倍于C2C、B2C的现金流。

（4）巨大的广告收入空间及形成规模后更多的盈利模式。

想一想

企业采用O2O营销模式的优势是什么？给消费者带来的好处有哪些？能否实现双赢？

三、O2O营销的优势

O2O营销的优势在于：把线上和线下的优势完美结合，在线上产生订单，可追踪每笔交易，展开推广效果透明度高；允许消费者在线上选择心仪的服务再到线下享受服务。

1. 对实体商家而言

对实体商家而言，采用O2O营销的优势有如下几点。

（1）信息传输速度快、传播范围广。在互联网上信息传播速度快，时效性强，并且互联网用户众多，信息传播范围广。

（2）降低商家营销成本。通过在线营销，增加商家宣传的形式与机会，可使线下实体店面降低营销成本，大大提高营销的效率，而且还能减少它对店面地理位置的依赖性。同时，实体店面可以增加争取客源的渠道，有利于实体店面经营优化，提高自身的竞争力。

（3）有利于商家合理规划经营。O2O模式可以对商家的营销效果进行直观的统计和追踪评估，规避了传统营销模式推广效果的不可预测性，O2O将线上订单和线下消费结合，对所有的消费行为均可以准确统计，进而可吸引更多的商家，为消费者提供更多优质的产品和服务。

2. 对消费者而言

对消费者而言，采用O2O营销的优势有如下几点。

（1）获取信息方便快捷。消费者不用出门，便可以在线便捷地了解商家的信息及所提供的服务。

（2）能得到实时沟通，即时反馈评价。消费者能够通过网络直接在线咨询、交流，反馈消费体验，使商家提高服务质量。

（3）获得优惠价格。在线团购服务，客户能获得比线下消费更便宜的价格。

3. 对O2O平台本身而言

对O2O平台本身而言，采用O2O营销的优势有如下几点。

（1）快速聚集大量的线上用户。O2O平台利用网络快速、便捷的特性，为用户传递日常生活实际所需的优惠信息，因此可以快速聚集大量的线上用户。

（2）增加平台利润。O2O平台拥有大量用户，能为商家提供更有效的宣传效果及可以定量统计的营销效果，因为可以吸引大量线下实体商家，所以可给商家带来巨大的广告收入及规模经济，从而为O2O网站运营商带来更多盈利模式。

探究

O2O 模式与 B2C、C2C 模式有何区别？

B2C 是企业与个人之间的电子商务模式，即企业直接面向消费者销售产品和服务，如天猫商城、京东商城等。C2C 是个人与个人之间的电子商务模式，即个人通过网络把产品出售给另外一个消费者，如淘宝网、拍拍网等。

虽然 O2O 模式与 B2C、C2C 模式一样，均需要在线支付，但是，通过 B2C、C2C 购买的商品通过物流到达消费者手中，而 O2O 则是消费者在线上购买商品与服务后，需去线下享受服务。B2C、C2C 模式都要用到仓储和物流，而 O2O 模式则是结合线下实体门店，省去了仓储物流。

拓展

未来 O2O 将会呈现的新特征

（1）更加智能化。消费者将会通过智能手机、智能手环等一切可连接的物件进行信息需求释放，完成自我需求的自给自足。

（2）更加物联化。消费者将会通过自家智能工具进行产品需求购买，如通过智能冰箱进行饮料购买、蔬菜购买等操作。

（3）更加去中心化。未来也许不需要物流人员，需要的只是信息的发放、执行、收回；无人机投送包裹、智能自动驾驶汽车运送包裹等。

（4）更加扁平化。未来所有的需求都会通过智能终端释放，所有的获取也将通过智能终端收取。整体线性将呈现扁平化，而消费者只需要保证物体间通信正常即可。

相信在不久的将来，O2O 会成为一个永久的纪念，因为那时只有一个“O”了，即物联网时代的真正到来。想象一下：早上打开冰箱，发现没有鸡蛋了，迅速在冰箱上搜索所需物品，直接下单；无人机或者无人驾驶汽车送货到家，手机扫描付款码直接付款。

9.2　O2O 营销模式

问题

通过学习上一节的内容，认识了 O2O 营销的概念，简要说明 O2O 营销模式有哪几种，各种模式是如何进行运营的。

人们所熟知的美团网、大众点评网是一种简单的 O2O 营销模式，即通过互联网把线上消费者联合起来，商家以团体的价格出售产品或服务，使消费者能以最优价格获得产品或服务，实现线上下单、线下体验。但是，O2O 营销模式不只局限于线上下单、线下体验，本节将具体介绍 4 种不同的 O2O 营销模式。

任务

利用互联网搜索出至少10个采用O2O营销模式的平台，分析其营销模式，并根据营销模式进行分类。

一、O2O营销模式的定义

O2O营销模式又称离线商务模式，通常是指线上营销、线上购买，带动线下经营和线下消费，而线上与线下相结合正是O2O营销模式的基础。企业采用O2O营销模式的优势在于：订单在线上产生，每笔交易可被追踪，推广效果透明度高。

随着移动互联网的发展，在不同的行业领域里，线上和线下有了不同的组合方式，从而使O2O营销模式变得不再只局限于“线上营销、线下体验”这一模式。从形式上可以把O2O营销模式分为4种模式。

想一想

美团网和苏宁易购都是人们所熟知的O2O电子商务平台，它们之间的营销模式有何区别？

二、常见的4种O2O营销模式

1. Online to Offline模式

Online to Offline模式指线上交易、线下消费，是最常见的O2O营销模式之一，商家依靠各类O2O平台在线上进行营销，消费者在线上购买、线下消费产品或服务。说起Online to Offline模式，人们会想到美团、百度糯米等O2O网站。其中，美团网是国内较大的生活服务类O2O电子商务平台，提供各类团购产品信息，以价格优势吸引消费者购买线上产品或服务，在线上支付订单，在线下进行体验，商家需要进驻该平台，才能对其产品进行营销。近年，新兴的打车行业也采用了Online to Offline这一模式，例如，滴滴出行等，与传统打车不同，滴滴出行通过网上预约，滴滴平台搜索附近的空车，然后派车，消费者在线上支付、线下体验。此外，携程网、去哪儿网等线上旅游网站同样也采用了Online to Offline这一模式。

Online to Offline模式在O2O领域中的应用较为广泛，可运用在旅游、餐饮、票务等多个不同的行业。

2. Offline to Online模式

Offline to Online指线下营销、线上交易。采取此模式时，企业需建立两个平台，即线下实体平台和线上互联网平台。其基本结构是：首先开实体店铺，然后自建网上商城，最后实现线下实体店与线上网络商城的同步运行。

苏宁易购的O2O模式是以互联网零售为主体的“一体两翼”的互联网转型路径。苏宁易购利用自己的线下门店及线上平台，实现了全产品、全渠道的线上线下同价，消费者可以到线下去体验挑选，再通过苏宁易购网上商城购买。O2O模式下的苏宁实体店不再是只有销售功能的门店，而是一个集展示、体验、物流、售后服务、休闲社交、市场推广为一体的新型门店——云店，店内将开通免费WiFi、实行全产品的电子价签、布设多媒体电子货架。

3. Offline to Online to Offline 模式

Offline to Online to Offline 模式是指线下营销到线上交易，再到线下消费体验，即先搭建起线下平台进行营销，再将线下用户流导入，借力第三方网上平台进行线上交易，然后让用户到线下享受消费体验。餐饮、美容、娱乐等本地生活服务类 O2O 企业采用这种模式的居多，例如棒约翰。

棒约翰是一家连锁餐厅品牌，在全球已开设了 4 000 多家实体连锁餐厅，利用线下营销吸引大量用户。用户通过线上棒约翰 APP 和第三方平台（大众点评等）进行线上订餐，线上支付，再到线下棒约翰门店享用其服务。“棒约翰”网上订餐页面（示例）如图 9-4 所示。

图 9-4 “棒约翰”网上订餐页面（示例）

4. Online to Offline to Online 模式

Online to Offline to Online 模式是指线上营销到线下体验，再到线上消费，即先搭建起线上平台进行营销，再将线上用户流导入线下让用户享受服务体验，然后让用户到线上进行交易或消费体验。在现实中，很多团购、电商等企业都采用了这种 O2O 模式，如京东商城，京东先自建线上的京东商城，并以其为平台进行营销，线下自营的物流系统和与实体店企业的合作让用户享受到京东的优秀线下服务体验，再让用户到线上京东商城进行交易。

美乐乐是中国最大的自营式家居电商 O2O 平台之一，采用的是 Online to Offline to Online 模式，拥有完整的线上营销体系及线下门店体系。美乐乐有线上“美乐乐家具网”和约 300 家线下体验店。美乐乐体验馆通过对家具等家居产品进行场景化摆展，再配合店内导购人员的落地服务，让消费者对网上展示的产品能够一目了然并对未来的理想家居场景心中有数，消费者在线下体验满意后，可以直接到线上购买。美乐乐家具网页面（示例）如图 9-5 所示。

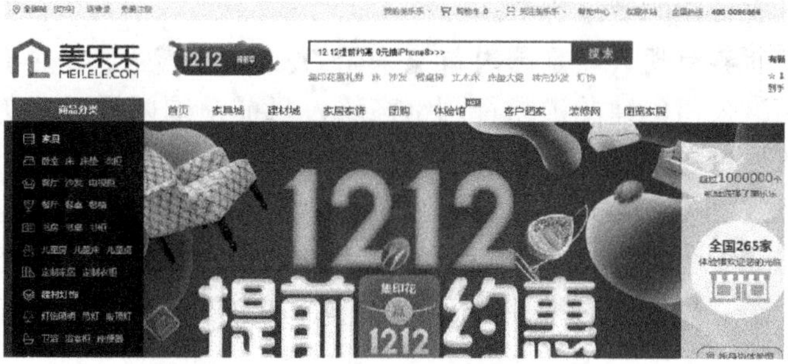

图 9-5 美乐乐家具网页面（示例）

探究

O2O 营销模式是否存在营销风险？请谈谈在 O2O 营销模式下企业可能会面临哪些挑战。

O2O 营销打破了传统企业的营销方式，为企业营销提供了新的渠道，不仅给消费者带来了便捷的生活方式，也为企业带来了更大的利润。

O2O 营销涉及线上与线下两部分，对于线上部分，企业一般会在线上以价格优势吸引更多消费者购买企业产品或服务。如何权衡线上价格和线下价格的差异，既不打破自身原有的市场体系，又能保证双方（线上、线下）消费者的利益，或更重视哪方的消费者才能吸引到最大客流量是企业面临的挑战。对于线下部分，企业通过线上营销的方式吸引大量消费者后，消费者需要到线下去体验服务和商品，如果消费者对线下的体验觉得不满意，企业就不能形成良好的口碑和信誉，这就要求企业不断提高线下的服务质量。

因此，O2O 营销面临的两个主要挑战是：如何利用互联网在线上吸引到足够的流量到线下消费，以及如何提高用户线下体验的满意度。

拓展

本地化 O2O 营销模式——O2P 营销模式

一种解释是，O2P 营销模式（Online To Place），是本地化的 O2O 营销模式。鉴于大型商品物流不便的情况，互联网业内人士对此进行探索，提出了 O2P 营销模式。利用移动终端，将网上商城“植入”门店，并且将经销商、厂家和门店串联起来，形成一个巨大的销售网络，每个门店都是该网络中的一个“配送终端”。

另一种解释是，O2P 是一个生态圈的概念（Online 2 Partners），通过构建各方参与者多赢的格局，形成具有核心竞争力的互联网生态圈，成为相关标准定义者与游戏规则的制定者。相比 O2O，O2P 的理念更加先进，更具平台理念，其中又包括以下三大 P。

- Platform（平台），通过针对区域合作伙伴及门店的应用需求而定制的平台，由前端平板、后台管理系统、短信平台、400 电话、移动 APP、云服务等构成。
- Place（本地化），通过移动互联网的技术手段，构建具有本地化、社交型的线上线下互动的电商平台，帮助道易行区域合作伙伴，推进渠道向社区化、乡镇网点全覆盖，多品牌、多品种类型运作，形成富有竞争力的立体化的渠道网络。
- People（消费者），通过互联网化的产品展示方式与平板综合应用及渠道全网点的布局优势，结合短信及全国统一 400 电话的手段，推进门店形象、销售及售后服务的标准化，提升消费者满意度，形成长期的竞争优势。

杭州道易行电子商务有限公司是国内首家采用 O2P 商业模式、专注于传统产业向互联网转型的平台型公司。该公司创建的道易行网络商城，目前是国内最受消费者欢迎和最具行业影响力的电动车电商平台之一。

虽然 O2P 模式与 O2O、B2C 模式一样，均是在线支付，但不同的是，通过 B2C 购买的商品被装箱快递至消费者手中，而 O2P 则是消费者在线上购买商品与服务后，在家附近的加盟门店取货并组装。O2P 更像是本地化的 O2O 模式，更加适合大型商品的电子商务化发展。

9.3 O2O 营销技巧

问题

你认为如何才能做好 O2O 营销？在 O2O 营销过程中需要注意哪些方面？

对于 O2O 营销模式来说，流量是最重要的，因为有流量，企业才有利润。此外，营销平台和用户体验也是不可忽视的因素。因此，在 O2O 营销模式下，只有企业采取正确的营销手段，获得足够的流量，才能成功获利。

任务

某服装公司要开展 O2O 营销，作为该公司营销团队的成员，你会采取何种营销技巧去实现公司的 O2O 营销目标，促进产品的销售？

企业要开展 O2O 营销，不仅要选择适当的 O2O 营销平台，还需要采取一定的营销技巧。不同行业采取的营销技巧相同，更可以是多种营销方法相结合。例如，餐饮或服装行业，可以利用二维码更好地进行 O2O 营销；而在线旅游网站或购物网站，则可以结合大数据更好地开展 O2O 营销。

一、二维码+O2O 营销

1. 二维码的含义

利用二维码进行 O2O 营销。二维码是一个工具，通过扫描的方式将线上和线下迅速链接起来，实现企业与用户的联系。在日常生活中，二维码无处不在，无论是线上的企业还是线下的实体商家都能使用二维码进行营销。尤其是随着智能手机的普及，二维码变得越来越方便，只要简单一扫就能做很多事，如扫码下载软件、扫码查询产品信息、扫码支付、扫码点菜等。二维码的方便快捷吸引了很多人，也让商家的广告入口变得更加简单。

2. 二维码在 O2O 营销中的应用

以餐饮企业为例，餐饮企业采用二维码线上点餐不仅能方便消费者利用二维码直接点餐，下单支付，还能为企业节约劳动力，减少服务人员费用支出。

常见到餐饮企业在店里的每张桌子上都贴有一个二维码便签，当顾客需要点餐时，只需要用手机扫一扫桌面上对应的二维码，就能够获得餐厅的菜单，不用凑到一个菜单上选择菜品，直接看自己手机即可。餐饮企业将二维码应用到经营当中，把线下的点餐服务转移到线上，更加方便快捷，吸引了更多的年轻消费者。

在移动互联网时代，二维码是一个不容忽视的营销工具，它已成为移动互联网的入口，是 O2O 营销的利器，能给企业带来更大的利润空间。手机二维码点餐（示例）如图 9-6 所示。

图 9-6 手机二维码点餐（示例）

想一想

在日常生活中，你所用到的社交媒体有哪些？企业是如何利用这些社交媒体进行营销并推广企业产品的？请结合具体例子进行说明。

首先，企业要在拥有海量用户的社交媒体（平台）上申请企业账号，如微信、微博及各种论坛等，然后通过网络在社交平台上发布与企业相关的服务信息和产品信息，最后利用社交媒体上的粉丝关注和社群效应，采用病毒式营销，大大增加企业的产品与服务信息在网络上的曝光量，提高企业产品在网络用户上的知名度。借助社交媒体，企业能够实现与用户之间的相互沟通，及时而广泛地给予用户反馈，同时用户也能够对企业的服务和产品进行评论。

二、社交媒体＋O2O 营销

1. 社交媒体的含义

社交媒体是人们彼此之间用来分享意见、见解、经验和观点的工具和平台，现阶段主要包括社交网站、微博、微信、博客、论坛、播客等。通过各类社交媒体，企业可与消费者进行交流，实现品牌与消费者的双向沟通，建立消费者与品牌的长期互动关系，从而提高品牌的口碑和销量。同时，通过消费者的参与和消费体验，影响并带动其朋友参与购买或者讨论，从而形成品牌认知。

“社交媒体＋O2O 营销”注重的是流量和内容，有了吸引用户的营销内容，才能汇聚更多流量，有了流量才有销量。在 O2O 营销模式下，企业要利用社交媒体，在合适的渠道中（是线上还是线下）把企业内容（产品、服务、品牌）展现出来，以吸引更多消费者的注意力。

2. 社交媒体在 O2O 营销中的应用——以星巴克为例

星巴克是目前全球最大的咖啡连锁店之一，成立于 1971 年。星巴克建立了“官方网站+网络社区+社交媒体”三者紧密结合的 O2O 营销模式，实现了线上线下的高效融合。为了更好地实现 O2O 营销，星巴克还开通了购物网站（Starbucksstore.com），消费者可以从网上购买星巴克的纪念品、咖啡等。

星巴克通过社交网络，进行线上品牌推广，推动线下消费转化。星巴克成立了专门的社会化营销团队，负责社交网络账号的运营。在中国，星巴克主要运营官方微博和微信公众号；在国外，它则进军了 YouTube、Facebook、Twitter 等社交网站。星巴克利用社交网络与顾客进行互动，不仅分享星巴克的相关信息，还分享转发众多顾客感兴趣的内容。星巴克中国的微博粉丝达 100 多万人，如图 9-7 所示为星巴克中国微博首页（示例）。星巴克在微博上用优美温暖的文字推广品牌，从而引起消费者的共鸣，与消费者进行互动沟通。例如，“紫色是浪漫的，是神秘的，是梦幻的，也是可人的。今天，全新星巴克薰衣草杯限量发售，4 款洋溢着满满薰衣草香气的紫色，哪一款走进了你的心？”消费者可以在博文下进行评论，发表意见。由此，粉丝的线上互动成为品牌与消费者沟通的重要手段。此外，星巴克中国还巧妙地利用微博线上线下联动开展公益活动，提升品牌形象。例如，星巴克大学生环保践行者、星巴克园丁助学金等活动。

星巴克采取的 O2O 营销模式无疑是成功的，通过线上营销活动，吸引了大量消费者，提高了用户的品牌忠诚度，最终推动了星巴克线下商品的销售。

图 9-7　星巴克中国微博首页（示例）

练一练

利用手机下载手机地图（如百度地图、高德地图等），下载完成后，打开手机地图，搜索学校附近的美食，找出离自己最近的一家，并对比不同地图搜索出来的结果是否一致。

三、LBS 定位+O2O 营销

1. LBS 定位的含义

LBS 即基站定位，英文全称为 Location Based Service，一般应用于手机用户，是基于位置的服务，通过电信、移动运营商的无线电通信网络（如 GSM 网、CDMA 网）或外部定位方式（如 GPS）获取移动终端用户的位置信息（地理坐标或大地坐标），在 GIS 平台的支持下，为用户提供相应服务的一种增值业务。

LBS 定位要以互联网为基础，它包括两层含义：①确定移动设备或用户所在的地理位置；②提供与位置相关的各类信息服务。例如，手机用户首先打开手机地图，搜索出用户当前的地理位置，然后在用户位置范围内寻找当前位置 1 千米范围内的宾馆、影院、图书、餐厅、加油站等的名称和地址。

2. LBS 定位在 O2O 营销中的应用

在移动互联网时代下，地图的优势是提供地理位置信息，与用户的移动性、位置性相契合。以“天猫＋高德地图”营销为例，高德地图累计用户数达 2 亿人，天猫与高德地图进行合作，可推动天猫 O2O 营销模式的发展。

高德地图是天猫链接线上线下进行 O2O 营销的关键。在进驻天猫的商家中，拥有线下门店的有 3 万多家（2013 年数据），如优衣库、GAP、ZARA、美的、格力等，以及其他一些百货公司等。在天猫“双十一”期间，高德地图 APP 曾推出了“双十一”专区，用户可以实现实时在线查询“身边店”，查找附近参与“双十一”线下活动的品牌及商户位置，直接到线下去购买，并且可享受与线上一样的价格优惠，这使得天猫“双十一”的营业额不断攀升。

除与天猫合作外，高德地图与一些线下的商家也进行了合作，只要打开高德地图就能搜索到自己所在位置附近的商家，包括购物、旅行、餐饮、休闲娱乐等服务信息，如图 9-8 所示为高德地图 LBS 定位，如图 9-9 所示为高德地图美食信息定位。在高德地图的作用下，线下实体店流量被大大拉动，实现了线上“引流”、线下“体验”的 O2O 营销模式。

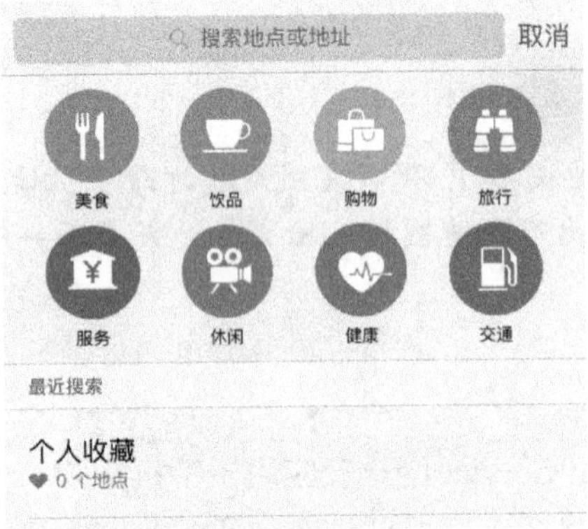

图 9-8　高德地图 LBS 定位

图 9-9　高德地图美食信息定位

探究

什么是大数据？大数据与传统数据有何不同？企业应如何利用大数据开展 O2O 营销？

大数据与传统数据的区别在于：第一，大数据的数据量比传统数据大得多，大数据是以 TB 为单位计算的，而传统数据的使用单位是 KB；第二，大数据类型更为复杂，大数据包括结构化、半结构化和非结构化数据，而传统数据则难以处理非结构化数据；第三，大数据的数据价值大、传统数据主要起信息传递的作用，通过数据去了解表象，而大数据因为数据容量大，种类多样化，所以利用大数据可以去挖掘所需要的各种信息，帮助企业了解现状，分析问题，实现精准营销。显然，大数据是企业开展网络营销的一个重要手段。

四、大数据+O2O 营销

1. 大数据的含义

《O2O：移动互联网时代的商业革命》一书给大数据的定义是：大数据在互联网行业是指互联网公司在日常运营中生成、累积的用户网络行为数据。这些数据的规模是很庞大的，以至于不能用 G 或者 T 来衡量。

互联网上的数据是很有价值的，企业通过对大量有价值的数据进行分析，能够预测消费者的网络行为，掌握市场的发展趋势，制定更加精准有效的营销方案，给品牌企业带来更高的投资回报率。

2. 大数据在 O2O 营销中的应用

以携程网为例，携程网是国内大型在线票务服务公司之一，提供各类在线旅游服务，如酒店预订、在线机票预订、门票预订等，用户可以在线上浏览，线上下单支付，线下体验。问题是携程网如何能快速精准地定位到用户的需求呢？这就需要用到大数据。据调查显示，网络消费者在预订旅游产品前，会在不同的旅游网站间进行多次搜索。携程网依靠大数据，建立数据模型，分析不同用户的浏览习惯和个性特点，预测用户的购买行为，制定出更适合的旅游产品，向用户做个性化推荐，提高打开率和转化率。例如，当用户搜索某一城市中的某一类型的酒店时，携程网就可以通过数据模型，预测哪些酒店产品是用户感兴趣的，从而为用户提供更适合的酒店，提高用户对网站的体验感。除此之外，每当有新的产品上线，或者产品优惠信息等时，携程网会依据数据库的分析结果，以邮件的方式给用户推荐感兴趣的信息。

在大数据支持下的 O2O 营销，能更好地预测用户的实际需求，为用户提供感兴趣的旅游产品，减少用户的搜索量，使用户在线下获得更满意的产品体验。

拓展

传统企业该如何做 O2O 营销

随着 O2O 营销模式的不断成熟，以及不断涌现的 O2O 电子商务平台，越来越多的传统企业开始尝试采用 O2O 营销模式。但是传统企业在进行 O2O 营销的过程中也会面临很多困惑，O2O 营销的技巧和方式都很多，但不一定都能全部被采用，需要根据行业的特点去选择，那么传统企业该如何做好 O2O 营销？我们这里给出如下建议。

1. 选择适当的营销工具

传统企业要做好 O2O 营销首先要选择适当的营销工具，或者营销平台。经常使用 O2O 营销的有微信公众号、微博、手机 APP、支付宝等，同时要根据行业特点选择正确的 O2O 平台，如餐饮行业可以选择美团网、饿了么、百度糯米等；旅游行业则可以选择携程网、去哪儿网、阿里飞猪等 O2O 平台。以肯德基为例，企业在微信上申请公众号，消费者可以通过微信公众号获取优惠券，线上预约点餐，线下直接取餐，无须排队。

2. 需要专业的营销团队

在传统的经营方式下，企业习惯了采用传统的营销方式，如派传单、做海报、优惠打折等，对互联网的各种工具和玩法都不熟悉，甚至对 O2O 营销毫无概念，如果要让他们去申请一个微信公众号并且进行运营，必然会比较迷茫。因此，企业需要专业的互联网营销团队去运营微信公众号及其他 O2O 电子商务平台。

3. 提高用户线下体验满意度

打折促销时，价格优势固然是 O2O 营销的一种手段，能够吸引大量的用户进行消费。但在经营思路上，O2O 经营者也不能仅仅锁定低价格路线，而应当借助自身的媒体优势，帮助商家挖掘一些增值业务，尤其是如果用户线下体验度不好，那么再优惠的价格也不能留住顾客。O2O 营销模式本身非常强调线下体验，并且可以做出很多“花样儿”，例如，在线下实体店的客户咨询、免费体验、网上预约点餐、二维码点餐等都可以提高用户的线下体验满意度。

技能训练

训练 1：认识 O2O 营销模式

实训目的：通过了解国内主要的 O2O 电子商务平台，初步掌握 O2O 营销模式。

操作要求：在互联网上选择一个 O2O 电子商务平台，注册账号，选择产品服务，线上支付，线下体验评价。

技能点拨：互联网上有越来越多的电子商务平台，但只有同时涉及线上和线下的才是O2O电子商务平台，所以在选择网上平台的时候要注意是否涉及线下。

实训步骤：

（1）选择 O2O 平台（以美团网为例），在浏览器中输入 http://meituan.com，并进行在线免费注册。

（2）注册成功后登录美团网，通过页面左上角的“切换城市”选项，选择自己所在城市。

（3）在全部分类中，选择“美食”选项，进入美食页面。选择“甜点饮品”，在“甜点饮品”列表中选择其中一家商店，并在线上完成支付。支付页面如图 9-10 所示。

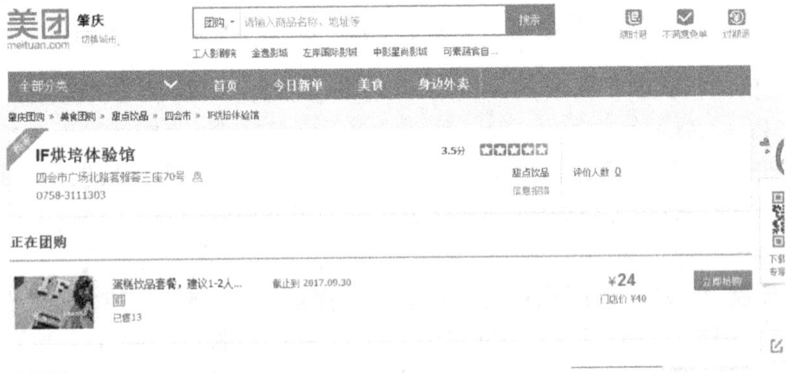

图 9-10　支付页面

（4）支付成功后会收到电子凭证，凭借电子凭证就可以直接去店内消费。

（5）成功消费后，撰写评价。

训练 2：策划和实施 O2O 营销方案

实训目的：通过策划餐饮行业的 O2O 营销方案，更好地理解 O2O 营销模式，掌握 O2O 营销的技巧，学会设计 O2O 营销方案。

操作要求：学生自由分组，采用小组讨论的形式，以小组为单位策划一份餐饮行业的 O2O 营销方案。

技能点拨：由 4～6 人组成营销团队，选出团队负责人。团队负责人根据小组成员的学习条件，进行合理分工，包括资料收集、文案撰写等。

实训步骤：

（1）学生自由组队，4～6 人为一小组，建立营销团队。

（2）团队负责人确定该餐饮公司名称及团队名称。

（3）团队负责人安排成员工作，结合餐饮行业的特点，列举出餐饮行业开展 O2O 营销的具体方法，小组成员进行组内交流。

（4）团队负责人整理好成员的建议，设计 O2O 营销方案，以小组为单位上台分享。

测一测

一、填空题

1. 在中国，常用的社交媒体有____________、____________、____________等。

2. O2O 营销是指商家通过互联网进行______________，线上______________，吸引网络消费者到线下______________________________。

3. Online to Offline to Online 模式是指____________到____________，再到____________，即首先搭建起线上平台进行营销，然后将线上商业流导入线下，让用户享受服务体验，最后让用户到线上进行交易或消费体验。

4. 只要手机用户打开手机地图，利用______________就会搜索用户的当前地理位置，然后在用户位置范围内寻找手机用户当前位置的 1 千米范围内的宾馆、影院、图书 餐厅、加油站等的名称和地址。

5. 通过____________扫描的方式将线上和线下迅速链接起来，实现企业与用户的联系。

二、单项选择题

1. O2O 概念最早起源于（　　）。

A. 美国　　B. 中国　　C. 英国　　D. 日本

2. 美团、聚划算等团购网属于（　　）O2O 模式。

A. Online to Offline 模式　　B. Offline to Online to Offline 模式

C. Offline to Online 模式　　D. Online to Offline to Online 模式

3. 近年来，肯德基推出的网上预约取餐属于（　　）。

A. Online to Offline 模式　　B. Offline to Online to Offline 模式

C. Offline to Online 模式　　D. Online to Offline to Online 模式

4. 关于 O2O 营销，以下说法不正确的是（　　）。

A. 降低商家的营销成本　　B. 用户能快速获取商家促销信息

C. 有利于商家进行合理规划　　D. 用户与商家沟通时存在延时

5. O2O 社交媒体营销模式首先应该考虑（　　）。

A. 流量　　B. 产品质量　　C. 商家实力　　D. 物流

三、判断题

1. B2C、C2C 支持在线支付，购买的商品通过物流公司送到你手中。而 O2O 支持在线支付，购买线下的商品、服务，再到线下去享受服务。（　　）

2. 一般社交媒体营销工具包括论坛、微博、博客、SNS 社区。（　　）

3. 团购网最早起源于中国的美团网站，每天只推一款折扣产品、每人每天限拍一次、折扣品一定是服务类型的、服务有地域性、线下销售团队规模远超线上团队。（　　）

4. O2O 是互联网餐饮发展的最新热点，其最重要的一个特点是，它整合了前面几个互联

网餐饮的所有特征，并且最终形成交易，直接在网上或者线下有支付的行为。（ ）

5. 不管是线上线下资源的整合、提高服务体验水平，还是改善运营仓储物流、保障服务信誉等，这一切都需要有很强的信息系统后台支撑，否则将制约O2O模式的发展。（ ）

四、简答题

1. O2O营销从哪些方面体现了其独特的优势？
2. O2O营销模式的表现形式有哪些？简述其含义。
3. 阐述LBS定位的两层含义。

五、案例分析题

钻石小鸟："线下体验店+线上品牌化"的O2O模式

钻石小鸟创立于2002年，率先把"鼠标+水泥"的模式引入网络奢侈品领域，现已在全国14个城市设立线下体验中心。其上海旗舰体验中心已在2015年1月全新升级开幕，占地2 000平方米，荣居全亚洲最大钻石珠宝体验中心。

"鼠标+水泥"模式即"网购+体验店"，用户通过线上平台选择产品，就近到体验店实体现场试戴，然后再做出理性的选择。初创品牌至今，钻石小鸟把"鼠标+水泥"的全新钻石销售模式从上海相继带到了全国各大主要城市。

2009年，钻石小鸟各地体验中心全面升级为4C概念体验中心，能够有效解答消费者的疑问，处理消费者的投诉，现场定制个性化产品等。另外，钻石小鸟的标准化品牌体系及一对一购钻服务等优势服务项目，致力于传播钻石文化和品牌理念。

思考：1. 在该案例中，钻石小鸟具体采用的是哪种O2O营销模式？

2. 钻石小鸟采用"鼠标+水泥"O2O模式的优势体现在哪里？

六、实训题

4个学生为一小组，组建营销团队，利用互联网搜索相关资料，写一份有关生鲜水果的O2O营销活动方案。（提示：O2O营销方案包括线上和线下两部分，线上线下如何去引流，线下如何提高用户体验满意度）

第 10 章
其他营销

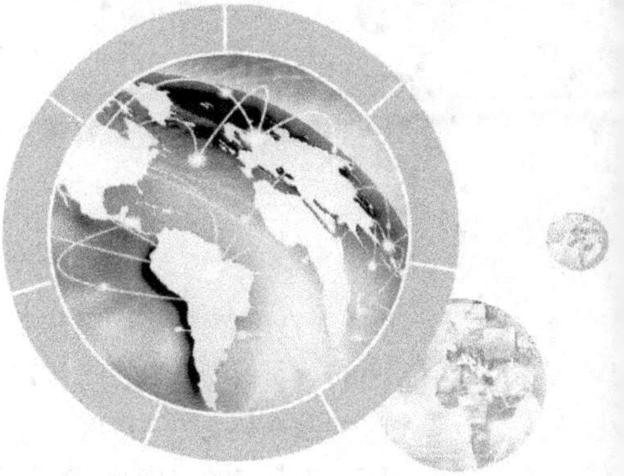

知识要点

（1）口碑营销的概念、特点和形式，实施方法与技巧。
（2）事件营销的概念、特点和形式，实施方法与技巧。
（3）视频营销的概念、特点、策略和技巧及常见网站。
（4）淘宝网营销三大工具（直通车、钻展、淘宝客）。

能力要点

（1）正确认识口碑营销、事件营销、视频营销等概念和特点。
（2）了解不同营销方法的实施步骤和技巧。
（2）正确认识淘宝网营销，掌握淘宝网营销常用的三大工具。
（3）熟练运用各种移动营销工具，懂得结合实际使用多种方式进行网络营销。

引例

海底捞的口碑营销

“昨天在海底捞，无意中跟朋友抱怨京东抢的奈良美智大画册怎么还没到货，结果服务员结账的时候问了我京东会员账户，今天一早三本大画册都送来了!”

这条微博转发了35 000多次。这条微博幕后是无心之举，还是推手为之人们也无法正确判断。但可以肯定的是海底捞紧紧抓住了这次机遇，在这条微博广泛传播后迅速地有专业公司介入并进行后续传播。甚至打造了“人类已经无法阻挡海底捞”的广告语，乃至出现了“海底捞体”。

“海底捞体”的基本模板是：某天我在某海底捞吃火锅，席间我无意间说了一句……（包括但不限于愿望、情绪、抱怨、看法），在我结账时……（愿望成真，安抚情绪，例如，送亲制玉米饼，送贺卡文字祝福，送礼物，免单等）。

有趣而幽默的段子引来了网友的热情参与，网友们纷纷制造段子，在一定程度上又帮海底捞宣传了品牌与口碑，从而带来了极大的品牌传播效应。

在“海底捞体”的盛行下，海底捞的品牌知名度得到极大的扩散，当然产品和服务优秀才是王道，好口碑自然会传播。总体来说，海底捞的服务依旧超出绝大部分同行的水准。海底捞利用网络的积极影响制造段子，从而去宣传口碑，从这点上来讲，海底捞口碑营销是非常成功的。

10.1 口碑营销

问题

说起衣服，你自己有没有特别喜欢的品牌？谈起吃饭，你有没有立即想起某个饭店？写下来，想想为什么？

随着网络营销的不断发展，相继出现了不同种类的营销方式，让受众防不胜防。同时企业也大动脑筋想出各种奇招，为自己创造效益。在网络营销中，口碑营销就是网民们口口相传，主动提高企业传播效率，为企业提高美誉度、品牌知名度和产品销量。

任务

口碑营销无处不在，请举例说明你身边的产品或店铺是怎样运用口碑进行传播的？

一、认识口碑营销

口碑营销是指企业在网络营销的过程中，运用各种有效的手段，引发企业的客户对其产品、服务及企业整体形象的谈论和交流，并激励客户向其周边人群进行介绍和推荐的市场营销方式和过程，如图10-1所示。

在网络营销中，口碑话题威力的强弱，直接影响口碑营销传播的效果。在这个信息爆炸的时代里，网民对广告具有极强的免疫能力，只有创造新颖的口碑传播内容，才能吸引大众的关注与讨论。

在网络营销中，口碑营销的核心在于“网民”。企业只要吸引住了网民的眼球，逐渐就能形成一个巨大的讨论区域，随时随地聚集各地的网民参与话题讨论，从而把企业品牌或产品变成茶余饭后不可缺少的话题。

网络营销中的口碑营销，既传播了企业的相关信息，打造网络好口碑，又提升了企业的形象，增加网络的曝光量，吸引用户关注企业的产品和服务。

图 10-1　口碑营销

二、口碑营销五大原则

美国作家安迪·塞诺威兹的《做口碑》一书中，提到了口碑营销的五大原则（5T 原则），即谈论者（Talkers）、话题（Topics）、工具（Tools）和参与（Taking part）、跟踪（Tracking）。

1. 谈论者

谈论者对于企业来说是运行口碑营销的起点。企业首先需要考虑谁会主动谈论自己的产品，是产品的粉丝、用户、媒体、供应商、员工或是经销商？其实，如果将产品放在一个稍微宏观的营销环境中，可能会有很多角色成为口碑营销的起点，只要能很好地满足这些角色的要求，他们就会为企业开启口碑营销。

2. 话题

人们谈论的理由一般是产品、价格、活动、代言人等。其实口碑营销就是一个炒作和寻找话题引起网民热烈讨论分享的过程，努力挖掘合乎情理又出人意料的噱头让网民们（尤其是潜在用户）来“说三道四”。

3. 工具

微博、微信朋友圈、QQ 个性签名、论坛、贴吧、病毒邮件、网络广告等工具可以帮助信息更快地进行传播。是否能运用好这些工具，是网络营销最具技术含量的一个环节，不仅需要全面把握不同渠道的传播特点，而且广告投放的经验对工具的选择和效果的评估起到很大的影响。

4. 参与

企业在运行口碑营销的过程中，要积极主动地参与到热点话题的讨论中，只有与网民进行良好互动，才能实现品牌或产品口碑传播的目的。其实网络中从来不缺话题，关键在于如何寻找到与产品价值和企业理念相契合的接触点。

5. 跟踪

这是一个事后检测的环节，目前很多公司和软件都开始提供这方面的服务。相信借助于这些工具，就能很容易地得到一些反馈和意见。但更为关键的是，当人们已经在谈论你或者马上准备谈论你时，你会怎么办？是参与他们的话题讨论，还是试图引导讨论？抑或置之不理？

想一想

有人以为只要做了口碑营销就能为自己的产品创造出良好的口碑，你认为这种看法正确吗？为什么？

任务

了解口碑营销的特点：可信度高、成本低、具有团队性。

三、口碑营销的特点

1. 可信度非常高

为什么呢？因为一般情况下，口碑传播都发生在朋友、亲人、同事、同学等关系较为亲近或密切的群体之间，在口碑传播过程之前，他们之间已经建立了一种特殊的关系和友谊，相对于纯粹的广告、促销、商家推荐等而言，可信度要高很多。

2. 传播成本低

口碑营销无疑是当今世界最廉价的信息传播工具之一，基本上只需要企业的智力支持，不需要其他更多的广告宣传费用。与其巨资投入广告、促销活动来产生"眼球经济"效应，不如通过口碑这种廉价而简单奏效的方式来达到这个目的。

3. 具有团队性

不同的消费群体之间有不同的话题与关注焦点，因此各个消费群体构成了一个个攻之不破的小阵营，甚至是某类目标市场。他们有相近的消费取向，相似的品牌偏好，只要影响了其中的一个或者几个，信息就会以几何级数的增长速度传播开来。

想一想

相比你学过的营销方式，口碑营销的优势有哪些？

任务

口碑营销有很多好处，那么它是以什么样的形式进行的呢？

四、口碑营销的形式

常见的口碑营销的形式有以下 4 种。

1. 直接进行口碑传播

企业直接向消费者传达口碑内涵，经过的中间层次少，能使自己所传达的口碑内涵得到真实的流传。但在这种情况下，企业往往只能通过店面、会议营销、亲力回访、DM、电子邮件、电话跟踪及其部分促销活动等影响面有限的方式来达成口碑。但作为品牌影响力欠缺的弱势品牌，假如产品的服务需要庞大的消费者群才能消化，而暂时又没有能力搞人海战术，就有必要结合其他口碑营销形式来达成目的。

2. 通过中介达成口碑

这是一种常见的口碑营销传播方式，但里面充满着许多难以控制的影响口碑内涵的因素。例如企业无法为经销商、批发商、终端商做主，但他们却可能来争抢市场话语权，并在众多品牌间均衡利益、分散自己的有限资源，有时竞争者还可能采取不当措施破坏企业产品在消费者心目中的印象。

为此，企业一定要督导、规范各级渠道成员，以使他们能完整、正确地向意见领袖和消费者传达口碑内涵。企业可以采用的举措不排除将渠道成员不易完成的业务板块留在自己的手中或外包。当然事先还应该在可能传播出去的信息中先自我检查，例如，承诺是否与自己的兑现能力相符；广告、促销等营销行为的各个环节是否完善，是否可能对消费受众带去伤害；如果出了问题，自己是否有一套实效高速的反应及危机处理机制等。

3. 通过媒体达成口碑

与硬广告、软文、虚拟或真实的消费群体验证言等形式相对应的是，媒体往往被企业当成一个被动的传播者，而忽视了自己能使它们主动写报道进行传播的可能。

例如，媒体可能接受来自消费者的投诉；媒体也可能为读者奉上一份有关某行业产品质量和服务态度的调查；媒体还可能刊播一些有关消费的新鲜事。就企业而言，不利的消息应该尽量规避，但利好的消息应该尽量争取，而不是一味地感叹自己势单力薄引不起媒体的兴趣。

企业平时该怎样做才能引发媒体的主动关注，为自己塑造好的口碑呢？以下几点应引起企业注意。

（1）与媒体的财经版、社会新闻版、消费前沿版等相关版面的记者交朋友，了解他们所撰拟稿件的内容规律，在各阶段所关注的新闻热点。

（2）挖掘企业与新闻热点相关的口碑内涵成分，有意识地“投其所好”提供新闻线索或积极配合受采访人身份，进入媒体的视野。

（3）让企业提供产品或服务的理念，对待消费者的态度及实际举措，消费者所发生的小故事，员工支助失学儿童、献血等好人好事，对某新闻热点的看法，有关知识产权等方面的维权，等等，作为素材进入媒体的报道内容。

（4）应收集来自企业消费者的故事，发动消费者或以消费者的身份向媒体表示感谢。

4. 通过对手达成口碑

企业为达成好口碑所借力的对手往往是自己面前的强者。如喊出“向伊利学习”的蒙牛，为自己塑造了谦虚、上进、尊敬先行者的好印象；“室内摄影用柯达，室外摄影用富士”，据说就是从富士流传出来的。就弱势品牌来说，自然不难找到挡在自己面前的强者。

想一想

对上述几种口碑营销的形式，你认为哪一种操作最方便？哪一种传播最快？哪一种成本最低？

任务

实施口碑营销主要有哪几个步骤？

五、口碑营销的步骤

口碑营销不管是在线上还是在线下，都是企业做营销活动的好帮手。不过很多企业在运行口碑营销时，都会遇到各种各样的难题，甚至出现无从下手的情况，于是有些企业对做口碑营销失去了信心，不再重视口碑营销。这种做法不对的。一种营销方式的盛行，必然有它自身的优点，企业既然选择了一种网络营销方式进行营销活动，就要坚持到底并做到最好。

下面介绍的网络口碑营销实施步骤仅供借鉴，用以拓宽自己的思路。

1. 制造一个好的引爆点

企业想要做好网络口碑营销，首先要制造一个吸引眼球的引爆点，这样才能让更多的网民关注、讨论、评论。只有想办法让网民对引爆点感兴趣，并激励他们自愿把这个事情告诉身边的朋友，分享到互联网上，才有可能引发口碑传播，为企业免费宣传，甚至达到营销的最终目的。这个引爆点往往都是从网民的需求策划的。企业要以网民关注的事、网民的心理、最想看什么、最想了解什么……总之，就是以网民内心的渴望来制造一个引爆点，吸引他们的注意力。如海底捞，相信大家都不陌生。在海底捞吃过饭的人，应该都享受过打包就送个西瓜的服务。从这点可以发现，海底捞的核心就是口碑。它的服务非常贴合人群的心理，在外吃剩下的东西，不打包觉得浪费，可是有时候打包又觉得麻烦或者不好意思。然而海底捞用送西瓜鼓励消费者打包的行为，可以让他们解开心中的纠结，从而在网络上为海底捞宣传、传播其服务的贴心和到位。海底捞的这一举措，使得他们自己和其他企业商家都意识到了口碑传播的强大，从而不管在线上还是在线下都会开展口碑营销活动，学会制造一个好的引爆点，吸引网友们的热议和传播。

2. 利用爆点制造话题

在网络口碑营销中只有爆点是不够的，口碑营销最核心的是用户之间相互交流中的传播。所以还要提炼足够的可谈性话题，才能通过网民把企业传播出去。目前，最好放话题的地方就是微博的“热门话题”了，企业可以利用“#热门话题#”来发布话题，只要话题新颖并与时代接轨，就能很容易地引起网民的热议。例如，海尔员工砸冰箱的举动，让网民热议，对于 2011 年来说，这是一件不可思议的事情，所以网民们忍不住讨论了一番。

3. 选择合适的传播渠道

企业在做网络口碑营销的时候，应该根据自身产品、目标对象和话题选择合适的传播渠道，网络传播具有主动性，采用得当其效果是非常惊人的。同样以一个事件为传播内容，首先在受众对象常出现的论坛、BBS、博客中发布信息，然后再通过意见领袖来引导传播，这些意见领袖就是可以影响传播对象的公众人物或专家。例如，传播对象是追求时尚的青少年，那么一些偶像明星的言论可能对他们的影响就非常大。

4. 口碑营销监控

企业在运行网络口碑营销的过程中，要利用监控来衡量口碑营销的效果，而监控的重点就是数据，因为数据是最能反映口碑效果的。不同的传播渠道，有不同的监控数据。例如，通过微博操作，监控的数据主要就是转发量、评论次数、点赞次数等。除了监控数据之外，还要预防产生负面的口碑效应。每个人的看法和意见是不同的，如果发生了负面的苗头，企业就要及时想办法，尽量不让负面口碑扩大化。

练一练

使用手机，通过浏览网页、使用各类 APP 等，寻找一个你认为比较好的口碑营销案例，并说说这个案例的优点有哪些。

任务

口碑营销有很多好处，那么应该如何创建可以传播的“口碑”呢？

六、口碑营销的传播技巧

广告是口碑营销的一种传播工具，在制作广告时应注意以下技巧。

1. 品牌与故事结合

好的故事，人人都爱听，听完后自然也会传播。在口碑营销中，制造有趣和易于传播的故事是个值得借鉴的好策略，因为想引起口碑，就必须要有话题，而故事本身就是非常好、非常持久的话题。因为故事是传播声誉的有效工具，大众的传播带着情感，若将品牌与故事有机结合就可以将口碑传递出去，这一点与故事营销相同。

2. 制造深刻印象

当人们遇到新奇而有趣的事情时，总会情不自禁地关注并分享，因为谁都想表现得知识渊博一些。例如，一家卖涂料的传统企业就是靠新奇取胜，其老板在某次活动的时候当众喝下了一杯涂料，同时也喝出了一个知名品牌，可谓四两拨千斤。制造深刻印象有两条标准：一是产品要有独特性，包括在外观、功能、用途、价格等方面的独特性；二是产品要有适合做口碑广告的潜力，将广告变得朗朗上口，进而制造深刻印象。

3. 对顾客进行体验式引导

体验式消费所带来的感受，是深刻难忘的。其实消费者是很容易被感动的，只要对他们好一些，或者只要把该做的“功课”做足，消费者就会非常满意，并会用口碑回报你。

4. 利用品牌进行推荐

对一个新产品来说，利用知名品牌的推荐，肯定有利于消除消费者心头的疑虑。心理学中有一种策略和方法叫情感共鸣，通过此方法，可以快速拉近与陌生人之间的距离，从而影响别人。而在实施口碑营销的过程中，如果企业能够想法引起用户的内心共鸣，自然就会形成口碑效应。

5. 提供便捷服务

只有产品和服务水平超过消费者的期望，才能得到消费者的推荐和宣传，而领先于竞争对手或别出心裁的服务和举措，更会让消费者一边体验快乐的享受，一边绘声绘色地进行传播。

6. 对细节进行把握

影响消费者口碑的，有时不是产品的主题，而是一些不太引人瞩目的细节。

探究

除了以上方法，还有没有其他办法用于创建良好的口碑呢？写下来和身边的朋友交流一下。

拓展

病毒营销和口碑营销的区别

病毒营销和口碑营销旨在提高品牌及销售，两者都以人为渠道，从不同角度发挥人的主动性，提供有价值的产品、服务、信息，并通过有效的方式进行传播实现品牌与销售的成功。

其中病毒营销的关键句是“看热闹的羊群效应”，口碑营销的关键句是“中国人更相信他人的意见”，所以两者的关系有类似但不尽相同。

相同点：

（1）利用人的积极性进行主动传播，因此内容需要有趣。

（2）分享过程是真心的，因此广告痕迹小。

（3）利用消费者实际的人际网络进行传播，便于谈论。

（4）内容幽默，表现方式有趣，使消费者愿意传播分享。

（5）传播方式简单多样，便于传播，也利于线上线下转移。

（6）传播过程其实是 1∶1 的沟通过程，因此话题点很重要。

（7）传播者通常会对内容进行简单包装、介绍或定义。

（8）以互联网为主要渠道的同时也不能忽略其他渠道。

不同点：

（1）从传播动机和观点看。病毒营销基于有趣主动传播，传播者对传播的内容几乎不了解，纯粹出于新鲜有趣，不对内容负责。口碑营销基于信任主动传播，传播者对传播的内容几乎都了解并认可，并对内容负责。

（2）从传播效果看。病毒营销满足的是知名度，通过高曝光率达成广泛认知，不代表认可。口碑营销满足的是美誉度，通过推荐现身说法达到信任认可。

10.2 事件营销

问题

最近你身边有没有重大事件发生呢？例如，鹿晗恋情曝光，你是不是也在搜“鹿晗同款”呢？“中国新歌声”中一个 17 岁女孩差点夺冠，而冠名产品 OPPO R11 更是销量大增。

事件营销是一种随时抓住热点信息和跟随网民目光的营销方式，对于网络营销来说，它是不可缺少的方式；对于企业来说，它是无可替代的“摇钱树”；对于网民来说，它是时事热点的推动者，让网民在闲暇时还能找到感兴趣的话题并积极讨论。

任务

什么是事件营销呢？企业和产品是通过什么手段和事件结合在一起的呢？

一、认识事件营销

OPPO R11 冠名“中国新歌声”一炮而红；苹果发布会搞面部识别乌龙；茅台在世界博览会上摔酒瓶；G20 峰会，产品 PS，对外宣称自己直供 G20，互联网上的热点信息无不跟事件营销扯上关系。

事件营销是指企业通过策划、组织和利用具有新闻价值、社会影响及名人效应的人物或事件，来吸引媒体、社会团体和消费者的兴趣与关注，从而提高企业或产品的知名度、美誉度，树立企业良好的品牌形象，并最终促成产品或服务销售的一种方式。

根据互联网出现的热点事件，可以把企业事件营销运作手法分为两类。

（1）企业借用已有的社会热门事件或话题，结合企业或产品在销售或传播上的目的而展开的一系列活动。

（2）企业通过策划、组织和制造具有新闻价值的事件，整合自身资源，以吸引媒体、社会团体及消费者的关注。

二、事件营销的特点

1. 成本低

事件营销一般通过软文形式来表现，避免了其他营销方式的高额宣传费用，可以产生低投入高回报的宣传效果。

2. 多样性

事件营销可以集合新闻效应、广告效应、公共关系、形象传播、客户关系于一体来进行营销策划。多样性的事件营销已经成为营销传播过程中的一把利器。

3. 效果明显

企业利用时事热点来做事件营销，很容易聚集网民讨论事件，如果反响好，则会被多次转发，从而扩大营销效果。

4. 新颖性

事件营销基本上通过热点事件来展开营销，而热点事件对大众来说比较新颖、反常，从而受到大众的关注与讨论。只要营销事件新颖，就能很容易引起大众的注意力，既不需要花费过多的宣传广告费，还不会让大众感到反感，把握好了事件营销，自然会一举多得。

想一想

相比你学过的营销方式，事件营销的优势有哪些？

任务

一个成功的事件营销通常包括哪些要素呢？

三、事件营销的基本要素

在网络营销中，借助某个或某些事件进行营销推广，是网络营销的一种常见方式。在进行事件营销的时候，策划的事件应该符合新闻价值规律的要求。通常情况下，一个比较成功的事件营销通常会包括以下要素。

1. 重要性

重要性是指事件内容的重要程度。判断内容重要与否的标准主要看其对社会产生影响的程度。一般来说，一个事件对越多的人产生越大的影响，其新闻价值就越大。

2. 接近性

从心理上、利益上和地理上越与受众接近和相关的事件，新闻价值就越大。其中，心理接近包括职业、年龄、性别等因素。一般情况下，人们都会对自己的出生地、居住地和曾经给自己留下过美好记忆的地方怀有一种特殊的情感。所以，企业在策划事件营销时必须关注受众的特点。通常来说，事件关联的点越集中，就越能引起人们的关注。

3. 显著性

新闻中的人物、地点和事件越是著名，新闻价值就越大。所以，知名人士、历史名城、古迹胜地往往是产生新闻比较集中的地方。

4. 趣味性

人们一般对新奇、反常、变态、有人情味的东西会比较感兴趣。正因为这样，人类总是有天生的好奇心或新闻欲。因此，企业策划的事件只要具备一定的趣味性，就能够更容易地引起人们的关注。

想一想

在最近听到的新闻中，有哪些事件是可以用来策划事件营销的？适合哪类产品？和大家一起谈谈自己的想法。

任务

企业可以通过哪些策略来策划事件营销呢？操作过程应该注意哪些方面的内容？

四、事件营销的运作策略

企业在策划事件营销时，通常有以下运作策略。

1. 通过新闻运作

企业可以利用社会上有价值、影响面广的新闻，不失时宜地与自己的品牌联系在一起，然后在官网、社区论坛等平台上进行宣传，从而达到借力发力的传播效果。

2. 通过舆论运作

企业可以通过与相关媒体合作，发表大量介绍与宣传企业产品或服务有关的软性广告文章，从而在一定程度上影响社会舆论，以达到营销宣传的目的。

3. 通过活动运作

企业可以为产品策划、组织一系列宣传活动，从而吸引消费者和媒体的眼球，以达到营销宣传的目的。

4. 体育运作策略

企业可以通过赞助、冠名等手段，以所赞助的体育活动来推广自己。这是因为，体育活动已被越来越多的人所关注和参与，而体育赛事本身就是品牌最好的广告载体，体育背后蕴藏着无限商机，这已被很多企业意识到并投入其间。因此，体育营销作为一种软广告，具有沟通对象数量大、传播面广和针对性强等特点。

5. 通过明星的运作策略

一般来说，明星是社会发展需要与大众主观愿望相结合而产生的一种客观存在。所以，当购买者不再把价格、质量当作购买顾虑时，利用明星的知名度去加重产品的附加值，借此培养消费者对该产品的感情与联想，从而赢得消费者对产品的追捧。

6. 借势策略

借势策略是指企业可以及时地抓住广受关注的社会新闻、事件及人物的明星效应等，结合企业或产品在传播上的特点，而展开的一系列营销活动。

7. 造势策略

造势策略是指企业通过策划、组织和制造具有新闻价值的事件，从而吸引媒体、社会团体和消费者的兴趣与关注。

8. 概念运作的策略

企业可以为自己的产品或服务创造一种“新理念”“新潮流”，进而在市场中标新立异。这种策略在企业进行事件营销时，也是一种常见的策略，如“送礼就送脑白金”这句广告语，在一定程度上就树立了一种产品消费理念：“送礼”就送“脑白金”。后来脑白金的畅销与其新颖的营销策略也有一定关系。

五、事件营销的操作要点

其实，事件营销在传统营销中便已存在；进入互联网时代后，企业进行事件营销时，更多借助互联网平台，依赖于网络手段。那么，企业在进行事件营销时，要注意哪些操作要点呢？

1. 要符合新闻法规

事件营销无论怎样策划，一定要符合相关的新闻法规，不能越位。否则，一旦违背法规，企业可能会得不偿失。

2. 事件与品牌的关联度

事件营销无论怎样策划，一定要与品牌相关联，能对品牌起到宣传的作用。如果事件很能吸引人的注意，但没有建立起与品牌的关联，那么，这个事件就难以对企业的营销有所促进。

3. 尽量吸引媒体的关注

很多时候，事件营销还被称为新闻营销，可见事件营销与媒体是密不可分的。事件营销越能引起媒体的关注，其传播力度就越大。

4. 要有曲折的故事情节

一个成功的事件营销，应该像讲故事一样，一波三折，让人们看了大呼过瘾，甚至看了还想看。这样事件所引发的聚合效应才能持久。

5. 不能盲目跟风

事件营销需要创意，但企业不能看别人做好了一个事件营销，就盲目地紧跟着做这样的事件。企业更多的是需要结合自身特点，针对自己的实际情况来策划适合的事件展开营销。

6. 要控制好风险

事件营销具有两面性，如果策划、实施得当，可以有效地提升企业品牌、促进销售；如果策划、实施不当，还可能对企业造成负面影响。基于此，企业在进行事件营销时，要多做调研，将实施方案不断进行细化、精化。

7. 要有事件营销的长期战略观念

事件营销并非一个临时性的战术，企业要将其当成一项长期的战略工程来实施，并处理好事件短期效应与品牌长期战略的关系。

8. 不断尝试

事件营销未必每次都能像预期的那样进行，可能会在实施中出现一些新问题。因此，营销人员要戒骄戒躁，不断尝试，从中寻找最优方案。

练一练

使用手机，通过浏览网页、使用各类APP等，查找当下最热门的事件，给同学讲讲这些事件背后的故事，指出企业或者产品是运用什么策略策划的？

拓展

伊利背后的事件营销

通常情况下，体育与盛事历来是企业营销的好时机，作为“奥运会”和“世博会”更不例外。在北京“奥运会”和上海“世博会”中，伊利乳业成为国内唯一一家先后服务于“奥运会”和“世博会”两大国际盛事的乳品企业，不仅大大提升了企业的品牌形象，还促进了销量的快速增长。尤其在上海“世博会”时，伊利全面启动线下电视、报纸、杂志及线上硬性广告、口碑、微博、新闻等媒体资源，既发挥了网络事件营销的力量，又充分借助了传统事件营销的作用，从而进行全方位的线上线下整合营销。凭借“世博”效应的强劲拉动与企业销量的持续释放，以及事件营销的成功，伊利的品牌价值逼近300亿元人民币，销量更是提前超额完成年度销售目标。

10.3 视频营销

问题

最近有没有看到什么好玩的视频想急切地转发呢？微信群里是不是在因为一个视频而进行大讨论呢？

任务

什么是视频营销？你知道它都有哪些形式吗？

一、什么是视频营销

视频营销是指主要基于视频网站的网络平台，以内容为核心、创意为导向，利用精细策划的视频内容实现产品营销与品牌传播的目的；是“视频”和“互联网”的结合，具备二者的优点。其内容广泛，形态各异，涵盖小电影、纪录短片、广告片段、视频剪辑等，既有电视短片的优点（如感染力强、形式内容多样、创意新颖等），又有互联网营销的优势（如互动性、主动传播性、传播速度快、成本低廉等）；既有由专业团队制作的精美“微电影”，如益达口香糖的视频广告，又有中小企业的独立制作、小型外包甚至众包。

视频营销归根到底是营销活动，因此成功的视频营销不仅仅要有高水准的视频制作，更要发掘营销内容的亮点。

二、视频营销的形式

视频营销实现了营销信息从个人计算机向多元化的移动终端的转换，而且随着网络成为很多人生活中不可或缺的一部分，各种手段层出不穷。主要有以下 4 种最受企业看重的微视频营销方式。

（1）微电影、病毒视频是如今各大网络视频平台喜爱的一种微视频营销方式。它们利用浓缩的电影叙述将新时代人们的感情诉求和营销进行完美结合，扩大企业品牌宣传效果。

（2）创意解说视频是众多企业青睐的营销形式，它以轻松并富有说服力的气氛受到广大网民们的喜爱。这些创意解说视频一般都会把产品融合到视频里，甚至直接拿产品作为视频解说主题。

（3）创业纪录片是将一些成功人士的创业历程做成纪录片的方式，提高企业知名度，使网络观众从视频中就能读懂一个人、一个企业的内涵和魅力。

（4）广告片段与电视广告的形式相同，只是改变了其投放的地点。

想一想

微信群疯狂转发的视频、电视上播放的广告，它们和其他的营销方式有什么不同呢？

任务

请你根据自己看到的小视频谈谈视频营销的优势？

三、视频营销的特点

1. 形式新颖，竞争者少

在可以让消费者直观了解产品的文字、图片和视频中，视频对人的视觉和大脑感官冲击力最大，所以一段内容价值高、观赏性强的视频在让消费者全方位地了解产品的同时，也会抓住顾客的心。

2. 传播速度快，用户体验度好

快速获取精准的高流量视频网站（每天最少有一亿多的访问量，而且访问量还在迅速地增加）。对相同关键词进行搜索后，对应视频会排在列表前面，通过视频可以获取很大的流量；由于访客是有需求从而主动去搜索的，所以都是精准流量。

3. 大大减少了被复制的可能性

文章、图片可以被轻易地盗取和复制，甚至网站都可以轻易地被复制，而视频则不同，如果采取在视频制作时打上网站信息，并且在操作编辑时不间断地插入自己的联系方式、出现自己的网站等手段，别人则很难复制。

练一练

使用手机，通过浏览网页、使用各类 APP 等，搜索一段营销视频，和同学们讲讲它的优势。

任务

不是所有的视频都能引起大家的共鸣，策划视频营销时应该运用哪些技巧呢？

四、视频营销的技巧

视频营销的兴起给网络营销带来了不小的冲击，企业相继运用微视频营销，希望从中得到一定的收获。但是经常观看视频的人都会发现，视频的点击量有多有少，如何才能获得高的点击量呢？下面介绍微视频营销的六大技巧，仅供参考。

1. 标题吸引人

标题在很多网络营销方式中占据了重要的位置，在微视频营销中也是不可缺少的一个因素。一个具有吸引力的标题，能为微视频营销带来不少的网络用户关注度。企业在设置微视频标题的时候需要注意以下事项。

（1）标题要与内容相符，不要做标题党。

（2）标题要像关键词一样，点明视频的主要内容，具有代表性。

（3）标题最好不要超过17个字符。

（4）如果标题能以轻松搞笑的形式出现，就能轻而易举地引起网民的注意。

2. 内容的选择

视频营销的关键在于视频内容本身，其内容可以决定营销传播的广度。而具有吸引力的内容通常是有趣、搞笑、经典、惊奇的视频，这些视频会让用户不由自主地进行转发、评论，使得微视频带着企业的信息在互联网上以病毒扩散的方式蔓延。

3. 吸引人的微视频缩览图

要想在移动互联网视频平台上的多个视频中脱颖而出，就要设置一个吸引人的微视频缩览图。企业必须在上传视频的时候，确保视频缩览图生动有趣，具有真实性。如果企业为了吸引眼球而放置不真实的缩览图，就会引起用户反感，影响营销效果。

4. 首页曝光

企业的微视频在各大移动互联网视频平台首页的曝光率是非常高的。将微视频放置到平台首页有以下两种方法。

（1）通过付广告费的方式把企业微视频放置在首页或热门推荐频道中。

（2）如果企业的微视频比较有趣、搞笑、点击率高，那么视频网站会自动将视频放于首页。

5. 利用弹幕功能

目前，视频弹幕功能运用非常广泛，是网民之间互动的好工具。企业与其等待网民被动接收视频信息，不如让网民主动参与到传播的过程中，这样更有利于提高微视频营销的传播效率，进一步达到营销的目的。

6. 视频标签

很多视频网站都允许以关键词作为视频的标签，以提高搜索排名，让视频出现在相关的搜索中。初期的时候，可以选择3～4个具有独特个性的标签，视频上传一段时间后，再添加一些更普通的关键词标签。

五、常用的视频营销网站

视频按照要求做好后，发到哪些网站上才能有效地进行推广呢？下面重点介绍一下常用的视频网站。

（1）优酷：http://www.youku.com。

（2）土豆：http://www.tudou.com。

（3）56 视频：http://www.56.com。

（4）酷六：http://www.ku6.com。

（5）新浪：http://video.sina.com.cn。

（6）搜狐：http://tv.sohu.com。

（7）腾讯：http://v.qq.com。

伴随着移动网络的兴起，短视频 APP 也加入了视频营销的大环境中，微信、快手、美拍等成为当下比较热门的视频播放下载平台。

练一练

使用手机，通过浏览网页、使用各类 APP 等，搜索一段营销视频，运用所学的知识和同学们讨论一下它是怎么策划的。

拓展

短视频营销

说到短视频营销，国内目前还停留在起步阶段。企业和品牌想要把短视频玩得风生水起，自然需要一点“拿来主义”，学习国外的成熟经验。下面和大家分享一下 Twitter 旗下短视频应用 Vine 的 7 个优秀案例。

1. 唐恩都乐超级碗广告

在美国国家橄榄球联盟赛前预热节目的休息间隙，唐恩都乐首次在电视上投放了一则完全由 Vine 制作的短视频广告。广告展现了一支由唐恩都乐咖啡球队打败一支奶昔球队的生动过程，画面可爱有趣、富有想象力，很快引起了轰动。

唐恩都乐在后来的超级碗电视广告中继续发力，一连发布了 3 支回顾历年“超级碗”精彩瞬间的 Vine 视频，接地气的特性博得了很多球迷的好感。

2. M&C Saatchi 戒烟广告

简洁明了的逻辑+震撼的一瞬间，往往能给一些公益广告增加不少震撼力。例如，M&C Saatchi 的戒烟广告，6 秒钟的时间里只说了短短的一句“视频放过一次后，就有一个人因吸烟而死去”。

短视频的时间往往只有几秒钟，别指望在广告中长篇大论，面面俱到，最重要的还是抓住痛点，用一些震撼的瞬间来打动用户。

3. 索尼带你走进盗梦空间

索尼的短视频广告模仿著名电影“盗梦空间”的样式，通过画中画的形式给观众产生一种思维漩涡的错觉并反复循环，给人带来一种梦幻般的科技感，非常炫酷。

除此之外，视频还将 Sony 两款最好的产品（相机+智能手机）的优点结合在了一起，搭配上毫无违和感。

4. 阿迪达斯世界杯用球演变之史

阿迪达斯的这段视频巧妙展示了世界杯用球的进化史，通过球的滚动形象地刻画出了时间的流逝，同时展现了足球的进化，构思巧妙。

像世界杯这样的盛宴，很多企业自然不会错过营销机会。在2014年巴西世界杯期间，微博上有很多品牌用GIF图赢得了大量关注，短视频和GIF一样，非常适合在社交媒体上来承载一些精彩瞬间。

6. 芝麻街——“走过路过不要错过!”

通过恶搞电影《指环王》和《霍比特人》的经典台词“Lord of the Crumbs”“You shall not pass!”，芝麻街用嬉皮的方式玩耍了一把，引发Twitter粉丝们的疯转。

视频中，一位魔法师打扮的人在商店门口拦下伊恩·麦凯伦爵士所客串的路人，将其引入商店，颇有娱乐、魔法色彩。

7. 奥利奥“饼干都要泡一泡”

还记得奥利奥经典的“扭一扭→舔一舔→泡一泡”的广告吗？

借鉴火爆美剧《权力的游戏》“人必有一死”的经典台词，结合奥利奥饼干的独特吃法，奥利奥完全把一块饼干给玩坏了。

视频营销是社会化媒体营销中不可或缺的工具之一。可以肯定的是，当人们渐渐厌倦了主流社交媒体的单调文字、图片时，未来视频信息会像文字、图片一样成为主流，社交媒体也会从一次次静态的连接向一片动态、真实的场景过渡。

10.4 淘宝网营销

问题

学了这么多的营销方式，有没有想创业的冲动呢？是不是在为自己手里没有投资资金而苦恼呢？那么有没有一种投资少见效快的平台呢？

淘宝网作为亚洲最大的C2C网络交易平台，承载着无数人的创业梦，由于其投资成本较低，上手较快，无数的店主把淘宝店铺当成自己唯一的职业。虽然这几年在网上开店的用户越来越多，但由于网络营销知识的欠缺，在很大程度上阻挡了大部分青年的淘宝创业梦想。下面就来学习一下淘宝网店推广的三大终极利器，以更好地帮助卖家在网上开店，提高产品的销售量，赚取更多的利润。

问题

开了网店，上传产品后，如何才能让顾客搜索到自己的产品呢？

一、直通车

1. 直通车的概念

淘宝直通车是阿里巴巴集团推出的一种全新的搜索竞价模式，是为淘宝和天猫卖家量身定制的一款精准推广工具。卖家可以通过类目推广、活动推广、计划推广实现宝贝的精准展现，从而为网店引入精准的流量。

淘宝直通车推广原理是根据宝贝设置的关键词进行排名展示，按点击量进行扣费。如果想推广某一个宝贝，应首先为该宝贝设置相应的关键词和宝贝标题。当买家在淘宝网通过输入关键词搜索商品，或按照宝贝分类进行搜索时，就会展现商家推广中的宝贝。如果买家通过关键词或宝贝分类搜索后，在直通车推广位点击商家的宝贝，系统就会根据商家设置的关键词或类目的出价来扣费。

那么，直通车的展现位置在哪里呢？

（1）主要在搜索结果页或者类目搜索页的右侧有 8 个竖着的“掌柜热卖”，如图 10-2 所示；底端有 5 个广告位，如图 10-3 所示。

（2）在手机淘宝端搜索结果页末屏的左上角带“hot”标志处，如图 10-4 所示。

拓展

什么样的宝贝适合做直通车推广?

选择做直通车推广的宝贝最好是店铺中综合质量较高的宝贝，一般具有如下特点。

（1）图片背景清晰，宝贝突出；

（2）宝贝价格有竞争优势；

（3）最好有售出记录（可以给买家信心，很重要）；

（4）宝贝详情内容丰富；

（5）多选择不同分类的宝贝。

图 10-2　右侧直通车展示位

图 10-3　底端直通车展示位

图 10-4　手机端直通车

想一想

直通车竞价排名也需要进行投资，有没有什么窍门可以花更少的钱让产品排名靠前呢？

2. 直通车的推广技巧

直通车是淘宝一款很有效的淘宝网店引流推广方式，但是高投入也让很多直通车卖家头痛。如何低投入，高产出，是每个卖家要精心研究的课题。想提升效果，还需要掌握下面的技巧。

（1）挑选最适合推广的宝贝。

选好一个宝贝是所有推广的第一步。选出来做推广的宝贝，一定要有突出的、清晰有力的卖点，能让买家在最短的时间内注意到自己的宝贝。如卖点可以是价格便宜，性价比高；也可以是本身功效好、漂亮等。

（2）图片精致。

买家在购买商品的时候，浏览的速度是很快的，如果自己的商品没有在最短的时间内吸引住买家，就会造成客户的流失。经营网店，吸引买家的实际是图片，只要图片精美、清晰、卖点突出就能打动顾客，制造有效点击。

（3）标题要吸引人。

买家主要通过标题了解商品的卖点，所以标题应该简单直接、卖点明确，让买家即使一扫而过，也能最快地明白商品的特点。

（4）选择有效的关键词。

你需要对客户有足够的了解，最好提前进行一定的客户调查，了解客户经常搜索的关键字是什么，以便能够花最少的钱做最有效的推广。

（5）价格优势。

如果买家选定一款产品，经常会在淘宝中定向搜索该款商品进行价格对比，如果你的价格没有优势，那就等于花钱给别人打广告。

（6）利用各类报表。

利用各类报表的数据去分析，宝贝推广后观察账户的点击数据，利用市场数据来检验推广效果。通过各类数据的分析，可以了解自己推广设置不足的地方并加以改正。

练一练

从淘宝首页搜索“女包”，准确地找出直通车宝贝，分析它们的标题和图片，再对比它们的销量讨论“什么样的图片和标题才是淘宝喜欢的”。

探究

亲自开个网店，探索一下怎样才能在网店中加入直通车，怎样添加关键词并出价。

问题

线下的门店都有促销员，他们按照销售额获取提成，那么网店有没有促销员呢？从哪里可以雇用到这些人呢？他们又是怎么工作的呢？

二、淘宝客

1. 淘宝客的概念

淘宝客就是推广淘宝商品拿佣金的一些人。淘宝客的工作平台是淘宝联盟：http://www.alimama.com。帮助淘宝卖家推广产品并按照成交效果获得佣金的人，之前称为淘客，自2009年1月12日起，正式更名为淘宝客。淘宝客只要获取淘宝商品的推广链接，让买家通过卖家推广链接进入淘宝店铺购买商品并确认付款，就能赚取由卖家支付的佣金，无须投入成本，无须承担风险，最高佣金达商品成交额的50%。

当淘宝客挑选好了自己认可的商品就需要借助一定的平台，来将信息推广出去，目前最基本的方式是利用网络个人传播媒介，如即时通信工具、个人博客、个人空间、SNS交友社区、微信等，这是典型的人际传播。另外还可利用大众传播媒介，如门户网站的社区、贴吧、信息发布平台等。

2. 淘宝客推广的优势

淘宝客推广是一种按成交计费的推广模式，淘宝客只要从淘宝推广专区获取商品代码，任何买家经过它的推广（链接、个人网站、博客或者社区发的帖子）进入淘宝卖家店铺完成购买后，就可得到由卖家支付的佣金。淘宝客推广的优势有以下几点。

（1）低投入高回报，按成交效果付费，广告展示及点击都不计费。

（2）省时，只需要把佣金比例调整好，等着淘宝客来推广就可以了。

（3）拥有互联网上更多流量、更多人群帮助推广销售，让卖家的买家无处不在。

（4）推广精准到店铺和商品，直击用户需求。

（5）推广内容和推广途径完全自定义，灵活多样。

（6）推广流程简单，加入即可获得站外优质流量投放推广。

（7）佣金设置灵活，可具体到单品及流量来源渠道，针对性强，满足店铺个性化推广需求。

探究

注册一个阿里妈妈账号，探究一下淘宝客是如何工作并赚取佣金的。

问题

不同位置的线下的门店其租金是不一样的，那么在网上网店的广告位又是如何靠位置收取费用的呢？

三、钻石展位

1. 钻石展位的概念

“钻石展位”是淘宝图片类广告位自动竞价平台，是专为有更高信息发布需求的卖家量身定制的产品。精选了淘宝最优质的展示位置，通过竞价排序，按照展现计费。性价比高，更适于店铺、品牌及爆款的推广。

钻石展位是按照流量竞价售卖广告位的，计费单位是“每千次浏览单价”，即广告所在的页面被打开 1 000 次所需要收取的费用。钻石展位不仅适合发布宝贝信息，它更适合发布店铺促销、店铺活动、店铺品牌的推广。可以在为店铺带来强大流量的同时增加买家对店铺的好感，增强买家黏度。

2. 钻石展位的优势

钻石展位是面向全网精准流量实时竞价的广告平台，以精准定向为核心，凭借淘宝海量的用户数据和多维度定向功能，为客户提供广告位购买、精准定向、创意策略、效果监测、数据分析等一站式全网广告投放解决方案，帮助客户实现更高效、更精准的全网数字营销。淘宝钻石展位产品优势有如下几点。

（1）超低门槛。即使花很少的钱也可以在淘宝最有价值的展示位上发布信息。

（2）超炫展现。展现形式更炫丽，展现位置更大，展现效果更好。

（3）超优产出。不展现不计费。自由组合信息发布的时间、位置、话费。

（4）范围广。覆盖全国 80%的网上购物人群，每天超过 15 亿次展现机会。

（5）定向准目标定向性强，可定向 21 类主流购物人群，直接生成订单。

（6）实时竞价投放计划随时调整，并实时生效参与竞价。

3. 钻石展位展现的位置

钻石展位的主要优势在于它不仅可以推广单品，还可以推广整个店铺。钻石展位展现的最佳位置在哪里呢？

（1）淘宝首页。

淘宝首页流量巨大，对于资金雄厚的大卖家来说，放在首页可以带来巨大的流量，从而带来更多的顾客，如图 10-5 所示。

图 10-5 淘宝首页钻石展位

（2）各频道焦点图和通栏。

钻石展位只要展示了就要收费，最好选择和自己的产品相匹配的垂直频道进行投放，如图 10-6 所示。

图 10-6 电器频道焦点图

（3）特卖促销频道。

在淘宝特卖、天天特价等促销频道也有钻石展位。

（4）广告网站联盟。

广告网站联盟，各大门户网址广告位置，新浪首页广告网站联盟如图 10-7 所示。

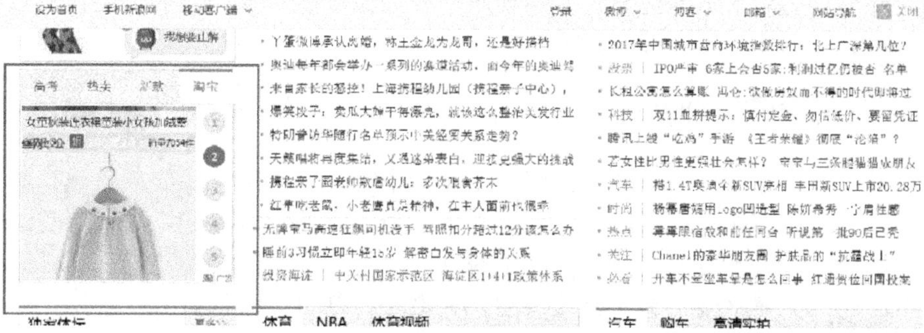

图 10-7 新浪首页广告

探究

注册一个自己的网店，探索一下如何购买钻石展位。

拓展

如何选择店铺行业

在网上开店应选对行业，选择好热卖的商品是很重要的。如果能根据自身的特点，选择了适合自己的行业，找到了赚钱的店铺，就会在商海中如鱼得水、得心应手。

一、开店前要做好调查分析，预测市场前景

正确的市场预测是建立在科学的调查分析与理性的思考之上的，要想使预测结果精确无误，一般需要从以下几个方面把握。

1. 关注当前社会热点

社会在不断地向前发展，不断出现新的热点。只要细心观察，就不难发现周围存在着许多大大小小的热点和公众话题。如奥运热、楼市热等。除此之外，自己生活的城市中也会出现诸多热点，如举办画展、唱歌比赛、旅游节等。这些热点在精明的商人眼中，无不蕴藏着商机。鹿晗公布恋情，催热了“鹿晗同款”这个词，结果淘宝上和“鹿晗同款”有关的产品大卖。

2. 研究别人在做什么

如果缺乏创业资金，又欠缺经商经验，不妨研究一下别人在做什么，追随大流也不失为一种很好的选择。先观察市场上什么产品热卖，什么生意好做，然后再决定是否投入这个行业中，如雾霾口罩等。

3. 注意生活节奏的变化

随着时代生活节奏的不断加快，许多人心目中都有“时间就是生命”的价值理念。聪明的生意人则会注意到这一点，做起多种多样的、适合人们快节奏生活需求的生意。如在穿衣打扮方面，由于生活节奏的加快，人们逐渐喜欢休闲、自然、舒适的服装；在出行方面，围绕交通和汽车用品市场做生意，前景也会十分广阔。

4. 观察人们生活方式的变化

随着人们物质生活水平的提高，自然要求精神文化生活也要相应的提高。随着近年来的旅游热，一些健身户外用品店逐渐火了起来。

二、从最熟悉的行业做起

从自己最熟悉的行业开始，这样，就不用在一个陌生的领域从头学起。没有雄厚财务支撑的网络小店肯定经不起外行的折腾。从最熟悉、最懂行的行业做起，是开店的最佳选择，千万不要盲目跟风，更不要人云亦云，好高骛远。

行行出状元，只要坚持不懈、经营得法，做哪一行都可以赚钱。

技能训练

训练1：体验口碑营销

实训目的：初步了解口碑营销的概念、特点、形式、实施方法和技巧。

操作要求：选择自己最喜欢吃的零食，最好是学校附近超市很容易买到的那种“再来一包”等带活动的，写一篇100字左右的中奖文章，并配图。

技能点拨：目前，微信已经成为人们离不开的分享工具，那么口碑营销就从微信开始。

实训步骤：

（1）在自己的微信朋友圈中发布一篇50字左右的吃零食中奖文章，要写明零食品牌，内容尽量夸张一些，并配上3张以上的图。

（2）找几个朋友点赞并转发，一天后自己跟帖又中奖了，并与朋友在评论里分享中奖的喜悦。（尽量让本班其他同学看到你的内容。）

（3）和几个同学在班内讨论中奖情况，尽量热闹一些，能够引起其他人的注意。

（4）带领本班几个同学一块儿去买零食，看看他们的选择并记录下来。

（5）咨询商店老板问问最近零食的销售情况并记录。

训练2：视频营销策划

实训目的：初步掌握视频营销的特点、策略和技巧。

操作要求：为自己的班级设计一个宣传视频，将自己的班级特色和同学们的精神风貌展现出来。

技能点拨：由4～6人组成团队，选出营销方案设计的负责人，按不同的工作任务进行分工，例如，选材、策划、场景、形式等。小组之间互相交流分享，分析各小组方案的优缺点。

实训步骤：

（1）将学生按4～6人进行分组，建立班级营销团队。

（2）选择一个班级特色主题并进行策划，设计故事情节、拍摄场景、拍摄形式（相声、小品、合唱、班级活动剪辑等），尽量选择搞笑、有趣而又正能量十足的内容。

（3）用手机拍摄，用视频剪辑软件（如会声会影等）进行编辑，并给视频起一个很有意义的标题，发到优酷网上。

（4）在班内进行评比，看看哪组最有特色、最能体现班级的文化。

（5）结合其他营销方式对视频进行推广，看看哪一组的点击率最高。

测一测

一、填空题

1. 口碑营销的核心在于____________。

2. 口碑营销的五大原则是____________、____________、____________、____________、____________。

3. 口碑营销的特点是____________、____________、____________。

4. 事件营销的4个基本要素是____________、____________、____________、____________。

5. 视频营销的形式有____________、____________、____________和____________4种类型。

6. 淘宝网营销的官方推广工具有__________、__________和__________。

二、选择题

1. 下列叙述不属于口碑营销形式的是（　　）。
   A. 直接进行口碑传播　　B. 通过中介达成口碑
   C. 通过媒体达成口碑　　D. 制造一个好的引爆话题
2. 下列叙述不属于口碑营销特点的是（　　）。
   A. 可信度非常高　　B. 传播成本低
   C. 效果明显　　D. 具有团队性
3. 以下淘宝网官方推广工具中按展现扣费的是（　　）。
   A. 直通车　　B. 淘宝客
   C. 钻石展位　　D. 聚划算
4. 以下营销方式让别人很难复制的是（　　）。
   A. 口碑营销　　B. 视频营销
   C. 邮件营销　　D. 事件营销

三、判断题

1. 口碑营销就是人们的口口相传，不需要任何的工具。（　　）
2. 事件营销和口碑营销相比可信度更高一些。（　　）
3. 口碑营销具有双面性，既有好的口碑也有不好的口碑。（　　）
4. 淘宝网的直通车是按照点击来付费的，所以带来的访客比较精准。（　　）
5. 电视广告也是一种视频营销。（　　）

四、问答题

1. 实施口碑营销的步骤有哪些？
2. 企业可以通过哪些策略来策划事件营销？
3. 常用的视频营销形式有哪些？

五、案例分析题

康师傅冰红茶，快乐不下线

2008年夏，奥美世纪为康师傅冰红茶做的“快乐不下线”主题推广活动。该品牌的目标消费群是青春、活力的一代，音乐、体育、影像、聊天、交友、游戏是他们上网的重要习惯。于是，奥美世纪选择猫扑、校内、腾讯、淘宝及重要视频网站展开深度合作。结合各网站特点及网友使用习惯，量身定制活动。

例如，在猫扑网推出“漫画真人秀”活动，让网友上传图片故事或给剧本配旁白……利用其娱乐互动社区黏稠度较高的年轻族群的创新意识、搞怪爱好，激励参与。两个月内收到作品1.5万件。

而在校内网，推出“晒照片乐翻天”活动。通过推行“一键式”参与法，最大程度地简化操作，激发用户参与乐趣，再配合校内网SNS的病毒式传播机制，推动二次传播，参与人数超过了 4 000 人，收到有效作品 1.6 万件，冰红茶产品形象更深入人心。

而在酷 6 网上开展“达人串串秀”，选择了 4 位有影响力网络红人，召集跨行业、跨年龄、跨国籍的网友“视频接龙”，用简单新颖的创意传递欢乐，让更多网友与冰红茶亲密接触。而与腾讯合作的冰红茶产品与 QQ 企鹅形象相结合的“魔法表情主题包”，有高达 360 万次的下载，同时有大量用户主动转发。

此外，“夏日清凉大作战”活动利用搜索引擎与网友进行沟通；在淘宝网上展开“夏日清凉拍”增加活动曝光率……在与各网站的合作中，还植入了创新的瓶身代码扫描程序，线上线下互相拉动。同时，提供 Widget 下载，整合活动信息，并在活动结束后有持续与消费者沟通的渠道。

一系列网络活动取得目标消费群积极回应，两个月活动期内广告总点击量超过 840 万次。尽管分布在不同网站接触点上的信息是碎片化的，但由于接触点无所不在，这些碎片逐渐在消费者心目中合成完整概念，塑造出康师傅冰红茶在网络上年轻且具有活力的品牌形象，让康师傅冰红茶“快乐”理念深入人心。

思考：在该案例中，使用了哪种网络营销手段？这种营销方式在这个案例中有什么优势？这一系列营销活动有没有不合适的地方？还可以采用哪些你学过的网络营销方式，写下来和同学们讨论一下。